KB028294

보이지 않는
중국

보이지 않는 중국

초판 1쇄 발행 2022년 4월 15일   초판 5쇄 발행 2024년 5월 20일

지은이 스콧 로젤·내털리 헬 | 옮긴이 박민희 | 펴낸이 임경훈 | 편집 이현미
펴낸곳 롤러코스터 | 출판등록 제2019-000296호
주소 서울시 마포구 월드컵북로 400 서울경제진흥원 5층 17호
전화 070-7768-6066 | 팩스 02-6499-6067 | 이메일 book@rcoaster.com
ISBN 979-11-91311-14-3 03300

무엇이 중국의
지속적 성장을 가로막는가

보이지 않는
중국

스콧 로젤 · 내털리 헬 지음 | 박민희 옮김

2021년 3월 즈음 〈삼프로 TV〉로부터 좋은 책을 소개해달라는 출연 부탁을 받았습니다. 고민하지 않고 선택한 책이 *Invisible China*였습니다. 2020년 10월 어느 날 〈뉴욕 타임스〉에 스콧 로젤 교수가 쓴 칼럼을 보고 아마존 킨들로 바로 내려받아 정신없이 읽었던 기억이 생생했기 때문입니다. 우리나라에서 아직 번역도 되지 않은 책을 가지고 방송에서 한 시간 넘게 소개한 이유는 조금이라도 빨리 이 좋은 책이 훌륭한 번역자와 출판사를 만나 많은 분에게 소개되면 좋겠다는 생각 때문이었습니다. 그 바람은 예상보다 빨리 이루어져 여러분에게 《보이지 않는 중국》을 소개할 수 있게 되었습니다.

언제부터인가 중국은 우리에게 동반자가 아닌, 무섭고 두려운 대상으로 바뀌었습니다. 수출 시장에서 강력한 경쟁자로 등장했을 뿐만 아니라, 경제력에 기반을 둔 거대한 군사력을 갖추면서 주변 국가에 거침없는 언사와 행동을 보이고 있기 때문입니다. 그렇다면 중국이 2020년대 후반, 마침내 미국을 따라잡고 2040년 이면 명실상부한 세계 최강국으로 자리 잡을 수 있을까요? 많은 사람이 궁금해하고 있습니다.

돌이켜보면 1980년대 초반 개혁·개방에 나선 이후 수많은 전문가에 의해 '중국 위기론'이 등장했다 사라졌습니다. 그때마다 중국은 미국과 유럽 전문가들이 제기하는 위기를 보란 듯이 극복하고 G2 자리까지 올라섰습니다. 중국공산당의 강력한 통제력에 기반한 자원 동원과 집중, 그리고 일사불란한 정책 집행력, 막대한 규모의 시장이 결합해 만들어낸 중국식 발전 모델의 효율성은 결코 '보이지 않는 손'이 따라잡을 수 없을 것 같다는 생각이 들곤 합니다.

하지만 중국보다 먼저 수십 년간 급속한 경제성장을 경험한 대한민국 국민은 막연하지만 분명하게 '중국 어딘가에 곪아가는 문제가 있을 텐데…' 하는 생각이 드는 것도 사실입니다. 우리가 겪어봐서 알기 때문입니다. 하지만 이런 궁금증을 차분하게 풀어주는 책이나 연구보고서는 찾아보기 어렵습니다. 중국이라는 거대한 사회를 외부인이 밑바닥에서부터 차근차근 들여다보고 경험하기는 힘들기 때문일 것입니다. 대한민국의 농촌과 지방의 문제점을 잘 알고 설명해주는 외국 연구자가 과연 있을까요?

스콧 로젤 교수와 내털리 헬 박사는 이런 면에서 탁월한 존재입니다. 《보이지 않는 중국》은 중국이 보여주고 싶지 않았던 농촌과 지방의 상황을 속속들이 살펴보면서, 중국이 직면하고 있지만 애써 무시하는 각종 문제를 차분하면서도 적나라하게 보여줍니다. 1980년대 이래 중국 전역을 발로 누비면서 경험과 체험을 거듭한 저자들의 역량이 아니고서는 불가능했을 것입니다. 40년의 경험에서 나온 분석과 문제 제기는 경박하지 않고 애정이 있지만 아프게 다가옵니다.

저자들은 중국을 G2가 아닌, 여전히 중진국 함정에서 허우적대는 존재로 파악하고 있습니다. 우리는 이 함정을 벗어나 선진국으로 도약했지만, 세계 많은 국가가 이 단계에서 정체하거나 후퇴하고 있음을 이 책은 잘 보여줍니다. '어떻게 이 함정을 넘어설 수 있을까?' 하는 질문에 저자들은 사회의 허리가 되는 계층의 교육, 즉 중등교육이 잘 이루어져야 함을 여러 사례를 들어 설명합니다. 중국의 실상은 그렇지 못하다는 저자들의 말이 처음에는 낯설게 다가오지만, 직접 현장에서 진행한 실험 결과와 사례들을 통한 분석은 고개를 끄덕이기에 충분합니다.

단순히 교육 시스템 문제를 지적하는 데서 멈추지 않고, 농촌과 지방의 취약한 공중보건 문제에 대해 분석해낸 것은 지금까지 어디에서도 찾아볼 수 없었던 중국 사회에 대한 탁월한 연구 결과라 할 수 있습니다. 화려한 해안 지역 대도시가 아닌, '중국 내륙의 넓고 깊은 지역에 광범위하게 자리 잡은 이와 같은 문제점을 중국 정부가 과연 앞으로 해결할 수 있을까?' 하는 생각에 이르면 세계의 미래가 다르게 보일 것입니다.

2022년 3월
최준영 _ 법무법인 율촌 전문위원

이 책은 서구 독자들을 염두에 둔 중국에 대한 대부분의 책과 다르다. 중국의 모든 것을 비판하는 또 한 권의 선정주의적 이야기가 아니다. 구상은 거창하지만, 중국에 대한 직접적인 지식에 제한이 많은 언론인이나 사업가가 쓴 책도 아니다. 이 책은 수십 년 동안 직접 현장에서 진행한 연구의 산물이다. 중국이 현재 안고 있는 문제들에 대한 해결책을 발견할 것이라는 희망을 안고 쓴 책이다. 중국이 잘되어야 모든 이에게 이익이 된다는 점을, 이 책을 읽고 있는 당신에게 설득할 수 있기를 희망한다.

중국의 부상은 20세기 가장 극적인 이야기 가운데 하나다. 대부분의 서구 관찰자는 중국의 부상이 서양의 지배에 필연적인 위협이 된다고 본다. 중국의 지속적인 부상은 결코 필연적인 것이 아니었다. 중국이 그 엄청난 성장의 포물선을 완성하려면 거쳐야 할 아주 중요한 단계들과 높은 장애물들이 아직 남아 있다. 온 세계가 서로 연관되어 있는 오늘날, 중국이 그 길을 제대로 갈 수 있

머리말

머리말　　　　　　　　　　　　　　　　　　　　**009**

느냐는 모두의 관심사이기도 하다. 세계 경제와 세계 정치 시스템의 건전성이 여기에 달려 있을 것이다.

나는 길고도 다채로운 길을 걸어 여기까지 왔다. 1983년 처음 중국에 갔을 때, 나는 이 나라 특히 농촌 사람들과 사랑에 빠졌다. 그 첫 여행 이후 농민, 기업가, 이주 노동자, 의사, 교사, 노인 등 온갖 계층의 사람들과 수천 번에 걸쳐 인터뷰를 했다. 조력자들과 나는 중국 전역에서 수천 곳의 학교를 방문해 수백만 명의 학생을 대상으로 자료 조사를 했다. 수십 년 동안 세심하게 연구를 진행한 끝에, 제대로 해결하지 않으면 중국몽(중국의 꿈)을 좌초시킬 위험 있는 문제들을 발견했다.

중국이 행동을 취하기에 아직 늦지 않았다. 사실, 지난 몇십 년 동안 중국 정부는 큰 경제적 도전 과제를 해결하는 데 탁월한 기록을 보여주었다. 그 가운데는 대부분의 연구자가 불가능하다고 여겼던 과제들도 포함되어 있다. 하지만 내가 이 책에서 강조하려는 과제들은 너무나 오랫동안 드러나지 않은 채 잠재해 있었다. 외부 세계뿐 아니라 중국인들도 제대로 보지 못했다. 어떤 행동을 하기 위해서는 문제가 존재한다는 사실을 인식하는 것이 가장 중요하다. 이 책이 그 문제들을 명확하게 드러내는 데 기여하기를 희망한다. 중국 정부가 다른 많은 문제를 해결해온 것처럼, 이 도전 과제들에도 단호하게 대처하기를 바란다. 다음 수십 년 동안 우리가 나아갈 경로가 오늘날 중국에서 벌어지는 일에 달려 있다.

마지막으로, 두 가지를 언급하려 한다. 첫째, 이름에 관한 것이다. 우리는 이 책에서 중국식 이름의 관습(성 뒤에 이름이 붙는 방식)을 따를 것이다. 개인적인 이야기에 등장하는 일부 이름은 취재원의 익명성을 지키기 위해 변형해서 서술했다. 둘째, 이 책은 두 저자의 협업으로 탄생했지만, 간결함을 위해 나를 화자로 해서 서술했다.

_ 스콧 로젤

차례

서문

학생이나 동료, 혹은 기부자가 될지도 모르는 이들을 처음으로 중국 농촌에 데려갈 때마다 나는 같은 질문을 던진다. 주머니에서 100위안짜리 지폐를 꺼내 높이 들고 "이거 보이시나요?" 하고 외친 뒤, 마치 연극을 하는 듯한 몸짓으로 주위를 돌아본다. "이 마을에서 노동 가능 연령대 남성을 찾아오는 사람에게 100위안을 드리겠습니다. 18세에서 40세 사이 건강한 남성이어야 합니다." 모두가 웃음을 터뜨리고, 누군가는 '곧 쉽게 돈을 벌겠군.' 하고 생각한다. 하지만 마을을 아무리 돌아다녀도 젊은 남성을 볼 수가 없다. 따라서 언제나 날이 저물 무렵 내가 내기에서 이긴다.

이 작은 게임은 광범위한 요점을 보여준다. 중국의 급격한 경제성장은 도시의 일자리 수가 광범위하게 팽창하면서 이뤄졌다. 중국 인구 대부분이 농촌 출신이라는 것을 감안하면, 지난 몇십 년 동안 농촌에서 도시로 엄청난 규모의 인구 이동이 일어났다는 것을 알 수 있다. 최소 3억5000만 명으로 추정되는데, 아마도 평화 시기에 일어난 역사상 최대 규모의 이주일 것이다.

가난한 농촌 마을에서 보면, 그곳에 있지 않은 사람들을 관찰함으로써 중국의 경제적 상황을 쉽게 파악할 수 있다. 지난 몇십 년간 그랬던 것처럼, 상황이 좋을 때면 젊고 건강한 사람들은 멀리 떨어진 도시에서 일하면서 가족을 부양하기 위해 월급을 고향으로 보낸다. 기상 상황이 좋지 않을 때마다 기근의 위협을 받으면서 영세 자급 노동에 종사하던 수억 명이 가난에서 탈출해 안정된 생활을 할 수 있게 해준 것은 (공장이나 건설 현장, 혹은 성장하고 있는 서비스업에서의) 이런 노동이었다. 젊고 건강한 몸을 가진 모든 남성, 그리고 대부분의 젊은 여성이 고향을 떠나는 이런 흐름은 오랫동안 꾸준히 이어졌기 때문에, 나는 내기에서 진 적이 없다.

이것은 2016년 봄 이전 상황이다. 그해 4월, 나는 새로운 동료들과 어떤 농촌 마을에 있었다. 그동안 해오던 대로 나는 낡은 100위안 지폐를 꺼내 들고 똑같은 낡은 농담을 하며 손님들에게 노동 가능 연령대 남성을 찾아오라고 했다. 그런데 놀랍게도, 우리는 거의 모든 곳에서 젊은 남성을 발견했다. 그 마을만이 아니라 다른 마을에도 젊은 성인 남성들이 있었다.

어떤 마을에서는 도로 위에 나란히 있는 다섯 가구 중 세 가구에 젊은 남성이 있었다. 도로 다른 쪽에서는 남성 몇 명이 바깥에 앉아 이야기 나누는 모습을 볼 수 있었다. 한 남자는 작은 집 앞에 주차된 오토바이에 걸터앉아 담배를 피우고 있었다. 20대 초반으로 보이는 그에게 인사를 건넨 뒤 마을에서 무엇을 하고 있느냐고 물어보았다. 그는 한참 뜸을 들이다가 대답했다. "몇 년 동안 정저우鄭州의 건설 현장에서 일했는데, 한창 일하던 도중 갑자기 공사가 중단됐어요. 종종 공사가 중단되는 경우가 있었기 때문에 처음에는 별일 아니라고 생각하고, 다른 일자리를 찾아나섰죠. 그런데 몇 주 동안 노력했지만 어디서도 사람을 채용하지 않아 고향으로 돌아올 수밖에 없었어요."

그의 아내가 집에서 나와 이야기에 합류했다. 임신 7개월 정도로 보이는 그녀는 등에 어린아이를 업고 있었다. "뭘 해야 할지 모르겠어요." 그녀가 말했다. "우리 중 누구도 일자리가 없을 거라는 생각을 해본 적이 없어요. 친구 여러 명이 저처럼 어쩔 수 없이 마을로 돌아왔어요. 우리가 기억하는 한 처음 있는 일이에요."

나는 조심스럽게 말을 건넸다. "그래서 이제는 어떤 일을 할 건가요? 다시 농사를 지으실 건가요?" 남자가 웃음을 터트리며, 그의 뒤에 펼쳐진 작고 가파르고 메마른 땅을 슬쩍 바라봤다. 그는 솔직하게 말했다. "이런 후미진 곳에 남아 농사를 지을 리가 없죠." 그가 담배를 비벼 끄고 말했다. "사실 평생 농사를 지어본 적이 없어요. 지금 와서 시작해볼 생각도 없고요. 만약 누구도 고용해주지 않으면… 어쩌면 우리 스스로 문제를 해결해야겠죠."

"아이고, 그런 식으로 말하지 마." 그의 아내가 말했다. 그녀는 나에게로 몸을 돌렸다. "애를 낳자마자 상하이로 가서 직접 부딪혀볼 거예요. 거기에 친구들이 있어요. 물론 거기도 일자리를 구하기가 점점 어려워지고 있다지만, 시도는 해봐야죠. 거기는 그래도 일자리가 있을 거예요."

그녀는 눈을 내리깐 채 새 담배를 꺼내 불을 붙이는 남편을 바

라보았다. 그녀는 임신한 배를 한번 보고는, 나를 보았다. "상황이
괜찮아질 거예요, 그렇죠? 그래야만 해요."

상승과
몰락

———

당신이 이 책을 읽고 있는 바로 지금, 중국에서는 하나의 거대한
드라마가 펼쳐지고 있다. 이것은 당신이 다른 어딘가에서 들어봤
을 이야기가 아니다. 사실, 중국 안이나 바깥에 있는 사람 대부분
이 이것을 알아차리지 못하고 있다.

이 드라마는 지난 30년간 중국이 경험한 믿기 힘들 정도로 대
단한 경제성장 이야기가 아니다. 그런 내용이라면 많은 사람에
게 익숙하다. 한때 삭막한 가난의 땅이었던 중국은 엄청난 속도
로 경제대국으로 변모해갔다. 한 사람의 생애에서 평균 수입이
10~20배 증가했는데, 이는 상상도 하기 힘든 정도의 진전이다.
대부분 전문가는 이런 진전이 계속될 거라고 전망한다. '중국의
부상, 미국의 몰락'과 '필연적인 슈퍼파워' 등의 기사 제목을 보면
중국의 성공은 운명으로 정해진 것 같다.

하지만 중국의 급격한 부상 뒤에는 엄청난 약점이 숨어 있다.
그것이 이제 막 드러나고 있다. 그리고 중국을 미국과 대립시키는
상투적인 표현들과 반대로, 중국이 경제적 안정을 유지하는 것이
우리 모두에게 이익이 된다. 중국 경제가 흔들린다면 세계 경제

시스템에 매우 심각한 위험이 될 것이다.

중국의 성장 가운데 적지 않은 부분이 이미 검증된 개발 전략을 통해 이뤄졌다. 즉, 외국인의 직접 투자가 가능하도록 개방해 저숙련, 노동집약적 산업에 대규모 투자를 유치했다. 이 초기 정책에 이어 국내 투자자들의 새로운 산업 분야에 대한 투자 제한을 점진적으로 없앴고, 투자를 촉진하기 위해 새로운 인센티브들을 도입했다.

1980년대에는 중국의 엄청난 인구와 낮은 임금이 유인이 되어 전국 곳곳에 공장들이 지어지고, 경제 전반이 그로부터 이익을 얻었다. 노동자들은 농장을 떠나 수요를 채우기 위해 성장하고 있던 공장, 건설 현장, 광산에서 일을 하기 시작했다. 임금 상승은 경제 전반에 파급 효과를 가져왔고 주택 건설과 서비스, 공산품에 대한 수요를 끌어올렸다. 이 모든 개혁이 결합되어 만들어낸 동력은 매년 경제를 더 강력하게 발전시키는 선순환을 창출했다. 이 모든 성장은 수많은 저숙련 노동자를 기반으로 삼았다. 공장, 건설 현장, 광산에서 일한 대부분의 노동자는 가난한 농촌 출신이고, 대부분 초등학교나 중학교밖에 나오지 않았다.

중국의 국가 경제 전략은 지난 30년간 대단히 효과적이었지만, 이제 성장 엔진이 동력을 잃기 시작했다. 오늘날 중국의 저숙련 노동자 임금은 매우 빠른 속도로 오르고 있다. 높은 임금이 단기간에는 노동자들에게 좋을지 모르지만, 장기적으로 보면 중국이 저숙련, 노동집약적 산업에서 얻고 있는 비교 우위에 종지부를 찍게 만들 것이다.

세계화가 진행된 상황에서 임금이 오르면 기업들은 더 싼 노동력을 찾아 다른 나라로 옮겨가거나 (점진적으로) 자동화 방식을 찾게 된다.

이것이 중국의 현 상황이다. 매달 수만 명의 노동자가 중국의 핵심 산업 분야에서 해고되고 있다. 건설 경기는 급속도로 하락하고 있다. 삼성은 수십만 개의 일자리를 중국에서 베트남으로 옮겼다. 나이키Nike는 이제 대부분의 테니스화를 중국 밖에서 만든다. 이런 식의 탈출이 섬유 산업, 장난감 공장, 공구, 그리고 크리스마스 장식까지 모든 분야에서 벌어지고 있다. 10년 전에는 미국 월마트Walmart에서 팔리는 거의 모든 상품이 중국에서 만들어졌으나 오늘날에는 더 이상 그렇지 않다. 게다가 새로운 로봇 산업과 자동화 기술의 보급은 중국 공장 노동자에 대한 수요를 더욱 줄이고 있다. 그러나 중국은 이에 대한 좋은 예비 계획을 가지고 있지 않다.

만약 중국이 계속해서 성장하고 싶다면, 또 안정되고 번영한 고소득 국가가 되고 싶다면, 새로운 경제 전략을 마련해야 할 것이다. 여기에는 몇 가지 역사적 사례가 있다. 현재 성공한 많은 국가와 지역도 저숙련 노동에 의존하며 출발했다. 예를 들면 한국, 대만, 아일랜드는 강한 제조업 분야를 발전시켰고, 가난한 나라에서 시민들에게 높은 생활 수준과 강력한 제도를 제공하는 안정적인 경제로 빠르게 성장했다. 그렇다면 중국도 이와 같은 길을 걸어갈 수 있을까?

나는 그러기를 희망하지만, 그것이 불가능할까 봐 두렵다. 최근 몇십 년간 탈집산화, 도로와 대중교통 건설, 노동집약적 산업 투자, 외국 투자 개방 등 중국 정부의 현명한 결정들이 빠른 경제성장을 이뤄냈다. 하지만 중국 정부는 가장 중요한 자산, 즉 인민에

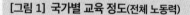

[그림 1] 국가별 교육 정도(전체 노동력)

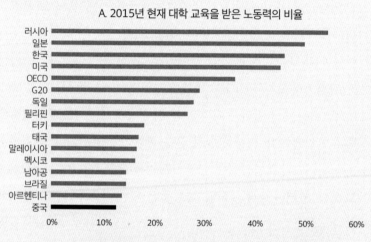

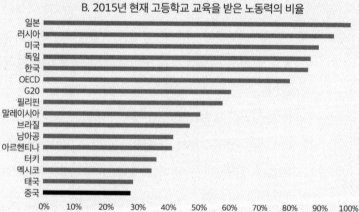

출처: Hongbin Li et al., "Human Capital and China's Future Growth", *Journal of Economic Perspectives* 31, no. 1 (2017): 25-48.

대한 투자에 실패했다. 오늘날 중국은 세계 2위 경제대국이지만, 교육 수준은 세계적으로 매우 낮다. 2015년 국가 인구조사 데이터를 보면, 중국의 노동인구 가운데 12.5%만이 대학 교육을 받았다. 중국 정도 성장을 이룬 다른 국가보다 낮은 수치이며, 심지어 훨씬 가난한 나라들보다도 낮다. 중국은 대학 교육 성과에서 가장 후순위다([그림 1A] 참조). 고등학교 교육에서도 중국은 아주 후순위에 속한다. 2015년 정밀한 조사를 보면, 현재 중국의 노동인구 중 30%만이 고등학교 이상 교육을 받았다([그림 1B] 참조). 이 수치를 기준으로 하면 중국은 멕시코, 태국, 터키, 심지어 남아프리카공화국 같은 중간소득 국가들보다도 후순위에 있다.[1]

이것은 과거 중국 지도자들이 저지른 믿기 힘든 실수다(4장에서 살펴보겠지만, 현재 지도부는 약간의 긍정적 변화를 만들기 시작했다). 그렇다. 중국 엘리트들은 탁월하고, 전 세계 최고 대학에서 공부하고 있으며, 국제적 학력 시험에서 다른 국가보다 훨씬 좋은 성적을 낸다. 하지만 근본적으로 교육 자원이 불평등한 방식으로 분배되고, 중국 인구의 대부분, 즉 관심에서 배제된 농촌 지역 사람들은 훨씬 뒤처져 있다.

교육은 여러 이유로 매우 중요하다. 앞서 말한 대로, 과거 몇십 년 동안 중국의 경제성장 전략은 거의 전적으로 저임금, 저숙련 노동자들에게 의존해왔다. 지금까지 중국의 부상을 이끌어낸 일자리들은 가장 기초적인 교육만으로 충분했다. 건설 현장에서 벽돌을 끌고 가거나 휴대폰 조립 라인에서 똑같은 두 개의 장치를 합치는 작업을 끊임없이 반복하는 식의 일들 말이다. 하지만 이제 그런 저숙련 일자리는 다른 국가들로 옮겨가거나 자동화 시스템으로 대체되고 있다.

만약 중국이 안정된 고임금 고소득 국가로 탈바꿈하고 싶다면, 더 복잡하고 끊임없이 변화하는, 획일화되지 않은 일을 해낼 수 있는 노동력이 필요할 것이다. 국내외 새로운 고용주들은 비판적으로 글을 읽고, 기초적인 수학을 할 수 있으며, 세심한 논리적 결정을 내리고, 컴퓨터를 사용하며, 영어를 할 줄 아는 노동자를 원할 것이다. 고용 가능한 노동자 가운데 이런 기본적인 기술조차 제대로 가진 이가 이렇게 적다면, 잠재적 고용주들은 새롭게, 고임금을 요구하는 중국에 공장을 세우려 하지 않을 것이다. 그렇기 때문에 교육은 이전 그 어느 때보다 중요해질 것이다.

한국과 대만의 경우를 보자. 이 '아시아의 호랑이들'이 저숙련 제조업에 대한 의존에서 전환을 시작했을 때, 그들의 노동력 중 4분의 3 정도가 고등학교를 졸업했다는 점에 의존할 수 있었다. 1990년, 한국과 대만의 노동력 가운데 대학 교육을 받은 비율은 각각 37%와 45%였다. (심지어 이들 국가/지역이 저소득~중소득이었을 때부터 진행된) 인적 자본에 대한 투자는 이후 제조업 분야가 고갈되었을 때, 그들이 고소득·고생산성·혁신 기반 경제로 전환하는 데 중요한 역할을 했다.

제대로 교육받지 못한 노동력이 광범위한 상황에서, 중국은 상당히 다른 위치에 서 있다. 그것은 지속적 성장과 정체 또는 심지어 재난 사이의 차이를 의미할 수 있다.[2]

보이지 않는
중국

————

이 책은 닥쳐오는 도전과 계속 발전할 수 있는 메커니즘에 대한 이야기를 담고 있다. 이렇게 원대한 의미가 있는 이야기가 제대로 알려지지 않았다는 사실이 믿기 어려울 수도 있다. 하지만 그에 대한 설명은 간단하다. 이 문제는 대부분 사람이 볼 생각을 하지 않았던 곳에서 생겨나기 때문이다.

나는 지난 40년간 중국만 연구해왔다. 중국을 이해하려는 많은 기자가 중국 대도시에서 일어나고 있는 거대한 변화를 조사해온 반면, 나의 연구는 아주 소수의 사람만이 알고 있는 듯 보이는 중국의 한 부분에 집중해왔다. 즉, 내륙의 가난한 농촌 지역 말이다. 나는 이곳을 '보이지 않는 중국'이라 부를 것이다. 비록 언론의 헤드라인에는 거의 등장하지 않지만, 중국의 미래는 이런 농촌 마을에서 결정될 것이다.

나는 마이클 해링턴Michael Harrington이 1962년에 내놓은 베스트셀러 《다른 미국The Other America》을 참고해 '보이지 않는 중국' 혹은 '다른 중국'이라는 단어를 사용한다. 이 열정적인 논픽션은 미국의 가장 취약한 공동체들이 가지고 있던 '보이지 않는' 많은 문제를 묘사했다. 해링턴의 책은 국가의 양심을 뒤흔들었고, 이후 존 F. 케네디John F. Kennedy 대통령과 린든 존슨Lyndon Johnson 대통령이 소위 '빈곤 퇴치 전쟁'에 착수하는 가장 중요한 영감의 원천이 되었다. 그것은 미국의 가장 가난한 아이들을 위한 교육,

영양, 보건의 질을 향상시키려는 대규모 노력을 포함하는 광범위한 정책이었다.

오늘날 중국은 역사적 순간에 처해 있다. 어떤 점에서는 1960년대 미국과 유사하다. 최근 몇십 년 동안 중국에 대한 가장 중요한 이야기는 멈출 수 없는 성장, 계속해서 급등하는 수입이었다. 만연한 빈곤, 불충분한 교육, 영양 부족, 제대로 치료받지 못하는 건강 문제가 있는 '보이지 않는 중국'은 거의 인식되지 못한 채 광활하고 고집스럽게 남아 있다.

왜 우리가 오늘날 중국의 농촌 지역을 주목해야 할까? 여기에는 주요한 두 가지 이유가 있다. 첫째, 중국의 도시와 농촌 마을의 격차가 심각하다. 대도시 상하이上海 시민의 평균 소득은 간쑤성甘肅省 농촌 주민 소득의 12배에 이른다. 그에 비해 미국의 경우, 맨해튼과 웨스트버지니아 주민의 평균 소득 격차는 4배 이하다. 문제는 소득 격차만이 아니다. 사실, 중국의 '농촌'과 '도시' 구분은 법으로 명시되어 있다. 후커우戶口(주거지 등록) 시스템 아래에서, 모든 중국인은 태어나자마자 농촌 혹은 도시라는 두 가지 범주로 구분된다. 이러한 지위가 그들의 신분증에 새겨지고 인생의 가능성들에 영향을 미친다. 어떤 영향을 받는지 이 책에서 자세히 다룰 것이다. 중국에서 도시와 농촌은 광활하고 건널 수 없는 강의 양쪽 끝에 앉아 있는 것과 마찬가지다.

중국에서 농촌과 도시는 정체성과 소득에서만이 아니라 인적 자원 면에서도 분리되어 있다. 도시의 노동력은 (25세에서 65세까지 연령층 모두에서) 농촌의 노동력보다 훨씬 더 많은 교육을 받았다.

2010년 인구조사에서, 중국 도시 노동력의 44%는 적어도 고등학교 이상 교육을 받았는데, 이는 농촌 지역의 노동 가능 인구가 고등학교 이상 교육을 받은 비율(11%)의 4배나 된다. 오늘날 도시 청소년의 93%는 고등학교에 다니지만(이는 미국이나 독일의 평균보다 높은 수치다), 많은 농촌의 아이들은 중학교를 겨우 졸업한다. 이 차이는 학교에 다니는 문제만이 아니다. 도시 아이들은 학업 시험에서 지속적으로 훨씬 좋은 성적을 낸다. 중국의 인적 자원 문제는 농촌의 문제이기도 하다.[3]

이는 우리가 농촌을 주시해야 하는 두 번째 이유로 이어진다. 간단한 인구 통계에 따르면, 미래 중국 노동력의 대부분은 농촌 지역에서 자라고 있다. 특히, 후커우상의 지위에 따르면, 중국 전체 인구 가운데 36%만 도시에 등록되어 있고, 64%는 농촌에 등록되어 있다(약 8억~9억 명). 도시와 농촌의 출생률 차이로 인해(최근까지 도시의 가족은 한 명의 아이만 낳을 수 있었던 데 반해, 농촌에서는 두 명에서 세 명까지 낳을 수 있었다), 중국의 '아이들'은 더욱 농촌 지역에 집중되어 있다.

오늘날 중국 아이 70% 이상이 농촌 후커우로 등록되어 있다. 이는 중국의 미래 노동력 대다수가 교육 성과가 훨씬 뒤처진 농촌 지역에서 자라고 있다는 의미다. 따라서 미래 중국의 노동력이 국가 경제에 공헌할 수 있느냐는 농촌 지역 아이들에게 달려 있다고 해도 과언이 아니다. 그런데 지금과 같이 농촌 아이들이 제대로 관심을 받지 못한다면 미래 중국의 전반적인 인적 자원이 불균형적일 수밖에 없다.

농촌 교육의 실패는 빙산의 일각이다. 중국의 도시-농촌 격차는 매우 어린 시절부터 명백하다. 교육 문제와 더불어 보건 위기도 심각하다. 우리가 앞으로 살펴보겠지만, 농촌 지역 어린이들이 교육적으로 뒤처지는 가장 주요한 이유 중 하나는 필수적인 조건들이 결여되어 있기 때문이다. 우리 연구팀은 농촌에서 태어나는 신생아 중 절반 이상이 영양 부족 상태이고, 유아의 절반 이상이 발달 지체로 지능지수IQ가 90을 넘지 못할 수 있다는 사실을 발견했다. 우리의 연구는 중국 남부의 많은 농촌 공동체 학생 중 40%의 장 속에 회충이 있음을 보여준다. (4학년에서 중학교 2학년 사이) 농촌 학생의 30% 이상이 시력 문제를 가지고 있지만 안경을 쓰지 않는다. 초기 단계에서 나타나는 건강과 학습에 대한 장애물은 지속적인 영향을 미친다. 실제로, 농촌 지역 중학교 학생들은 국제 평균에 비해 인지 능력에서도 뒤처진다. 빈곤한 농촌의 많은 학생이 고등학교에 진학할 수 없는 것은 이상한 일이 아니다.

이런 문제들은 한평생 영향을 미친다. 수백만 명의 농촌 아이가 필요한 기본적 자원을 가지지 못한 채 성인으로 자란다. 부족한 교육으로 인해, 그들은 중국의 미래 고부가가치 경제에서 일자리를 찾는 데 고전할 것이다. 만약 상황이 더 좋지 않다면, 그들 중 일부는 중국의 미래 경제에서 완전히 낙오되어, 사회 주변부에서 아예 존재가 지워질 수도 있다.

이 비용을 이 아이들만 치르는 것이 아니다. 중국 노동력의 인적 자원은 나라 전체의 미래 진로를 결정하는 데도 영향을 미친다. '보이지 않는 중국' 사람들이 중국 인구의 절반을 차지하고 중국 어린이의 대다수를 차지하기 때문에, 농촌의 열악한 보건 상태와 부족한 교육 수준이 중국의 성공과 실패를 결정지을 수도 있다.

나의 목표는 중국을 비난하려는 것이 아니다. 사실, 나는 중국이 성공하길 바란다. 현 정부와 교육부 고위 관리들이 펼치고 있는 정책이 만들어낸 긍정적인 성과도 많다. 나는 지금의 인적 자원 문제가 최악의 결과로 이어지는 것을 막을 기회가 여전히 있다고 믿는다. 내가 이 책을 쓴 이유는 중국에 도전 과제들을 보여주고, 위험을 낮추기 위해 취할 수 있는 구체적인 행동을 포함해 중국이 나아갈 바를 제시하려는 것이다. 빨리 행동할수록, 완전한 붕괴가 일어날 가능성이 낮아진다.

실패하기엔
너무 거대한

일부 독자, 특히 서구 독자들은 이 책의 주제가 그들에게 무슨 상관이 있는지 의문을 가질 수도 있을 것이다. 그렇다. 농촌의 빈곤 문제는 중국이 해결해야 한다. 이 책이 외국의 인도주의적 위기에 대한 이야기인가? 아니면 더 큰 의미를 담고 있는가?

우선, 당신이 인도주의적 문제에 관심 있다면, 중국은 최우선 관심사일 것이다. 중국에는 13억 명의 남성, 여성, 어린이가 살고 있다. 그들도 다른 모두와 마찬가지로 존엄하고 평화로운 삶을 살 권리가 있다. 그들이 직면한 건강과 교육 장애물들은 전 세계가 대규모로 인류의 고통을 줄일 수 있는 최선의 기회를 상징한다. 도덕적 책임감은 내가 중국과 관련된 일을 하기로 결정하는 동기를 제공했다. 나는 이런 생각이 많은 사람의 공감을 얻을 거라고 믿는다.[4] 하지만 당신이 지구 반대편 가난한 농촌 아이들이 겪는 고통에 마음이 움직이지 않는다고 해도, 나는 이 문제가 인도주의적 가치와 별개로 중국의 미래 발전, 지역의 안정, 그리고 궁극적으로는 전 세계에 정치적·경제적으로 매우 중요한 의미를 지닌다는 점을 당신에게 확신시킬 것이다.

나는 중국이 계속 성장하고 번영하는 것이 우리 모두에게 최선의 이익이 된다고 믿는다. 꽤 놀라운 주장으로 보일 수도 있다. 서구에서 이루어지는 많은 인기 있는 논쟁은 중국의 힘이 강해지면 미국의 지배력이 훼손되고, 세계의 안정에 심각한 위협이 될 거라는 점을 당연하게 여긴다. 많은 사람이 일당 통치 정부와 거대한 상비군을 가진 중국이 정치적·경제적으로 계속 부상하는 것이 전 세계에 최선의 이익이 된다고 믿지 않는다. 나는 이 주장이 잘못된 판단이라고 생각한다. 중국의 부상에 따른 위험보다 중국이 곤경에 빠져 휘청거릴 때 나타날 위험이 훨씬 크다.

물론 중국이 지금 경제적 쇠퇴로 향하고 있는지는 확실하지 않다. 경제학자로서 나는 장기적 관점에서 거시경제학적 결과를 예측하는 것이 얼마나 어려운지 안다. 중국 경제를 오랫동안 배운 사람으로서, 지난 40년간 중국이 기적과도 같은 경제 정책들을 하나씩 하나씩 성공적으로 실행하는 것을 지켜보았다.

세계는 의심의 눈초리로 바라보았지만, 중국 최고 지도자들은

1980년대 빈사 상태이던 농촌 경제를 성공적으로 탈집산화·시장화시켰다. 1990년대에는 국유기업 부문의 '불가능한' 개혁을 성공적으로 실행했다. 1979년에는 은둔 국가였던 중국이 2001년에는 보호무역을 거의 하지 않고 세계무역기구WTO에 가입했으며, 여전히 번영하고 있다. 하지만 나는 제대로 교육받지 못한 중국의 인구가 미래에 심각한 위협이 되고 있으며, 이 문제를 진지하게 고려해야 한다고 믿는다.

중국의 성장과 안정이 정체되거나 심각하게 하락한다면, 국경 너머에도 엄청난 여파가 미칠 것이다. 우선 중국은 세계 경제에서 매우 중요한 위치에 있다. 지난 수십 년간 중국은 세계의 가장 중요한 성장 동력 중 하나가 되었고, 이 나라의 거대한 노동력은 세계 경제를 진전시켰다. 만약 어떤 일이 일어나 그 엔진의 속도가 떨어진다면 모두가 고통받을 것이 거의 분명하다.

중국 경제의 하락이 세계 다른 국가들에도 악영향을 미치는 몇 가지 사례를 생각해보자. 중국은 전 세계 무역의 약 30%와 관련돼 있고 세계 많은 나라의 최대 무역 상대국이다(미국보다 비중이 크다). 중국의 수입품 수요가 하락한다면, 이 모든 국가에 심각한 악영향을 끼칠 것이다. 중국은 제조업에서의 역할 때문에도 중요하다. 오늘날 세계 주요 기업 가운데 95%가 그들의 공급망 일부를 중국에 두고 있다. 중국이 급격하고 영구적으로 몰락하며 그 공급망이 무너진다면 이 기업들 대부분이 부정적 영향을 받을 것이다. 그 결과, 전 세계적으로 물가 상승이 일어날 것이다. 생필품 가격이 오르면, 사람들은 필수적인 것들을 해결하느라 돈이 더 적어질 것이다. 즉, 전 세계적으로 일반인들의 생활 수준이 급격히, 심각하게 하락할 것이다.

최근에는 중국 (도시들에 거주하는) 신흥 부유층 소비자들의 거대한 시장이 전 세계 기업들에 매우 중요한 수출 시장이 되었다. 만약 중국 고객들이 갑자기 돈을 적게 쓰면(예를 들면 그들이 일자리를 잃거나 급격한 경제적 하락 때문에 여윳돈이 줄어) 이들 기업은 고객이 급감할 것이다. 이 명단은 매우 길고, 세계 최고 기업들의 상품이 포함되어 있다. 즉, 애플Apple, 롤렉스Rolex, BMW, 보잉Boeing, 스타벅스Starbucks, 루이뷔통Louis Vuitton, 선글라스헛Sunglass Hut 등이다. 미국, 유럽, 남미, 동남아에 본부를 둔 이 수많은 기업은 중국 고객의 수요가 하락한다면 심각한 타격을 받을 것이다. 세계는 중국에 깊이 박혀 있는 중요한 부분들과 서로 얼마나 얽혀 있는지 발견하고 있다.

특히 미국인들에게 중국 경제는 중요한 열쇠다. 미국과 중국의 경쟁에 대한 많은 이야기에도 불구하고, 오늘날 미국 경제는 중국의 지속적인 경제적 건전성에 그 어느 때보다 의존도가 높다. 수만 개의 미국 기업이 중국의 제조업에 의존하고 있다. 중국에 대한 미국의 외국인 직접 투자는 2016년에 920억 달러였다. 중국의 점점 더 성장하는 소비 시장으로 많은 미국 상품이 향하고 있다. 한때 중국은 미국과 제조업 일자리를 두고 경쟁했으나, 오늘날 미국 입장에서 중국은 가장 빠르게 성장하는 시장이다. 중국에 어떤 경제적 문제가 생긴다면, 이 모든 기업과 거기에 의존하고 있는 개인들이 큰 타격을 받을 것이다.[5]

이와 같은 이유로, 오늘날 중국 경제는 세계 국내총생산GDP의 성장에 기여하는 최대 단일 요소다. 세계 경제를 안정적으로 유지하기 위해, 중국은 어쩌면 "몰락하기에 너무 거대한" 존재일지도 모른다. 중국이 비틀거리면, 세계 시장이 자유낙하할 수도 있다. 사실, 경제학자들은 만약 중국이 계속 성장하더라도 성장률이 절반으로 줄어들면, 세계 경제성장률을 1% 하락시켜 세계적 경기후퇴가 일어날 것이 거의 확실하다고 예측한다. 세계적 경기후퇴는 물론 전 세계 국가들에 치명적 영향을 미칠 것이다. 2009년 경기후퇴는 미국과 전 세계를 힘들게 했다. 중국의 성장이 크게 하락한다면 그때만큼 좋지 않거나 더 심각할 수도 있다. 나는 수백만 미국인의 일자리를 이야기하고 있는 것이다. 주식시장도 큰 타격을 입을 것이고, 평범한 미국인의 401k(미국 직장인 퇴직연금) 투자도 하락할 것이며, 모든 분야 기업의 금융 안정성이 타격을 입을 것이다. 중국이 쇠약해지는 것만으로도 우리 모두의 경제적 미래 경로가 바뀌고, 앞으로 수십 년간 우리 자손이 성공할 기회가 줄어들 것이다.[6]

이는 경제적 전망만 말한 것일 뿐, 문제가 여기서 끝나는 것이 아니다. 만약 중국이 경제적 쇠퇴에 빠진다면, 이 위기로 인한 사회적 · 경제적 대가도 나타날 것이다. 정확히 예측하기는 어렵지만, 아마도 다음과 같이 진행될 것으로 예측된다. 만약 투자가 줄어들면, 이미 낮아지고 있던 중국의 성장률은 더 떨어질 것이고, 이미 하늘을 찌를 기세인 불평등(중국은 이미 세계에서 소득 분배가 가장 불평등한 국가 중 하나다)은 더욱 심해질 것이다. 이는 중국 노동자들에게 좋지 않은 소식이다. 중국의 임금이 오르고 저숙련 일자리들이 사라지면, 중국은 노동력의 심각한 양극화를 겪을 가능성이 있다. 최악의 사태는, 이런 인적 자원 위기가 공식 노동력 가운데 2억~3억 명 또는 그 이상의 실업자를 만들어낼 수 있다는 점이다. 저숙련 제조업 일자리와 건설업 일자리는 사라질 것이고, 그 일을 하던 사람들은 다른 일을 할 만한 능력이 부족할 것이다.

퇴출된 노동자들은 어려운 선택을 할 수밖에 없다. 그들 중 아주 일부는 농촌으로 돌아갈 것이다. (토지 재분배의 역사 때문에) 중국의 경작지는 작고, 평균적으로 할당된 경작지 크기는 4인 가족의 열량 섭취를 간신히 지탱할 정도밖에 안 된다. 실업자가 된 중국인 중 대다수에겐 비공식 노동력에 합류하거나, 대로변에서 볶음면을 팔거나 교차로에서 자동차 창문을 닦거나 식당 웨이터로 일하는 정도의 선택지밖에 없을 것이다. 하지만 경제는 이렇게 많은 비공식 노동력 중 일부만 고용할 것이고, 수백만 명의 해고 노동자가 일거리를 찾으려고 나서, 임금은 더욱 떨어질 것이다. 그런 일자리들은 이윤이 거의 없고, 사회적 지위가 상승할 전망도 거의 없으며, 안정성도 미래에 대한 보장도 없다. 따라서 많은 사람이 절망하게 될 것이다.

어쩌면 가장 심각한 것은, 이런 역학관계가 최근의 개혁기 내내 중국 사회를 하나로 이어온 미약한 사회계약마저 약화시킬 우려가 있다는 점이다. 하버드 대학교 사회학자 마티 화이트Marty White의 연구에 따르면, 지난 20~30년간 심각하고 계속 악화하는 중국의 불평등에도 불구하고, 중국의 경제적 하위 계급 사이에서 원망이나 분노는 매우 적었다. 화이트의 연구는 경제 체제의 하부층을 이루는 사람들이 불행하거나 불만을 가지고 있지 않다는 현상을 반복적으로 발견했다. 대부분의 사람은 지금 그들의 상황이 10~20년 전보다 나아졌다는 것을 알고 있기 때문에 낙관적이었다. 가난한 이들을 포함해 대부분의 사람은 그들 자신과 자녀들의 상황이 계속해서 더 나아질 거라 믿고 있다. 이 믿음이 평화와 안정을 유지하는 데 도움을 주었고, 수억 명의 사람들에게 열심히 일하고 사회에 공헌하고 세금을 낼 인센티브가 되었다.

만약 중국이 경제적 위기에 처하거나 이 노동자들이 거리로 내몰린다면, 이 낙관주의와 사회적 신뢰는 갑작스럽게 종말을 맞이할지도 모른다. 만약 많은 중국인이 더 나은 미래를 믿을 이유가 갑자기 사라진다면, 원망이 치솟기 시작할 수도 있다.

일부 노동자들이 너무나 실망하고 불만에 차서 시스템 밖으로 완전히 밀려날 수도 있다는 점이 두렵다. 특히 경제위기가 대규모로 심각하게 일어나면 새로 실업자가 된 이들이 불만을 품고 범죄자가 되는 길을 택할 수도 있다. 이런 일이 중국에서 벌어진다는 것이 믿기 힘들겠지만, 젊고 열심히 일하던 사람들이 갑자기 자원을 빼앗긴다면 아마도 시스템에 분노할 것이다. 삶이 점점 더 나아질 거라는 꿈과 믿음이 흐려진다면, 이들 중 일부는 더욱 극단적인 길을 택할지도 모른다. 침체에 빠진 다른 중진국들에서 벌어진 사례를 보면 조직범죄의 급증이 이런 불만의 최종 출구가 된다는 것을 짐작할 수 있다.

우리는 이 위기를 대재앙으로 만들 수 있는 또 다른 요소도 고려해야 한다. 바로 4000만 명 정도의 잉여 남성이다. 몇십 년간 (한 자녀 정책 아래서) 중국의 출생 성비는 심각하게 왜곡되었다. 오늘날 중국은 전 세계적으로 유례없는 남성과 여성의 성비 불균형 문제를 안고 있다. 이 아이들 가운데 상당한 집단은 이미 성년이 되었고, 더 많은 아이가 곧 성인이 될 것이다. 숫자로만 보면, 많은 남성이 결혼할 수 없을 것이다. 만약 경제가 침체되고 수백만 명이 노동력에서 배제된다면 결혼도 못 하고, 사회적 연결망도 없고, 일자리도 없는 수많은 젊은 남성이 무엇을 할까? 이미 상당수 젊은 남성이 고향으로 돌아가 마을을 배회하는 모습을 볼 수 있다. 농촌 마을에서 내가 만났던 젊은 남성처럼, 그들은 미래에 대해 불안해하고 더 나은 삶에 대한 약속이 사라져버리는 듯해 점점 더 좌절하고 있다. 멕시코를 갈기갈기 찢어놓은 카르텔이나 브라질의 파벨라를 보면 이런 상황이 가져올 가장 재앙적인 결과를 이해할 수 있을 것이다.

만약 위기가 정말로 이 지점까지 다다르면, 즉 공식 경제가 침체되어 수백만 명이 쫓겨나고 범죄율과 갱단의 활동이 증가한다면, 그로 인한 정치적 영향도 심각할 것이고, 중국 국경 밖으로도 여파가 미칠 것이다. 중국은 권위주의적 지배 정당에 의해 통치되고 있으며, 세계 최대 군대로 무장하고 있다는 것을 염두에 두자.

지난 몇십 년간 중국공산당CCP은 지속적인 경제성장의 약속에 근거해 거대한 인구 위에서 정통성을 유지해왔다. 만약 경제성장이 느려지거나 마구 흔들리며 성장이 멈춘다면 중국공산당은 어떻게 반응할 것인가? 만약 노동인구 중 절반이 구조적 실업 상태에 빠진다면 정부는 어떻게 정통성을 유지할 것인가? 경제학자로서 나는 강력한 예측을 주저한다. 하지만 여러 자료를 보면, 세계 그리고 역사 속의 많은 절박한 지도자가 그랬던 것처럼 중국공산당이 경제성장에 초점을 둔 현재 상황에서 벗어나 민족주의에 호소하거나 아니면 더 좋지 않은 것에 의존하는 대비책을 선택할까 봐 두렵다. 그 결과 나타나는 정치적 혼란은 세계 무대에도 심각한 영향을 미칠 수 있다.[7]

이와 같은 이유로, 나는 중국에 무슨 일이 일어난다면 모두가 고통받을 거라고 생각한다. 사실 빈곤과 교육 문제는 세계 다른 국가에도 존재한다. 베네수엘라나 태국 같은 나라가 흔들리더라도 세계 전체가 흔들리지는 않는다. 간단히 말해, 우리 중 누구도 중국이 휘청거리는 것을 감당할 능력이 없다. 중국 농촌 어린이들의 고난이 우리와 동떨어진 문제처럼 여겨질 수도 있지만, 이 위기는 세계의 기초를 뒤흔들 잠재력을 가지고 있다.

**중국의
감춰진 문제**

———

나는 매달 중국을 비롯해 세계 곳곳을 돌아다니면서 내 연구를 동료 학자, 학생, 정부 관리, 그리고 재계 인사들에게 발표한다. 어떤 관중이든 내 발표를 들으면 쉽게 믿으려 하지 않는다. 우리가 '필연적 슈퍼파워' 중국에 대해 그렇게 많은 이야기를 듣고 있는데,

그런 중국이 어떻게 보건, 교육, 그리고 존엄에 대한 이런 기초적인 장애물들로 고생할 수 있단 말인가?[8]

이런 문제들이 말 그대로 보이지 않는다는 점이 문제다. 예를 들면 빈혈은 아이의 성장과 학습에 심각한 문제를 일으키지만, 맨눈으로는 보이지 않는다. 기생충은 창자 안에 숨어 있다. 영아의 인지 능력은 모든 최고의 자원에 접근할 수 있는 선진국에서도 부모를 혼란스럽게 만드는데, 좋은 정보를 얻기 위해 의존할 곳이 없는 가난한 농촌 농부들에게는 말할 것도 없다.

또 다른 문제는 바로 중국 농촌이 외부 세계에서는 보이지 않는 곳이 되어버렸다는 점이다. 확실히 세상은 번영하는 중국인들로 가득 찬 것만 같다. 그들은 파리에서 명품 쇼핑을 하고, 디즈니랜드와 타임스스퀘어를 걸으며, 미국 대학들에서 무리 지어 다니고, 〈타임TIME〉의 표지를 장식하고 있다. 하지만 이 눈에 잘 띄는 중화의 특사들은 도시 엘리트의 일원이며, 중국 도시들은 국민 중 절반 이상이 어떻게든 생존하려고 발버둥 치는 거대한 나라 속에서 번영하는 작은 섬들이다.

도시와 농촌의 격차가 너무 커서, '보이지 않는 중국'은 많은 중국인에게도 보이지 않는다. 중국의 불평등은 광대하고 지리적이다. 중국 동쪽 해안의 번영한 도시들은 부자들과 새로운 중산층으로 가득 차 있지만, 중국의 서부와 남부 내륙 외딴 마을에 갇힌 수많은 중국인은 여전히 가난하다.

얼마 전까지 도시의 중국인들은 지역들을 가로질러 출장을 가거나 고향을 방문하기 위해 버스나 완행 기차를 이용했는데, 정류장에 멈출 때마다 창문 밖으로 '보이지 않는 중국'을 볼 수 있었다. 오늘날 도시 사람들은 고속철도를 타고 시간당 300km가 넘는 속도로 가난한 농촌 지역들을 지나쳐 가거나, 저가 항공사의 보잉 여객기를 타고 그 위를 넘어가기 때문에 '보이지 않는 중국'에 전혀 눈길을 주지 않는다.

'보이지 않는 중국'은 아주 헌신적인 사람이 아니면 보기 어렵다. 1980년대 이래 중국에 있는 나의 파트너들과 동료들(이제 농촌교육행동프로그램 Rural Education Action Program, REAP으로 알려져 있다)은 중국 농촌 지역을 체계적으로 이해하고 묘사하려 노력해왔다. 미국과 중국 최고 대학들에서 온 경제학자, 교육 전문가, 공중보건 연구자들로 이루어진 REAP팀은 현장에서 자료를 수집하는 100개 이상의 대규모 연구 활동을 진행하면서 중국 33개 지역 가운데 26개 지역에서 50만 명 이상으로부터 자료를 모아왔다. 공식 통계가 불충분하고 농촌의 상황이 잘 보이지 않는 나라에서는 이런 의지, 인내, 그리고 특화된 전문지식을 통해서만 농촌의 삶을 이해할 수 있고, 그래야만 다가오는 문제들을 볼 수 있다.

그렇다면 왜 중국의 농촌은 이렇게 뒤처졌는가? 왜 정부는 교육과 보건에 충분히 투자하지 못했는가? 그리고 오늘날 중국이 직면한 위험들을 최소화하려면 무엇을 해야 하는가? 이것들이 이 책에서 이야기하려는 커다란 질문이다. 이 문제가 더 오랫동안 보이지 않은 채 남아 있으면 너무 많은 것을 잃게 된다.

1장

중진국
함정

INVISIBLE CHINA

중국은 대단히 성공적으로 성장해
중진국이 되었다.
하지만 이제 이전과 다른 성장 방법과
침체되거나 하락하는 방법이 있는
구역에 들어섰다.

세계 대부분의 사람들에게, 중국의 미래는 분명해 보인다. 기자들은 21세기를 '중국의 세기'라고 이름 붙였다. 내가 사는 지역 학군에서는 아이를 중국어 몰입 교육 프로그램에 넣기 위해 매년 추첨이 진행된다. 이 프로그램은 지난 10년간 진행되었는데, 매년 등록 희망자가 정원의 3배를 넘기 때문이다. 전 세계 사람들은 유치원생 자녀를 중국어 교실에 등록시키며 중국이 세상을 지배하게 되었을 때를 상상한다.

하지만 경제강국이자 세계 슈퍼파워로서 미래는 중국이 얼마나 지속적으로 성장할 수 있느냐에 달려 있다. 지난 몇십 년간 중국은 꾸준한 성공을 이루었다. 하지만 중국이 이 시점까지 너무나 성공적으로 성장해왔다는 사실이 반드시 앞으로도 지속적으로 성장할 거라는 의미는 아니다.

세계 모든 나라가 가상의 보드게임판 위에 흩어져 있다고 생각해보자. 이는 경제발전 게임이다. 목표는 간단하다. 당신 나라의 평균 소득을 최대한 빠른 속도로 끌어올려야 하고 소득이 하락하면 안 된다. 모든 국가는 바닥, 즉 빈곤에서부터 시작한다. 운, 고된 노동, 몇몇 전략적 선택을 통해 각 나라들은 성장하기 시작할 수 있다. 지난 몇백 년간 세계 대부분 나라는 성장했다. 사실, 평균적으로 보드판 위에서 많은 상승이 있었다.

하지만 성장은 직선으로만 진행되는 것이 아니며, 같은 양을 투입한다고 같은 양의 결과가 나오는 것도 아니다. 경제학자 폴 콜리어Paul Collier가 관찰한 것처럼, 발전은 '미끄럼틀과 사다리 Chutes and Ladders' 게임과 같다. 만약 한 나라가 다행히 '사다리'에 발을 디딘다면, 그 나라는 보드판의 더 앞쪽까지 더 빨리 나아갈 수 있다. 반대로 '미끄럼틀'에 발을 디딘다면, 게임에서 더 낮은 지점으로 급속히 내려가 다른 사람의 걸음을 뒤따르게 된다는 의미다. 주사위를 굴려서 나오는 어떤 숫자는 놀랄 정도로 빨리 커다란 보상을 가져다준다. 하지만 주사위(와 보드판 위)의 다른 숫자들은 큰 도전 과제들로 가득하다.[1]

지난 수십 년간, 중국은 보드판 위에서 가장 믿을 만한 사다리를 타고 있었다. 이것은 저임금 제조업에 특화된 국가에 보상을 주는 사다리였다. 하지만 올라간 임금이 다시 내려올 일은 없어 보이기에, 중국은 더 이상 그 사다리를 탈 수 없다. 대신, 주사위를 한 번 더 굴려 게임 보드판의 새로운 부분을 향해 요리조리 잘 지나가야 한다.

문제는 중국의 급속한 성장이 중국을 게임의 가장 위험한 부분으로 데려갔다는 것이다. 앞으로 나아가는 길을 찾으려 할수록,

중국은 가장 긴 미끄럼틀 중 하나의 끄트머리에 자꾸 위태롭게 서 게 되는 것이다.

이 미끄럼틀은 '중진국 함정'이라고 알려진 것이다. 여기는 너 무 위험해, 이 게임에서 중국이 도달한 위치까지 갔던 대부분의 나라가 그곳에서 희생되고 말았다. 중국이 특히 취약할 것이라고 우려할 만한 이유가 있다.

중진국 함정

———

중국의 명품 소비 시장과 세계적으로 중국의 정치적 힘이 강해지 고 있다는 뉴스들을 보면서 당신이 생각하는 것과 달리, 사실 오 늘날의 중국은 부자 나라가 아니다. 중국이 세계 최대 경제대국 에 다가서고 있기는 하지만, 중국의 1인당 국민소득(이하 PPP [구 매력 평가 지수] 기준)은 딱 중간 정도에 머물러 있다. 세계은행에 따르 면, 2016년 중국의 1인당 국민소득은 75위였다. CIA의《월드팩트 북World Factbook》을 보면, 중국의 1인당 국민소득은 228개국 중 106위다. 알제리, 코스타리카, 태국 등과 같은 수준이다.[2]

경제발전 보드게임에서 가장 기본적인 사실은 국가들이 소득 수준 단계마다 각각 다른 기회와 문제를 겪는다는 것이다. 다시 말하면, 한 나라는 일정한 소득 수준마다 다른 사다리와 다른 미 끄럼틀을 이용해 보드게임 구역들을 건너야만 한다.

중국은 제2차 세계대전 이후 보드게임에서 거의 가장 아래쪽에 있는 가난한 국가로 출발했다. 그 구역에는 몇 개의 미끄럼틀이 있었지만, 중국은 그것을 운 좋게 피해나갔다. 중국은 (르완다나 엘살바도르처럼) 폭력의 악순환에 간히지도 않았고, (베네수엘라나 파푸아뉴기니처럼) 희소한 천연자원을 둘러싼 엘리트들의 내분에 휘청거리지도 않았다. 이는 빈곤한 국가의 발전을 막는 가장 일반적인 장애물이다.[3]

대신 중국은 빈곤한 시기에 가난에서 탈출할 수 있는 가장 주요한 사다리를 생각해냈다. 1970년대 후반과 1980년대 초반부터 중국은 저임금 제조업의 사다리를 올라갔고, 1980년 1000달러 미만이던 1인당 국민소득을 2016년에는 1만5000달러 이상으로 끌어올렸다. 단시간에 엄청난 업적을 달성한 것이다. 다른 여러 중진국도 이 사다리를 이용해 빈곤에서 탈출했다. 아일랜드, 터키, 태국을 예로 들 수 있다. 베트남, 방글라데시, 페루 같은 나라도 비슷한 경제정책을 통해 성공하기 시작했다.[4]

중국은 대단히 성공적으로 성장해 중진국이 되었다. 하지만 이제 이전과 다른 성장 방법(사다리)과 침체되거나 하락하는 방법(미끄럼틀)이 있는 구역에 들어섰다. 안타깝게도, 보드판 위의 중진국 구간에는 곳곳에 미끄럼틀이 있고, 여기까지 다다랐던 많은 나라가 그곳을 통과하지 못하고 미끄럼틀에 발이 걸려 넘어지곤 했다.

2004년 외교 전문지 《포린 어페어스Foreign Affairs》에 실린 기사에서 정치학자 제프리 개릿Geoffrey Garret은 놀라운 분석을 내놓았다. 그는 최근 경제발전 역사를 관찰한 결과, 부유한 나라들은 계속 잘 해나가고, 가난한 나라들은 높은 성장률을 보이는 데 반해, 세계적으로 소득이 중간쯤에 위치한 나라들은 다른 나라들보다 더 느리고 덜 성공적으로 성장한다는 점을 발견했다.[5]

세계은행 소속 경제학자들은 이 문제의 전체적인 모습을 드러내 보여준 보고서를 발표해, 세계적으로 파장을 일으켰다. 이 보고서에 따르면, 1960년에 중진국이던 101개 국가 중 2008년까지 고소득 국가가 된 곳은 13개국밖에 없다. 나머지는 50년 동안 그 상태에 머물러 있거나 심지어 더 가난해진 국가도 있었다.[6]

이들이 내놓은 통계는 매우 유명한데, 여기에 다시 한번 첨부한다([그림 1-1] 참조). 이 통계는 지난 50년 동안 경제 역사를 보여주는데, (미국의 소득을 기준으로 한) 각국의 1960년과 2008년 1인당 국민소득을 비교하고 있다. 1960년에 중진국으로 시작한 나라 대부분(그림의 가운데 부분)이 그 자리에 머물러 있거나 심지어 그 자리도 지켜내지 못했다. 그 가운데 아주 일부 국가만이(그중 최근 휘청거리는 그리스 같은 나라도 있다) 세계적으로 소수인 부유국 클럽을 따라잡았다.

이것이 바로 중진국 함정이고, 우려해야 할 현상이다. 극소수 국가는 잘 피했지만, 대부분은 여기에 갇히고 말았다. (최소한) 거의 60년간, 여기에 갇힌 국가들은 게임판 위에서 앞으로 나아갈 수 없었다. 멕시코, 브라질, 태국, 남아프리카공화국 같은 국가가 그렇다. 더 많이 성장하려는 그들의 꿈은 이루기 어려워졌다.

이 국가들이 침체되거나 그 자리에서 움직이지 않고 머물러 있다는 말이 아니다. 그들 중 많은 나라가 더 심한 우여곡절을 겪었다.

[그림 1-1] 중진국 함정

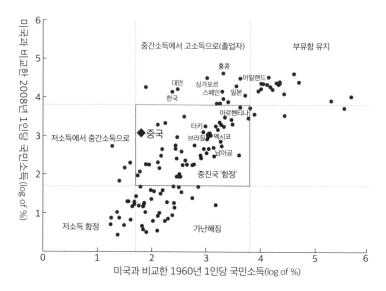

출처: 세계은행, 중국 국무원 발전연구중심, 〈"중국 2030: 현대적이고 조화로우며 창의적인 사회만들기|China 2030: Building a Modern, Harmonious, and Creative Society"〉(워싱턴DC, 세계은행, 2013), http://openknowledge.worldbank.org/handle/10986/12925 Licence:CC BY 3.0 IGO.

그들은 성장하고, 성장하고, 성장했는데, 결과적으로 무너져버렸다. 혹은 성장하고, 성장하고, 성장하다 결과적으로 침체되었다. 무너지거나 침체기를 겪을 때마다, 많은 사람이 상처를 입는다. 매번 평범한 사람들이 직장을 잃고, 돈을 잃고, 안정감을 잃고, 모든 것을 새로 시작해야 한다.

멕시코는 이 패턴을 경험했다. 1970년대 말과 1980년대 초에 저임금과 미국 및 캐나다와의 새로운 무역협정을 통해 멕시코는 제조업 상품들을 조립하는 목적지가 되었다. 세계적 기업들은 멕시코 곳곳에 새로운 공장을 지었고, 멕시코 각지에서 노동자들이 몰려와 그 공장들을 채웠다. 하늘을 찌를 듯한 성장이 계속되었고, 전 세계 사람들은 멕시코의 '경제 기적'을 이야기했다. 멕시코는 경제협력개발기구OECD 가입 승인을 받았고, 곧 세계적인 부자 국가 반열에 들어설 것으로 예상되었다. 하지만 2000년대 중반, 그 꿈은 사그라들고 말았다. 멕시코의 성장세는 멈춰버렸고, 모든 꿈은 경기침체와 대규모 사회 혼란으로 변해버렸다. 멕시코 사람들은 엄청난 대가를 치렀으며, 멕시코는 고소득 국가가 되는 길에서 멀어졌다.

브라질도 마찬가지로 고소득 국가 직전까지 여러 번 갔지만 매번 마지막 관문을 넘지 못했다. 1960년대 이래 브라질은 최소 여섯 차례 경기침체를 겪었고, 그때마다 성장을 위한 노력이 뒤집혀버렸다. 평범한 브라질 시민들은 경기침체 때마다 고통받고, 직장을 잃고, 미래에 대한 계획이 무너지고, 평생 모아둔 것을 잃었다. 그리고 브라질은 여전히 중진국으로 남아 있다.

이런 경기침체는 사회적·정치적으로도 엄청난 대가를 치르게 했다. 경제 영역의 위기는 사람들을 사회의 비공식 영역으로 나아가게 하거나 범죄로 이끌기도 한다. 경제적 고통은 사회적·정치적 혼란이 일어날 가능성을 높인다. 중진국 함정에 빠지면 국가는 새로운 가난, 범죄, 심지어 더 큰 규모의 폭력으로 고통을 겪는다. 이런 국가 사람들, 그리고 이런 국가의 안정성에 의존하는 국제 무역이나 외교적 파트너들에게 중진국 함정은 파괴적 영향을 미친다.

이것이 오늘날 중국이 마주하고 있는 위험이다. 중국은 저소득 국가에서 중진국으로 성공적으로 성장했다. 이는 엄청난 일이다. 수백만 명의 사람을 가난에서 탈출하게 했고, 중국이 더 안정되고 번영할 잠재력이 있는 길로 나아가게 했다. 하지만 이 여정이 끝나려면 한참 멀었다. 이제 중국은 중진국이 되었고, 게임의 방식이 바뀌었다. 만약 제2의 멕시코가 되는 결말을 피하고 한국의 길로 따라가고 싶다면 빨리 궤도를 수정해야 한다.

졸업자 vs
갇힌 자

———

그렇다면 차이점은 무엇인가? 왜 어떤 국가는 침체되지 않고 중진국을 벗어나고 어떤 국가는 함정에 빠지고 마는가? 좁은 구멍을 빠져나가 함정에 빠지지 않는 데 성공한 소수의 예외를 살펴보는 것으로 이야기를 시작해보자. 이 소수의 국가를 '졸업자'라고 부르고자 한다.

이 졸업자 중 일부는 중국이 따라 하기에 어려운 길로 나아갔다. 예를 들면 스페인, 포르투갈, 그리스 같은 국가는 유럽연합EU에 가입한 뒤에야 이 함정에서 빠져나올 수 있었기 때문이다. 유럽연합 회원 자격으로 이들은 새로운 무역 파트너십, 사회적 프로그램에 대한 지원, 그리고 세계 최고 부국들과의 통화 공유 등 여러 이득을 얻었다. 그 결과, 유럽연합 부국들의 힘에 올라타 고소득 국가가 되는 궤도에 들어설 수 있었다(그들이 최근 겪고 있는 어려움을 보면, 이 길마저 장기적으로는 그렇게 좋기만 하지는 않은 것 같다). 당연하게도 이 옵션은 오늘날 중국에 불가능하다.

마찬가지로, 구 소련권에 속했던 일부 국가 역시 성공담으로 여겨졌다. 예를 들면 폴란드, 헝가리, 체코 같은 국가가 최근 몇십 년 사이 명목상 중진국에서 고소득 국가로 이동했다. 하지만 이는 약간 잘못된 해석이다. 이 국가들은 유럽 전역에 철의 장막이 쳐지기 전부터 이미 부유했다. 이들 국가가 상처를 딛고 성공적으로 발전을 이루어냈다기보다 이전에 가지고 있던 번영으로 돌아온 것에 가깝다. 이런 점에서 중국은 이와 같은 길을 가는 것 역시 사실상 불가능하다.[7]

하지만 소수의 졸업자는 중국과 많은 공통점을 지녀, 중국이 이들 사례를 따라 할 수 있을 것 같다. 아시아의 호랑이(한국, 대만, 싱가포르, 홍콩)는 모두 빈곤 상태에서 출발했으나 꾸준히 성장했고, 큰 난관 없이 중진국 단계를 넘어 최상위 위치에 올라섰다. 아일랜드와 이스라엘도 비슷한 길을 걸어왔다. 이 국가와 지역들은 부국들과의 공식적인 연합을 통해 이득을 얻는 일도, 과거에 높은 GDP를 가졌던 역사도 없었다. 그렇다면 그들은 어떻게 해냈을까? 한국, 대만, 이스라엘 등은 그 좁은 관문을 통과해 중진국에서 고소득 국가가 되고, 남아프리카공화국이나 멕시코는 함정에 걸린 차이는 무엇일까?

나는 졸업자들과 함정에 빠진 국가들 사이에 아주 중요한 차이점이 있다고 생각한다. 바로 인적 자원이다. 경제학자들에게는

'인적 자원'이 금융 자본과 마찬가지겠지만, 이것은 돈이 아니라 사람이 노동자로서 경제에 공헌할 수 있게 하고 동시에 자신과 가족이 더 나은 삶을 살 수 있게 만드는 모든 요소를 의미한다. 예를 들면 건강, 영양, 교육 등이다. 이런 요소는 한 국가의 사람들을 더 나은 노동자이자 더 나은 시민으로 만든다. 국가가 중진국 함정에 빠지지 않으려면 인적 자원이 필요하다. 이는 성공으로 가는 가장 중요한 요소 중 하나다. 왜 인적 자원이 그렇게 중요한지, 먼저 인적 자원의 가장 간단한 지표를 살펴보도록 하자. 그것은 바로 고등학교 이상 교육을 받은 성인 인구의 비율이다.[8]

언뜻 보기에도 인적 자원과 성장이 비례하는 것은 명백하다. 오랫동안 게임의 가장 시작점에 갇혀버린 개발도상국들은 보통 교육률이 매우 낮다. 방글라데시, 아이티, 에티오피아 같은 국가를 보면, 고등학교 교육을 받은 노동인구의 비율이 15% 미만이다. 마찬가지로, 게임판의 중간 지점에 있는 국가들은 평균적으로 고등학교 교육을 받은 비율이 중간 정도밖에 되지 않는다. 예를 들어 2015년 브라질의 노동인구 가운데 47%가 고등학교 교육을 받았다. 멕시코의 경우는 35%였고, 터키는 37%였다. 게임판의 가장 끝부분까지 온 국가들, 즉 여러 세대에 걸쳐 부유하고 번영한 국가들은 모두 아주 높은 인적 자본을 가지고 있다. 예를 들면 미국에서는 노동 가능 인구의 90%가 고등학교 이상 교육을 받았고, 독일은 87%, 일본은 99% 이상이다. 이 국가들의 동향은 명백하다. 세계 최고 부국의 모임인 OECD 회원국들에서 고등학교 진학률은 평균 78%다.[9]

하지만 역사적 데이터와 함께, 우리가 지금 다루고 있는 질문에 더 적절한 또 다른 한 가지 흐름이 있다. 바로 최근 몇십 년간 중진국 상태를 벗어난 소수의 국가, 즉 '졸업자'들은 모두 고등학교 교육 수준이 매우 높다. 더 놀라운 점은, 이 국가들은 수십 년 동안 이런 높은 수준을 계속 유지해왔다는 것이다. 아직 중진국이었던 시기에도 이 졸업자 국가들(한국, 대만, 아일랜드 등)의 고등학교 진학률은 부유한 국가들과 비슷했다.

[표 1-1]은 이 흐름을 보여준다. 오늘날 중진국으로 남아 있는 모든 국가는 대부분 여기에 몇십 년 동안 갇혀 있는데, 고등학교 진학률이 30~50%다. 평균적으로, 이 '갇힌' 국가들의 고등학교 진학률은 36%다. 이와 대조적으로 졸업자 국가들은 1980년대에 그들이 여전히 중간소득 국가 범위 안에 있을 때도 고등학교 진학률이 평균 72%였다. 이는 부유국들의 평균 진학률과 거의 같다.

이 책에서 나는 인적 자본에 대한 선제적 투자가 국가들이 성장하고 번영해 게임판의 더 앞부분으로 나아갈 수 있도록 준비하는 데 핵심 요소였음을 논증할 것이다. 고등교육을 받은 인구는 고소득 국가로 가는 데 필요한 마지막 사다리가 된다. 중국 역시 이 '졸업자' 국가들이 마지막 단계로 나아가기 직전과 비슷한 특징을 보이지만, 중국이 인적 자본의 기초를 발전시키지 않는다면 그들과 같은 길을 따라갈 수 없을지도 모른다. 인적 자본은 무시하기에는 너무나 중요한 요소다.

[표 1-1] 고등학교 이상 교육을 받은 노동력의 비율

국가	고등학교 진학률(%)
저소득 국가(2015)	
저소득 평균(2015)	<20
중진국(2015)	
터키	37
브라질	47
아르헨티나	42
멕시코	35
남아공	42
중국*	<u>30</u>
중진국 평균(2015)**	36
고소득 국가(2015)	
미국	90
독일	87
일본	<u>100</u>
고소득 평균(2015)***	78
졸업자 국가들 — 전환 이전(1980)	
졸업자 국가 평균(1980)****	≈72

출처: Hongbin Li, Prashant Loyalka, Scott Rozelle, and Binzhen Wu, 〈인적 자본과 중국의 미래 성장Human Capital and China's Future Growth〉, *Journal of Economic Perspectives* 31, no 1 (2017), 25~48쪽; 〈OECD 지표로 살펴본 2015년의 교육Education at a Glance 2015: OECD indicators〉 (Paris: OECD, 2015), www.oecd.org/education/education-at-a-glance-2015.htm.
*　중국의 진학률은 2015년 1퍼센트 전국 샘플 인구조사(2015년 마이크로센서스) 데이터에 근거해서 계산했다. 더 많은 정보를 보려면, Lei Wang, Mengjie Li, Cody Abbey, Scott Rozelle의 〈인적 자본과 중진국 함정, 얼마나 많은 중국 청년이 고등학교에 가는가How Many of China's Youth Are Going to High School?〉, *Developing Economies* 56, no. 2 (2018), 82~103쪽 참조.
**　2015년 OECD 정의에 따른 중진국에서의 평균.
***　2015년 OECD 회원국 평균.
****　한국, 대만, 이스라엘, 아일랜드의 1980년 수준의 평균 계산.

인적 자본의
중요성

———

세계 많은 최빈국에서는 대부분의 노동력이 완전히 똑같은 직업을 가지고 있다. 바로 농부다. 하지만 한 국가가 발전 게임의 보드판 위에서 움직이기 시작하면 변화가 생긴다.

발전 경로가 각각 다른 발전 단계에서 국가들은 다른 종류의 직업군에 특화된다. 이는 발전의 자연스러운 속성으로 자리 잡았다. 저소득 국가에서 평균적인 노동자는 저임금 직업을 가지고, 중진국에서 평균적인 노동자는 중간 임금 직업을 가진다. 이것은 당연한 일이다.

우리 이야기에서 이것이 중요한 이유는 다른 임금 수준 일자리마다 다른 교육 수준이 필요하기 때문이다. 빈곤국에서 풍부한 일자리인 좋은 농부가 되기 위해서는 많은 정규 교육이 필요하지 않다. 중진국에서 가장 많은 일자리인 건설 현장이나 조립 라인의 좋은 노동자가 되기 위해서도 많은 정규 교육이 필요하지 않다. 하지만 고소득 국가들을 지탱하는 직업인 사무직이나 첨단기술 공장의 기술직, 고임금 서비스업의 매니저나 전문가로서 성공적으로 일하려면 좋은 교육이 필요하다.

이것이 중요하다. 고임금 일자리에서 성공할 수 있는 교육(그리고 건강과 영양)을 갖춘 노동력 없이는 어떤 국가도 고소득을 유지할 수 없다. 오늘날 기술적 변화가 이런 기술을 가진 이들에게 유리해지고 있기 때문에 부국들에도 고학력 노동력이 더욱 중요해졌다. 미국이나 영국, 일본 같은 나라에서 고등학교 이상 교육을 받지 않은 사람이 찾을 수 있는 일자리, 특히 선호할 만한 일자리는 매우 적다. 만약 중국이 고소득 국가로 운영되기를 원한다면, 고소득 일자리의 일을 해낼 수 있는 노동력이 필요하다.

하지만 문제가 하나 있다. 세계화된 세상에서 국가들은 아주 빨리 발전한다. 중국처럼 게임판 최하위권에서 중위권까지 올라가는 데 수십 년밖에 안 걸린다. 그런데 세계 대부분의 부국은 그같은 과정을 몇백 년에 걸쳐 이루었다. 발전 속도가 바로 문제다. 왜냐하면 부국들에 필요한 인적 자본은 훨씬 이전부터 미리 축적되어야 하기 때문이다. 한 집단의 어린이들이 21세기 기본적인 교육을 받는 데 12년이 걸린다. 교육이 중시되기 이전에 태어난 더 나이 많은 세대를 포함해 전체 노동력의 교육 수준을 높이려면 훨씬 많은 시간이 걸릴 것이다. 45년 정도 걸린다는 의견도 있다. 그렇기 때문에 한 나라가 고소득 국가가 되고 나서야 성장을 뒷받침할 인적 자본을 만들어내기 시작해서는 안 된다.

많은 중진국이 중진국 상태에 있는 동안 필요한 인적 자본을 축적하지 않는다. 그 단계에 계속 머무른다면 교육 수준이 낮아도 문제가 없다. 그런데 운이 좋아 성장을 통해 임금이 높아져 거의 고소득 국가로 인정받을 정도가 되었는데 노동력의 인적 자본이 부족하다면 이 과정에 타격을 주고 치명적인 함정에 빠질 것이다. 한국이나 아일랜드의 역사가 분명히 보여주는 것처럼, 인적 자본을 최우선으로 삼아 집중적인 노력을 해야 이 함정을 피할 수 있다. 하지만 이 균형을 맞추는 것은 쉬운 일이 아니다.

이것이 바로 중국이 직면한 도전이다. 지금 중국이 쌓아둔 인적 자본을 보면, 1980년대 한국이나 대만보다는 1980년대 멕시코나 터키에 더 가까워 보인다. 그 어떤 국가도 고등학교 취학률 50% 이하로는 고소득 국가에 도달하지 못했다. 현재 중국의 고등학교 취학률 30%로는 심각한 문제가 생길 수 있다.[10]

최근 중국공산당 전국대표대회(당 대회)에서 중국 최고 지도자 시진핑習近平은 '중국이 현대적 경제발전의 신시대'에 들어섰다고 선언했다. 국가 연구기관, 중앙 정부 싱크탱크, 그리고 공식적으로 승인받은 학술지들은 앞으로 '중진국 함정'이라는 용어를 쓰지 말라는 통보를 받았다. 분명히, 중국 최고 지도자에 따르면 중진국 함정은 더 이상 임박한 것이 아니다. 위협은 끝났고 더는 두려울 것이 없다. '신시대'는 이미 시작되었다. 그러나 안타깝게도, 이것은 그저 희망적 사고wishful thinking였을 수도 있다.

2장

중국의
임박한 전환

INVISIBLE CHINA

중국 전역에서 많은 공장이
문을 닫고 있다.
노동자들은 해고되고,
다른 곳에서 기회를 찾으라는 말을
듣는다. 아주 작은 움직임으로
시작된 현상이 지속적인
흐름으로 변했다.

중국 전역에서 많은 공장이 문을 닫고 있다. 노동자들은 해고되고, 다른 곳에서 기회를 찾으라는 말을 듣는다. 아주 작은 움직임으로 시작된 현상이 지속적인 흐름으로 변했다.

2015년, 전자제품 기업 삼성은 생산 기지를 중국에서 베트남으로 옮긴다고 발표했다. 이와 함께 (직접고용과 간접고용을 포함해) 수십만 개의 일자리가 옮겨갔다. 실제로, 삼성은 베트남 북부에 임금이 좋은 일자리를 매우 많이 만들어냈고, 베트남 국가 경제의 새로운 초석으로 이야기되고 있다. 오랫동안 중국 공급자들이 주도해온 신발 산업도 에티오피아 같은 나라들로 점점 더 많이 옮겨가고 있다. 지난 5년간 에티오피아의 신발 수출은 5배 증가했다.

미중 무역전쟁이 극에 달했을 때 부과된 관세가 중국 내 제조업 기업들의 탈출을 가속화하기는 했지만, 이미 진행 중이던 흐름의 연장선일 뿐이었다. 중국 제조업 분야 한 전문가는 2020년 초에 이렇게 말했다. "내일 당장 관세가 사라진다고 해도, 대부분은 돌아오지 않을 것이다." 노동 비용 상승에 직면한 많은 기업이 생산 시설을 다른 곳으로 옮겨 비용을 절감하는 선택을 했다. 유명한 기업부터 그 기업들에 납품하는 소규모 기업들까지 마찬가지다. 산업의 변화는 매우 큰 손실을 일으킨다. 매년 중국 전역에서 4만 개의 공장이 문을 닫고 일자리가 무더기로 사라지고 있다.[1]

물론 일부 산업은 중국 밖으로 이전하는 데 어려움이 있다. 첨단 전자제품, 자동차 부품, 정밀 도구 같은 것들은 공급 체인이 매우 복잡하고 견고하게 자리 잡고 있어, 그 많은 공장과 하청 기업을 모두 중국 밖으로 이전하기가 어렵다(그리고 엄두도 못 낼 정도로 비싸다). 하지만 이런 일자리도 안전하지 않다. 노동 비용이 상승하는데 외부로 이전하기 어렵다면, 기업은 비용을 줄일 다른 방법을 선택하게 된다. 바로 자동화다.

지난 10여 년 동안 중국의 공장주들은 대규모로 자동화를 진행하기 시작했다. 기계화는 자동차 부품, 전자기기, 금속 제조 분야에서 가장 빠르게 진행되고 있다. 중국은 현재 다른 어떤 국가보다 빠르게 로봇을 받아들이고 있다. 2016년, 중국은 공업용 로봇의 세계 최대 고객이 되었는데, 전 세계 판매량의 30%를 차지했다. 언제, 어디서 일어날지 예측하기는 어렵지만, 자동화와 로봇공학의 혁명은 이미 시작되었고 앞으로 가속화될 것이다. 사실 자동화는 앞으로 몇십 년간, 지난 30~40년간 세계화가 미국에서 빼앗아간 일자리보다 훨씬 많은 중국의 일자리를 없애버릴 가능성이 높다. 중국 노동자들이 베트남인으로 대체되든 기계로 대체되

든, 이 일자리가 더 이상 유지되지는 않을 것이다.[2]

이것은 기념비적인 변화다. 1990년대 후반과 2000년대 초반, 중국 동료들이 나를 만나러 미국에 올 때마다, 나는 그들을 가장 가까운 월마트에 데려갔다. 그러고는 매장의 통로로 가서 그들에게 아무 숫자나 고르라고 한 뒤 그 숫자만큼 발걸음을 옮기고, 또 다른 숫자를 고르라고 하여 그 번호의 진열대로 가서 함께 무작위로 선정한 그 진열대 위 물건이 어디서 만들어졌는지 확인했다. 그 시기 이 게임의 묘미는 바로 말 그대로 모든 것이 중국에서 만들어졌다는 것이었다. 장난감 코너에 있든, 가전제품 코너에 있든, 의류 코너에 있든 모든 제품에 '메이드 인 차이나'라는 라벨이 붙어 있었다. 이 간단한 게임은 중국이 전 세계 제조업을 얼마나 완전히 지배하고 있는지 확인하는 가장 빠른 방법이었다.

상황이 얼마나 바뀌었는지 보려고 최근에 똑같이 해보았다. 가장 가까운 월마트로 가서 아무 숫자나 골랐다. 맨 처음 내가 진열대에서 꺼낸 티셔츠는 방글라데시에서 만들어진 것이었다. 그다음 품목인 신발은 인도에서 만들어졌고, 진열대에서 꺼낸 장난감은 중국에서 만들어졌지만, 그다음 통로에 있던 플라스틱 계산기는 멕시코에서 제조되었다. 여전히 많은 물건이 중국에서 오지만, '메이드 인 차이나'가 진열대를 지배하지는 않는다. 시장이 움직이고 있는 것이다.

공장들이 떠나거나 자동화의 영향으로 중국의 다른 많은 산업도 큰 타격을 받고 있다. 몇십 년간 중국 건설업은 엄청나게 많은 사람을 고용해 거대한 규모의 건물과 도로를 건설했다. 이 건설

붐은 전국으로 퍼져나갔고, 상하이나 베이징北京 같은 메가시티에서 시작해 꾸준히 내륙으로 들어가 정저우, 시안西安, 인촨銀川 같은 도시들에 마천루를 짓고, 공장을 건설하고, 빽빽하게 줄지어 늘어선 아파트를 지었다. 지금은 그런 규모로 건물을 짓는 곳이 구이양貴陽밖에 없는데, 구이양은 중국 각 성의 성 정부가 있는 도시 가운데 가장 가난한 지역이다. 나는 2017년 가을 구이양에서 일어나고 있는 일들을 보았다. 건물들이 건설되는 속도가 너무 빨라 그 역시 곧 끝날 것이다.

도로 건설 진행 상황도 거의 비슷하다. (거의 500만km나 되는) 공공 고속도로와 도로망이 현재 중국 가장 외딴 지역들까지 뻗어나갔다. 1950년대에는 중국에 고속도로라는 것이 전혀 없었고, 1990년대 초까지도 도로가 제대로 갖춰져 있지 않았다. 그러나 이후 20년 동안 엄청난 변화가 일어났다. 2011년 중국의 고속도로 시스템은 미국을 넘어 세계 최대 규모가 되었다. 2017년이 끝날 무렵 중국의 고속도로 시스템은 13만km가 넘었다. 이는 세계 최장 고속도로이고, 2위와도 격차가 매우 크다. 하지만 이제 고속도로 건설의 광기도 거의 끝났다.[3]

정부가 이 일자리 창출 붐이 지속되기를 아무리 열망하더라도 이제는 지을 것이 거의 남아 있지 않다. 거대한 건설 산업 역시 지속적인 하락세 상황에 접어들었다. 일반인들이 일할 수 있는 수십만 개의 일자리가 사라지고 있다. 이러한 동력 상실은 건설업에 의존하는 다른 업계들로 퍼져나가고 있다. 2016년 국가의 지원을 받는 석탄과 철강 산업 기업들은 180만 개의 일자리를 없애기 시

작했다. 금속 채굴 업계 역시 일자리를 줄이기 시작했다.[4]

물론 이런 상황에 대응해 중국은 일자리 상실과 제조업, 건설업, 그리고 다른 국내 경제활동의 하락세를 상쇄할 조치를 취하려 노력하고 있다. 가장 눈에 띄는 것은 중국의 일대일로一帶一路, BRI 정책이다. 시진핑 주석이 2013년에 시작한 이 정책은 세계에서 가장 거대한 인프라 프로젝트로 홍보되어왔다. 이 계획의 큰 부분은 개발도상국들이 사회 기반 시설 프로젝트를 추진할 수 있도록 자금을 빌려주면서 중국의 건설 자재와 인력을 사용하게 한 것이다. 몇몇 일대일로 프로젝트에서는 중국인 노동자들이 중앙아시아, 동남아시아, 아프리카 전역에 도로, 기찻길, 풍력발전기를 건설했다. 중국 자체 데이터에 따르면, 지난 5년간 중국은 900억 달러를 일대일로 프로젝트 명목으로 투자했고 125개 국가와 이런저런 협력 협정을 맺었다.[5]

희망적인 것은 일대일로가 해외에서 중국의 경제적·문화적 힘을 확대하는 동시에 세계적 경제성장에도 활력을 줄 것이라는 점이다. 그리고 이론적으로는 일대일로 정책이 내가 이 책에서 언급했던 문제 일부를 해결해줄 것이다. 설령 중국에 필요한 마천루, 도로, 다리를 짓고 국내의 그 어마어마한 건설 산업을 지탱할 프로젝트가 전부 끝난다 해도, 세계 곳곳에는 더 나은 사회 기반 시설이 필요한 국가가 많다. 중국 노동자들과 물자를 그 지역으로 보내, 국내 산업 분야에서와 똑같이 뜨거운 수요를 유지하고, 중국의 많은 비숙련 노동자를 일하게 하면 되지 않을까.

이 노력이 지난 몇 년 동안 광범위하게 이루어졌고 많은 주목을 받았지만, 나는 이 일대일로 정책이 중국의 문제를 해결하는 데 큰 역할을 하기는 어렵다고 본다. 프로그램 발표는 요란했으나 원래 의도했던 규모에 훨씬 미치지 못하고 있는데, 특히 중국 노동자의 고용 부분이 그렇다. 몇몇 프로젝트에서는 중국 노동자들이 고용되었지만, 다른 많은 프로젝트에서는 상대 국가들이 국내 노동력을 사용해야 한다고 요구했다. 많은 일대일로 참여국에서 벌써 이 프로젝트에 대한 반발이 일어났다. 최근에는 더 큰 문제가 등장했다. 최소 7개국에서 프로젝트를 취소하거나 애초에 계획했던 규모보다 대폭 축소했다. 이 프로젝트에서 부정부패가 만연하다는 서구의 비판 목소리도 높다. 2019년 베이징에서 열린 공식 포럼에서는 일대일로의 미래에 대한 기대 목소리가 이전보다 훨씬 낮아졌다.[6]

전체적으로, 일대일로 정책이 중국 노동자들의 사라진 수요를 대체할 수 있을지는 여러 가지 이유에서 회의적이다. 일대일로가 몇몇 국가에서는 환영받았다. 이는 아마 계속될 것이고, 중국 잉여 노동력의 작은 일부를 수용해줄 것이다. 하지만 일대일로 정책에 필요한 자금을 중국에서 대규모로 빌리려는 국가는 많지 않을 것이고, 중국의 대규모 노동력이 자국에 들어오게 하려는 국가는 더 적을 것이다. 따라서 이 프로그램이 내가 이 책에서 설명한 문제들의 해결책이 될 것으로 보이지는 않는다. 중국은 여전히 부족한 경제성장과 너무나 많은 잉여 상태의 비숙련 노동자로 인해 어려움을 겪을 것이다.

지금은 많은 전문가가 이 문제에 대해 침묵하고 있다. 중국의 성장세가 하락하기는 했지만 이전까지 놀랄 만큼 높았기 때문에 언젠가 하락할 수밖에 없다. 발전 과정에서 항상 일어나는 일이다. 당장은 대부분의 중국 노동자가 별문제 없이 지내는 듯 보인다. 실업률은 여전히 낮고, 대부분의 사람들은 새로운 직업을 찾을 수 있다고 말한다. 내가 외딴 마을에서 만난 젊은 남자도 일을 구하는 것이 더 어려워졌고 더 먼 곳으로 가야 한다고 말하지만, 더 먼 곳으로 갈 의향만 있다면 그들은 여전히 일자리를 찾을 수 있다. 하지만 변화의 바퀴는 움직이기 시작했고, 지금의 균형은 영원하지 않을 것이다. 오래지 않아 일자리는 부족해질 것이고, 특히 제대로 훈련받지 못하고 새 기술을 배워 새로운 환경에 적응할 능력이 없는 사람들에게는 더더욱 그렇게 될 것이 분명하다.

이것은 일시적인 문제가 아니라 새로운 시대의 시작이다. 최고 지도자부터 조립 라인 노동자들까지, 대부분의 중국인이 이런 일이 닥쳐오고 있음을 아는지 모르겠다. 그러나 신호는 명백하다.

빈곤 탈출 사다리, 하지만 더 멀리는 가지 못하는

———

세상이 세계화되었다. 기업은 사업을 한 나라 안에서만 운영하는 것이 아니라 전 세계로 확장시켰다. 어디든 가장 저렴한 국가에서 물건을 만들고, 가장 높은 수익을 남겨주는 국가에서 판매하며, 세금을 가장 적게 부과하는 곳에 자금을 보관한다. 세계가 점점 평평해지는 이 과정은 많은 결과를 낳았는데, 여기에는 의도된 결과와 의도되지 않은 결과가 모두 포함되어 있다. 가장 좋은 결과는 이로 인해 가난에서 탈출하는 아주 멋진 사다리가 생겨났다는 것이다.[7]

전략은 간단하다. 국경을 열고 저임금 노동을 내세워 전 세계에서 노동집약적 상품을 제조하는 공장들을 끌어들인다. 이 상품들은 무엇인가? 말하자면, 대부분 월마트에서 팔리는 물건들이다. 저렴한 플라스틱 장난감, 5달러짜리 티셔츠, 부엌 싱크대 수리 도구, 크리스마스 장식품까지. 이 공장 중 일부는 최종 소비자 단계의 상품을 만든다. 즉, 브래지어 끈 두 개를 이어주는 금속 클립, 청바지의 단추, 고급 백팩의 지퍼 등이다. 한편에선, 공장 조립 라인의 저임금 노동자들이 스마트폰, 컴퓨터 모니터, 드릴 모터, 자동차 등 첨단기술 제품을 조립하고 있다.

이 일들의 핵심은 반복성이다. 조립 라인 작업은 규율과 투지가 필요하지만, 다른 산업에서라면 인적 자원 매니저가 중시할 것들, 즉 교육 배경, 경험 혹은 언어 기술 같은 것을 전혀 요구하지 않는다. 누구라도 조립 라인에서 일할 수 있고 최소한의 훈련만 받으면 잘할 수 있다. 핸드폰 공장에서 인터뷰를 한 적이 있는데, 이 일을 가르치는 데 12~15분이 걸리고, 3일만 지나면 최고치의 성과를 낼 수 있다고 했다. 고용 매니저는 나에게 자랑스럽게 누구든 손 두 개만 있으면 이 일을 할 수 있다고 이야기했다. 따라서 세계화된 세상에서는 이윤을 극대화하려는 기업들이 자연스럽게 어느 나라든 가장 낮은 임금을 지불해도 되는 곳에 이런 제품을 만드는 공장을 지을 수밖에 없다.

이 전략은 가난한 나라들에서 상당히 잘 작동한다. 적어도 단기적으로는 그렇다. 이는 미끄럼틀과 사다리 게임에서 보드판의 가장 아래쪽에서 중간 지점으로 오는 데 좋은 방법이다. 이 일은 이런 식으로 진행된다. 만약 당신이 빈곤국이라면 돈을 많이 벌지 못하는 아주 많은 사람이 있다는 뜻이다. 그렇기 때문에 그들이 원래 하고 있던 일(보통은 농사)을 그만두게 하고 새로운 저임금 일자리에 지원할 때 매우 높은 임금을 주지 않아도 된다. 분명히, 당신과 나는 열악한 환경에서 저임금으로 일하는 작업장이 그렇게 좋은 일자리라고 생각하지 않는다. 하지만 입에 풀칠하는 정도의 농사를 짓는 것에 비하면 훨씬 많은 돈을 벌 수 있다. 따라서 많은 사람이 이 일자리를 구하기 위해 뛰어들고, 그들의 수입은 빠르게 오른다.

이전에 농사꾼이었지만 지금은 노동자인 개개인의 삶을 바꾸는 것을 훨씬 넘어서는 기적이 일어난다. 이 공장들은 현지 경제에 기여한다. 공장들은 일자리를 창출하는 시스템을 만들어내기 시작하고, 사회의 가장 가난한 사람들에게 일자리를 제공하며, 발전하는 경제 전반을 가속화하는 엔진 역할을 한다.

공장 자체가 가난한 사람들을 포함해 많은 노동자를 고용하고 현지의 소득 수준을 높인다. 오르는 수입은 주택 건설, 서비스 부문 투자, 제조된 공산품들에 대한 수요를 높이고, 이는 현지 경제의 다른 부분에도 연쇄적으로 영향을 준다. 공장들은 아주 많은 빌딩과 원자재가 필요해져 건설, 광산업, 그리고 다른 공급 분야들의 성장에 박차를 가한다. 이는 공장들과 마찬가지로 가난하고 교육받지 못한 사람들도 일할 수 있는 또 다른 일자리(그리고 수입)의 원천이 된다. 개발도상국에서는 건설 현장이나 광산에서 탁월한 능력을 발휘하기 위해 그다지 수준 높은 공교육이 필요하지 않기 때문이다. 정부는 이 모든 새로운 사업으로부터 세금을 거둬 더 높은 세수를 확보할 수 있고, 이는 더 큰 발전을 위한 도로를 비롯한 사회 기반 시설 구축을 활성화하며, 새로운 공공 서비스 일자리도 창출한다.

이 선순환은 강력하다. 이런 방식은 적어도 제2차 세계대전 이후 전 세계에서 미끄럼틀과 사다리 게임에서 첫걸음을 내딛기 위한 가장 성공적인 사다리 역할을 했다. 막대한 양의 월마트 상품을 만들어내는 이 전략은 지난 50년간 빈곤했던 나라들이 가장 성공적으로 성장하는 데 일조했다. 한국, 브라질, 터키, 태국, 아일랜드 같은 나라가 이 길을 따랐고, 가난한 노동자들이 이루어낸 이런 노동은 가장 깊은 빈곤의 심연에서 중위 소득의 새로운 번영으로 빠르게 나아갈 수 있도록 해주었다.

중국의 기적을 만들어낸 것도 바로 이 전략이다. 중국에 두 자릿수 성장세를 가져다준 것은 내가 사는 동네의 월마트 진열대를 완전히 장악할 정도로 제조업 능력을 엄청나게 강화한 것이었다. 제조업과 함께 납품 회사, 서비스, 사회 기반 시설 건설, 주택, 그리고 다른 많은 것이 따라왔다. 이런 순환은 4억~5억 명이 가난에서 탈출하게 해주었고, 전 인구의 생활 수준을 높여주었으며, 중국을 세계 2위 경제대국으로 만들었다. 이것은 가난한 이들을 위한 승리로서 정당하게 높은 평가를 받았다. 의도된 바는 아니지만, 제조업의 세계화(와 그 여파)는 이전에 시행되었던 그 어떤 정책보다 전 세계의 빈곤을 줄이는 데 큰 역할을 했다.

하지만 이러한 혜택에도 불구하고, 부상하고 있는 그 어떤 나라도 이 전략만으로는 장기적으로 효과를 낼 수 없다. 세계화된 현실에서 가장 기본적인 규칙을 기억하라. 노동집약적 제조업은 어디든 임금이 가장 낮은 곳으로 이동한다. 만약 어떤 곳에서 임금이 너무 많이 오른다면, 공장들은 이삿짐을 챙겨 다른 곳으로 가버리거나 자동화를 진행할 것이다. 그리고 경제성장을 촉진하고 가난을 줄여주던 모든 능력이 그들과 함께 가버릴 것이다. 이러한 일이 바로 오늘날 중국에서 일어나고 있다.

중국 제품이 월마트의 진열대를 완전히 점령하던 1990년부터 2005년까지, 중국 저숙련 노동자들의 임금에는 거의 변화가 없었고, 계속해서 공장을 끌어들일 만큼 지속적으로 낮은 수준을 유지했다. 이 임금은 젊은 남녀를 농지에서 끌어낼 만큼 높았다. 공장의 고용이 너무 빨리 늘어 임금이 올라도 엄청난 인구 덕분에 농경지를 떠나 조립 라인에 자리 잡거나 비계 발판을 넘나들며 벽돌이 쌓인 손수레를 옮기려는 새로운 일군의 청년들은 언제나 있었기 때문에 임금이 낮아졌다. 그리고 더 많은 일자리와 더욱더 많은 이주 노동자가 있었다. 처음에는 이 숫자가 무한할 것만 같았다. 이 꾸준한 흐름은 중국의 임금률(시간당 임금-옮긴이)을 15년간 안정적

으로 유지시켜주었다.[8]

하지만 2005년부터 변화가 시작됐다. 특히 중국의 임금률이 오르기 시작했다. 실제로 이전에 비해 1년에 10% 정도씩 인상되기 시작했다. 물론 기업들은 더 낮은 임금률에 노동력을 제공해줄 새로운 장소를 찾기 시작했고, 많은 공장이 중국을 빠져나갔다. 중국의 저숙련 기술 노동자의 임금이 계속 오르면서 더 많은 공장이 중국을 떠나 더 푸른(더 저렴한) 환경으로 옮겨갔다. 이제 이 빈곤 탈출의 사다리를 타고 오르는 것은 베트남이 될 것이다.[9]

왜 중국의 임금이 오르는가? 여기에는 두 가지 이유가 있다. 첫째, 수요가 여전히 증가하기 때문이다. 중국의 성장률은 매년 10%씩 성장하던 정점과 비교해 하락하고 있지만, 여전히 높고(2017년 6.9%), 이는 아직도 중국 공장에서 생산되는 상품에 대한 수요가 많음을 뜻한다. 오르는 수요는 자연스럽게 임금을 높인다. 이것은 바로 경제학 개론(Econ 101)에 나올 만한 내용이다.

하지만 그것이 임금이 오르는 유일한 이유는 아니다. 또 다른 중요한 요소는 바로 중국 임금을 장기간 낮게 유지해온 역학이 결국 끝났다는 것이다. 성장 초기(1980년대, 1990년대, 2000년대 초반)에 임금이 낮게 유지된 이유는 임금이 오를 때마다 더 많은 사람이 농경지에서 빠져나왔기 때문이다. 농촌 인구가 너무 많아 이 과정에 매우 긴 시간이 걸렸다. 하지만 중국의 인구도 유한하기 때문에 2000년대 중반에는 말 그대로 더 이상 빠져나올 사람이 남지 않았다. 그 결과, 그 시기에 GDP도 계속 올랐지만 새로운 이주 노동자들에 의해 상쇄되지 않는 상태에서 임금은 더욱 빨리 올랐다.

2016년까지는 농촌 마을에서 몸이 건강한 젊은 남성(또는 여성)을 찾아보기 힘들었다. 그 후 (한때 무한해 보였던) 잉여 노동력의 공급이 마침내 완전히 바닥나고 말았다.[10]

또 다른 이유는 노동력 인구 통계의 새로운 국면에 접어든 것이다. 계속 증가하던 인구가 이제 감소하기 시작했다. 중국의 노동력 규모는 2010년에 정점을 찍었다. 출산율 감소(그리고 한 자녀 정책)로 인한 경제적 영향은 명백하다. 이제 매년 노동시장에 진입하는 숫자보다 은퇴하는 숫자가 더 많다. 현존하는 일자리를 차지할 사람이 더 적어지는 상황에서, 그리고 모든 잉여 노동력이 이미 산업 경제에 포함되었기 때문에, 더 이상 새로운 노동자가 진입하면서 치솟는 임금이 내려갈 일은 없을 것이다.

이것은 임금 상승이 계속될 거라는 뜻이다. 설령 중국의 성장률이 0이 되고 노동력에 대한 추가 수요가 없다고 해도, 인구 감소로 인해 임금은 오랫동안 계속 상승할 것이다.

따라서 중국은 이미 저임금 제조업의 사다리를 오를 수 있는 곳까지 다 올라왔다는 것이 진실이다. 이는 매우 유용했고, 중국을 중진국 수준까지 끌어올려주었다. 하지만 이 전략은 더 이상 통하지 않는다. 다른 곳으로 옮겨간 공장들을 다시 불러올 만큼 조만간 임금이 내려올 일은 없을 것이다. 중국 밖으로 나갈 생각이 없거나 나가지 못하는 공장들에서 공장주들은 임금이 상승하자 기계화로 노동자를 대체할 방법을 찾으려는 강력한 자극을 받고 있다. 이 모든 것은 중국의 미래가 저숙련 제조업에 있지 않다는 것을 의미한다. 그 기회의 창문은 이미 닫혀버렸다.

번영으로 향할
다음 단계의 길

———

왜 이것이 문제인가? 중국이 미끄럼틀과 사다리 게임의 게임판을 가로질러 새로운 사다리를 찾기만 하면 되지 않을까? 어쨌든 공장들의 탈출은 중국 발전의 중요한 이정표다. 이 나라에서 빈곤이 거의 사라지고, 현대적 사회 기반 시설이 대규모로 건설되고, 모든 이의 생활 수준이 향상되었음을 보여주는 것이다. 중국이 여전히 가난한 나라를 지탱하는 종류의 경제를 더 이상 가지고 있지 않다면 이해된다. 중국은 더 이상 그렇게 가난하지 않다.

하지만 이 전환점은 또한 도전이다. 일단 기업들이 떠나고 건설업, 광산업, 도로 건설이 둔화하면서 공백이 생긴다. 다음 10여 년간 수백만 명의 노동자가 지금 가지고 있는 일자리를 잃을 것이다. 그렇다면 그들은 무엇을 해야 하는가?

이 전환점은 중국이 더 이상 이전 규칙들이 적용되지 않는 세계로 들어간다는 것을 의미한다. 과거의 성장 엔진(저임금 제조업)은 더 이상 돌아오지 않는다. 지금까지 이룬 진보를 유지하려면, 새로운 전략을 짜고 거기에 적응해야 할 것이다.

다행히 역사는 중요한 교훈을 준다. 우리가 알다시피, 게임판의 중간소득 구간을 벗어나 고임금 구간에 다다른 국가는 많지 않다. 하지만 몇몇 국가는 그것을 해냈다. 바로 한국과 대만 같은 아시아의 호랑이들이다. 이 전략은 아일랜드, 이스라엘, 뉴질랜드에서도 성공했다. 이 장에서 나는 중국 대륙과의 유사성이라는 면에서 좋은 선택이라고 생각하는 대만의 최근 경제사에 집중해, 중간소득에서 고소득으로 나아가는 성공적인 이행법이 무엇인지 파악해보려 한다.

중국과 마찬가지로, 얼마 전까지 대만은 가난한 나라였다. 제2차 세계대전이 끝났을 때, 대만은 엉망이었다. 중국처럼, 대만의 급격한 성장은 저기술 제조업에서 시작되었다. 1960년대와 1970년대부터 대만은 저임금 제조업의 사다리를 오르기 시작했다. '메이드 인 차이나'가 세계를 지배하기 전에는 많은 상품이 '메이드 인 타이완'이었다. 그때는 대만의(그리고 한국의) 상품이 시어스 백화점의 통로를 가득 채웠다. 1990년대 막 사업을 확장하던 월마트를 중국산 제품으로 가득 채운 것과 같은 방식이었다. 이 전략이 성공을 거두어, 대만은 빠르게 중진국이 되었다.

그러고 나서 대만에도 오늘날의 중국에 찾아온 그 전환점이 찾아왔다. 성장의 시간이 지난 뒤 1980년대에는 사실상 대만의 모든 사람이 일자리를 가지게 되었다. 잉여 노동력이 거의 완전히 사용되었다. 1980년대 초반의 대만은 2010년의 중국과 같았다. 대만 제조업 기업들이 노동자들을 유지하기 위한 유일한 방법은 더 많은 임금을 주는 것이었다. 임금 상승은 곧 이윤에 영향을 주었고, 장난감과 섬유, 간단한 전자기기처럼 저숙련 노동으로 만들어지거나 조립되는 상품들을 제조하는 기업들은 임금이 낮은 나라로 공장을 옮기는 것으로 대응했다.

1986년부터 1989년 사이 대만에서 약 30만 개의 제조업 일자리가 사라졌다. 1990년부터 1998년 사이 8만 개의 대만 기업이 해외로 나갔는데, 그중 절반은 대만해협을 건너 중국으로 향했다. 중국 대륙의 노동자들은 대만 노동자들이 요구한 임금에 비해 훨씬 적은 액수로도 일하려 했기 때문에, 이것은 매우 쉬운 선택이었다.[11]

하지만 그래서 어떻게 되었는가? 오늘날 대만에 가면 좋은 일자리들로 이루어진 활기찬 경제, 높은 생활 수준과 안정을 볼 수 있을 것이다. 대만은 잘 해낸 듯 보인다. 대만은 이 전환점에서 어떤 식으로 길을 찾아냈는가?

임금 상승에 대응해 대만은 공급망을 향상시켰다. 대만 기업들은 국제적 경쟁에서 노동자들의 낮은 임금으로 승부를 보기보다 상품의 품질, 발명품의 참신함, 브랜드의 명망으로 차별화하기 시작했다. 에이서Acer, 모스 체인Morse Chain, LCY 같은 선구적 기업들을 필두로 대만의 경제는 다시 급성장했다. 1990년에 대만은 전 세계 컴퓨터 모니터의 30%를 생산했다. 이 모니터는 매년 더 선명해지고, 커지고, 밝아졌다. 같은 시기에, 대만은 실리콘 칩 설계와 제조 분야에서 선두주자가 되었다. 여기에 다른 상품들도 추가되고 있다. 사람들은 대만을 좋은 품질의 첨단 전자기기를 만드는 국가로 인식하기 시작했다.[12]

대만 경제는 서비스 부문에서도 크게 성장했다. 1980년대와 1990년대 제조업에서 일하는 인구 비율이 떨어지고 첨단 서비스 분야에서 일하는 비율이 급격하게 올라 전국 노동인구 가운데 절반 정도를 차지했다. 1970년대 내가 대만에서 공부하고 있을 때, 타이베이臺北는 낡은 식당, 야시장, 길거리 행상들로 유명했다.

하지만 오늘날에는 전 세계 사람들이 어디에서나 훌륭한 인테리어를 갖춘 식당에서 세계 최고 중국 요리를 먹기 위해 대만에 간다.[13]

대만의 전환은 아주 성공적이어서 실업률이 높아지지 않았다. 사실 중간소득에서 고소득으로 올라가는 과정에서, 대만의 실업률은 거의 0에 가깝게 유지되었다. 경제 내부의 모든 이가 이익을 보았다. 사업가들, 해협 건너에서 온 새로운 투자자들과 경영진, 그리고 고숙련과 저숙련 노동자들까지 말이다. 임금이 오르고 모두에게 새로운 일자리 기회가 펼쳐지자, 1인당 국민소득이 올랐을 뿐만 아니라 불평등도 줄어들었다.[14]

이렇게 몇십 년 만에 대만은 발전 경로의 세 가지 단계를 모두 뛰어넘었다. 인구 대부분이 농업에 종사하는 가난한 경제에서 시작해, 1980년대까지는 중진국의 저숙련 제조업 사다리를 올라갔고, 게임판 가장 윗부분의 고소득 부분까지 올라서는 데 성공했다. 1990년대 후반에, 대만의 기적적인 전환은 마무리되었다. 오늘날 대만은 세계 부국들과 견줄 만한 생활 수준과 강력한 제도, 완전히 현대화된 경제를 가지고 있다. 세계은행에 따르면, 대만은 과거 대만을 식민지배했던 일본보다도 부유하다. 여러 난관을 헤치고, 대만은 미끄럼틀과 사다리 게임에서 승리했다.

거의 똑같은 일이 한국에서도 일어났다. '대만'을 '한국'으로 바꾸고 이야기 내용을 거의 바꾸지 않아도 틀리지 않다. 대만처럼, 한국도 세계에서 가장 가난한 나라에서 시작해 30년 만에 1인당 국민소득이 매우 높은 국가로 성장했다. 한국 기업들은 공급망을 향상시키고 기술과 혁신으로 차별화해 마지막 단계로 도약했다. 한국은 미끄럼틀과 사다리 게임의 또 다른 운 좋은 승리자다.

아일랜드도 비슷한 경로를 밟았다. 아일랜드는 제2차 세계대전 이후 비교적 가난한 농업 국가였다. 1950년대에는 10여 년간 불황을 겪었고, 확실히 가난한(혹은 중간소득 국가 가운데 하위) 국가의 반열에 들어 있었다. 하지만 1960년대부터 마찬가지로 저임금 제조업 사다리와 (아일랜드의 경우에는) 수출 지향 농업 덕분에 가난에서 벗어나기 시작했다. 아일랜드는 섬유와 가공식품을 더 부유한 국가들에 수출하며 1960년대와 1970년대에 더욱 성장했다. 1973년 유럽연합 가입이 1970년대 말과 1980년대 번영에 일조한 것은 분명하지만, 아일랜드가 성장의 사다리를 오른 대부분은 스스로 해낸 것이다. 1990년대와 2000년대에 아일랜드는 교과서에 나오는 것처럼 저임금, 저숙련, 농업 기반 경제에서 유럽의 번영하는 첨단기술 중심지로 전환했다. 이는 자유무역지대보다도 더 나아간 것이다. 2013년 〈포브스〉는 아일랜드를 유럽에서 사업하기 가장 좋은 국가로 선정했다. 아일랜드는 UN의 인간개발지수에서 최상위권인 8위를 차지하고 있다. 세계은행에 따르면, 아일랜드의 1인당 국민소득은 미국이나 리히텐슈타인과 룩셈부르크를 제외한 어떤 유럽 국가보다 훨씬 높다. 아일랜드 역시 미끄럼틀과 사다리 게임의 믿기 힘든 승자 중 하나다.[15]

10억 달러짜리
질문

———

인정하든 안 하든, 중국이 그 이탈자 섬 지역(대만을 말함-옮긴이)의 길을 따르는 것 말고는 다른 길이 없어 보인다. 하지만 중국이 한국, 대만, 아일랜드의 기적을 반복할 수 있을까?

　나는 대만의 성공(그리고 다른 '졸업자'들의 성공)이 두 가지 상호 보완적인 노동력 기술에 의존한다고 생각한다. 우선, 경제적 전환을 이끌려면 매우 숙련된 엘리트 경영 지도자와 사업가가 필요하다. 엔지니어, 벤처 투자자, 디자이너, 아이디어를 가진 사람들과 새로운 발명품 혹은 브랜드를 만들고 이끌 추진력도 필요하다. 이들은 세계적으로 대만을 고품질 디자인과 기술 이미지를 가진 유행어로 만든 최고의 브랜드를 이끌었다.

　가장 뛰어난 기술을 가진 사업가, 기술자, 기업가들의 질 측면에서, 중국이 제대로 준비되지 않았다고 말하는 사람은 거의 없을 것이다.

　예를 들면 중국이 첨단기술 분야에서 이룬 혁신은 이미 경제 번영의 기둥이 되어 있다. 처음에는 반대론자가 많았다. 많은 외부인이 이 과정을 경시하면서, 이 기업 중 일부는 외국 기업의 아이디어를 단지 빌리기만 해서(또는 훔쳐서) 성장했다고 지적했다. 바이두Baidu는 구글GOOgle을 모방하고, 시트립Ctrip은 트립어드바이저TripAdvisor를 모방했으며, 유쿠Youku는 유튜브YouTube를 베꼈다는 것이다.[16]

과거에는 이것이 사실이었을지 모른다. 하지만 오늘날 중국의 첨단기술 분야는 단지 모방하기만 하는 단계를 훨씬 넘어섰다. 알리바바Alibaba는 '중국판 아마존' 같은 형태로 시작했지만, 지금은 자체적으로 발전하면서 중국과 세계 모두를 변화시키고 있다. 따라서 이베이eBay와 아마존Amazon 두 기업이 가지고 있는 모든 비즈니스를 합친 것보다 더 많은 비즈니스를 하고 있다.

중국의 또 다른 인터넷 거인 텐센트Tencent 역시 세계적인 수준이다. 텐센트의 소셜 미디어 애플리케이션 위챗WeChat은 혁신으로 명성이 자자해 이제 페이스북Facebook, 스냅챗Snapchat, 왓츠앱WhatsApp 같은 기업들이 텐센트의 특징을 모방하려 한다. 고유의 장점 덕분에, 알리바바와 텐센트는 세계를 내려다보는 기업이 되었고, 2017년에는 페이스북과 구글을 넘어서는 성장률을 기록했다. 혁신이 계속된다면, 중국은 도전 과제들을 잘 해결할 수 있을 것처럼 보인다.[17]

최상위 사람들(발명가, 디자이너, 기업가)이 새로운 회사를 시작하면, 핵심 기술자와 관리자가 필요할 것이다. 중국은 고숙련 노동자와 새롭고 혁신적인 기업 측면에서 좋은 위치에 있는 것 같다. 중국에서 매년 800만 명 이상의 대학 졸업자가 배출된다. 중요한 것은 이 대학 졸업자 가운데 많은 이가 STEM(과학, 기술, 공학, 수학) 분야에서 훈련받는다는 것이다. 매년 공학 분야를 전공한 400만~500만 명이 대학을 졸업한다. 게다가 50만 명이 넘는 학생이 해외에서 공부하는데, 이들 중 많은 이가 세계 최고 수준 대학에서 교육받고 있다. 이들 국외 거주자 가운데 귀국하지 않고 해외에

남는 이도 많겠지만, 많은 사람이 귀국해 중국의 신산업에서 자신의 기술을 활용할 것이다.[18]

이 엘리트 재계 인사, 투자자, 프로그래밍 천재, 스타 엔지니어들이 꼭 필요하지만, 그들만으로는 충분하지 않다. 그것이 이 책의 핵심 논점이다. 1980년대에서 1990년대에 걸쳐 대만을 중진국에서 고소득 국가로 전환시킨 것은 이런 저명한 기업들만이 아니었다. 아무리 크고 성공했다 하더라도, 몇 개의 기업으로는 부족하다.

경제 내부의 모든 이가 직업을 바꾸고, 수요에 맞는 새로운 사업을 시작하며, 지속 불가능한 사업을 중단하는 노력이 필요하다. 노동자들은 새로운 기술을 배워야 한다. 개별 기업가들은 새로운 환경에서 새로운 수요와 일자리를 제공해야 한다.

그렇기 때문에 한국, 대만, 아일랜드 혹은 다른 '졸업자'들이 걸었던 길을 따라가려면 중국 역시 훨씬 광범위한 인적 자본이 필요하다. 엘리트만이 아니라 중국의 일반적인 노동력이 이 새롭고 창의적이며 부가가치가 높은 일자리로 이동할 수 있어야 한다.

대만의 이행기에 대부분의 노동자는 여전히 저숙련과 중간 숙련 일자리에서 일하고 있었다. 이행을 성공적으로 해내려면, 그런 노동자들이 공장 작업장을 떠나 회계 일자리로 이동하거나, 매일 재봉틀 앞에서 하루 12시간씩 똑같은 무늬를 만드는 일자리에서 정밀 칩을 설계하는 기계를 다루는 일자리로 옮겨가야 했다. 사람들은 건설 현장의 군대 같은 삶에서 벗어나 역동적이고 계속 변화하는 고급 서비스 분야 일자리로 이동해야 했다. 한국과 대만, 아일랜드에서 노동자들이 고부가가치 작업을 해낼 준비가 되어 있지 않았다면, 이 나라들의 경제가 총체적으로 공급망을 상향 조정하기는 불가능했을 것이다.

일반적으로 더 숙련된 일을 해내기 위해 필요한 것은 간단하다. 양질의 교육이다. 이 새로운 일자리들에 요구되는 기술인 유연성, 복합적 사고, 좋은 판단력은 정규 교육을 통해 길러진다. 숙련된 노동을 위주로 한 기술적 변화라는 최근 현상을 가능하게 만든 작업장의 숙련된 기술을 길러낸 정규 교육의 중요성을 보여주는 많은 자료가 있다.[19]

가난한 나라의 저임금 공장 노동자들과 건설 노동자들은 (거의 매일 똑같은) 반복 작업을 하지만, 고소득 국가의 노동자들은 유연하게 일할 수 있는 준비가 되어 있어야 한다. 고임금의 현대적이고 숙련 기술에 기반한 경제는 빠른 속도로 변화한다. 노동자들이 '배우는 방법'을 아는 것이 중요한 이유다. 업무가 변화한다. 노동자들이 업무를 바꾼다. 그들은 새로운 임무를 부여받는다. 기술적 변화가 일어나면, 직원들은 새로운 기술을 배워 업무에 활용할 수 있도록 기대된다. 그들은 새롭게 출현하는 모든 일에 준비가 되어 있어야 한다.

이것은 커다란 차이다. 만약 휴대폰 조립 공장의 노동자가 업무를 바꾼다면, 그 일을 몇 분 만에 배울 수 있고, 사흘 뒤면 최대 성과를 낼 수 있다. 현대적인 고임금 경제를 지탱하는 일자리에는 이것이 적용되지 않는다.

미국에서 자란 내 아들을 예로 들어보겠다. 주립대학교를 졸업한 뒤 처음에는 판매업 같은 기본적인 일자리를 구했다. 하지만 이 일은 한번 배운 내용이 꾸준하게 통하는 고정된 일자리가 아니었다. 5년 동안 아들은 일자리를 네 번 바꾸었다.

아들은 고급 헬스장에서 회원권을 파는 일을 했다가, 온라인 고객 관리 매니저가 되었다가, 스포츠 분야에서 일하다 다시 헬스장으로 돌아왔다. 이렇게 업무를 바꿀 때마다 유연성, 새로운 업계에 대한 새로운 지식 학습, 새로운 기술 습득, 새로운 상품에 대한 완벽한 이해, 사람들과 완전히 다른 방식의 상호작용 등이 필요했다. 그것을 해내기 위해 아들은 수학, 컴퓨터 기술, 비판적 사고 기술, 창의성이 필요했다. 그것은 부유한 나라에서 일하는 노동자들에게 요구되는 능력이고, (적어도) 고등학교 교육을 받지 않으면 해내기 어려운 것들이다.

한국, 대만, 아일랜드는 운이 좋았다. 그들은 미래를 잘 내다보았다. 처음에 높은 수준의 교육을 요구하지 않는 일자리에서 일했던 공장 노동자나 건설업 노동자, 광부로 일했던 모든 이가 이미 좋은 교육을 받은 상태였다.

이들 나라의 정부 고위층은 모든 시민에게 최고의 교육을 확대하고 권장하기로 결정했다. 1970년대 말에서 1980년대 초반 저숙련 일자리의 임금이 시간당 1~2달러 정도일 때도 한국과 대만의 거의 모든 시민은 고등학교 교육을 받았다. 아일랜드가 여전히 가난하던 1950년대 이 나라 노동력의 교육 정도(최종 학력)는 세계 최하위를 기록했으나 1960년대에는 미래를 내다보기 시작했다. 이때 아일랜드가 취한 가장 좋은 전략적 움직임 중 하나는 여전히 비교적 가난한 상황이었지만 공교육에 많은 투자를 한 것이 있다. 1995년에는 35세 이하 노동력 중 절반이 대학 졸업자였다. 1980년대에서 1990년대에는 거의 모든 청소년이 고등학교에 다녔다.[20]

아일랜드(와 다른 '졸업자'들)는 교육에 아주 많은 투자를 해, 상대적으로 저숙련 노동력을 가진 나라에서 세계적 기준의 고숙련 기술을 가진 나라로 이동했다. 이렇게 준비가 되어 있었기 때문에 1990년대에서 2000년대에 첨단기술 핵심지역이 될 수 있었다.

아일랜드 지도자들이 이런 성공적인 발전 스토리를 만들어내기 위해 많은 일을 한 것도 맞지만, 유럽연합에 가입하지도 않았고 중진국이 되기 전인 1960년대에 아일랜드가 교육 개혁을 추진한 것이 핵심적인 요소라고 많은 이가 지적한다.

한국과 대만처럼 교육 수준이 높은 노동력은 그 나라의 경제가 게임판에서 가장 마지막 부분까지 올라갈 수 있는 엔진을 제공해준다.[21]

이 나라들의 지도자는 왜 이런 일을 했을까? (적어도 초기에) 노동시장에서 성공하는 데 이런 기술들이 필요하지 않았을 때도 그들은 왜 많은 청소년을 고등학교에 보냈을까? 그들은 스탠퍼드 대학교의 내 동료이자 교육에 대한 연구에 주목한 최초의 경제학자 중 한 명인 에릭 하누셰크Eric Hanushek가 말한 것을 그대로 실천했다. 그는 자주 이렇게 말했다. "정부 관리들은 교육에 대한 투자가 오늘날의 경제에 어떤 영향을 미칠지 물어서는 안 된다. 교육에 대한 투자는 20년 이후의 경제를 위한 것이다."

나를 밤새 고민하게 만드는 질문은 이것이다. 중국의 새로운 경제에서 보통의 노동자가 안정적인 직장을 찾을 수 있을까? 만약 불가능하다면, 중국은 전체 인민 가운데 극소수의 사람들에 의한 혁신과 산업으로 전체 경제를 띄울 수 있을까?

3장

최악의
시나리오

INVISIBLE CHINA

지난 몇십 년 동안
중국은 세계 다른 국가들의
성장 엔진 역할을 했다.
중국 노동자들은 산업 전반을 움직이게 했고,
중국 소비자들은 전 세계 사업을 지탱했다.
만약 중국 경제가 침체된다면,
중국은 더 이상 그 역할을
하지 못하게 될 것이다.

2016년 봄, 나는 중국에서 나타나는 노동의 변화를 근거리에서 볼 수 있었다. 그것은 예상치 못한 기회였다. 나는 여러 회의에 참석하기 위해 중국 중심부의 도시 중 하나인 우한武漢에 있었는데, 첫날 일정이 마무리된 뒤 동료 경제학자가 현지 취업박람회에 갈 거라고 말했다. 대표적인 국유 대기업 중 하나인 우한철강武漢鐵鋼은 노동자 5만 명을 해고할 거라고 막 발표한 상태였다. 대량 해고는 지역 경제에 큰 변화를 의미했다. 이것은 우리 두 사람이 중국에서 일어날 것으로 알고 있던, 눈앞에 다가온 노동의 변화가 드리운 그림자처럼 보였다. 해고 대상 직원들을 위해 취업박람회가 열렸는데, 그는 재고용이 어떤 식으로 이루어지는지 궁금해했다. 그는 나에게 함께 가자고 했다.

우리는 택시를 타고 도시를 가로질러 노동자를 고용할 회사들을 대표하는 수백 개의 부스로 가득한 컨벤션 센터로 향했다. 그곳에서 우리는 한 남성과 대화를 나누게 되었다. 35세 정도에 왕 씨 성을 가진 그 남성은 18년간 전기 기사로 일하던 일자리에서 얼마 전 해고되었다고 했다.

　우리가 지켜보는 가운데, 왕 씨는 용기를 내어 첫 번째 부스로 다가갔다. 은행의 부스였다. 부스를 운영하는 인력자원팀 직원은 그에게 악수를 청하고 짧은 분량의 문장을 읽어보게 한 뒤 그가 이해한 것에 대해 말해보라고 했다. 왕 씨는 종이를 뚫어지게 쳐 다본 뒤 이해할 수 있도록 글자들을 순서대로 머릿속에 집어넣으려 했다. 그는 모든 단어를 알았고 그것을 소리 내어 읽을 수 있었지만, 많은 용어가 그의 능력 밖이었다. 그는 문장의 논리 구조에 대해 계속 헷갈려했다. 몇 분간 그는 뚫어지게 바라보며 이해하려 노력했다. 처음에 부스를 관리하던 사람은 인내심 있게 기다려주며 어느 정도 연민도 보였으나, 점점 흥미를 잃고 그의 책상으로 돌아가 더 나은 모습을 보여줄 다른 노동자를 찾기 시작했다. 몇 분 뒤, 왕 씨는 고개를 숙이고 한숨을 쉬었다. "죄송합니다, 무슨 뜻인지 이해하지 못하겠어요."

　조금 힘이 빠진 발걸음으로, 왕 씨는 줄지어 서 있는 부스 가운데 회계법인 부스로 넘어갔다. 그곳의 대표는 간단한 계산 문제를 풀기만 하면 된다고 했다. 왕 씨는 책상에 몸을 숙인 채, 작은 연필을 잡고 숫자들을 뚫어지게 바라보았다. 몇 개의 답을 적어냈으나, 맞는지 확신하지 못했다. 몇 분 뒤 그는 긴장한 표정으로 주위를 둘러보고 나서 연필을 내려놓고 조용히 그곳을 빠져나왔다.

　몇 시간 뒤 우리는 박람회장 다른 구역에서 우연히 왕 씨를 다시 만났다. "어땠나요?" 내가 물었다. "전망 좋아 보이는 일자리를 찾았나요?"

왕 씨는 한숨을 크게 쉬고 나서 천천히 고개를 저었다. "저는 상대편에서 제시한 과제 중 어떤 것도 해내지 못했습니다." 그는 말했다. "너무 오랜만에 해봐서 그런 것 같아요. 이런 종류의 일을 어떻게 해야 할지 모르겠어요."

"그러면 무엇을 하실 건가요?" 내가 물었다.

그는 얼굴을 찌푸리고 어깨를 으쓱했다. "모르겠어요. 제철소의 다른 동료 한 명이랑 이야기를 나눠봤는데, 그는 배달 일을 할 거라고 말하더군요. 그 일이 가족의 생계를 유지할 정도의 돈을 벌게 해준다는 것은 알지만 도저히 상상이 안 되더라고요. 비바람과 진흙을 뚫고 일주일에 80시간씩 배달을 하러 다닌다는 게." 그가 어깨에 멘 가방끈을 끌어 올리며 말했다. "이 도시의 힘겨운 농민공들과 경쟁해야만 할까요? 제 말은, 저는 중국의 일류 제철소에서 일해왔다는 뜻이에요. 그 일을 잘해왔는데…. 이렇게 될 거라고는 상상도 못 했어요." 다시 한번 한숨을 쉬며 그가 중얼거렸다. "정말 뭘 해야 할지 모르겠어요." 그 말을 하고 나서, 그는 터덜터덜 취업박람회장을 빠져나갔다.

왕 씨는 곧 중국 전역의 많은 사람에게도 영향을 미칠 문제에 직면했다. 중국은 전환점에 다다랐다. 공장 이전을 통해서든 자동화를 통해서든 중국의 저숙련 일자리는 수백만 개씩 없어질 것이다. 그 뒤에 남는 거대한 공백을 채우기는 매우 어려울 것이다.

많은 전문가가 지적한 것처럼, 중국은 새로운 일자리를 만들 능력이 있고, 이미 그 과정이 시작되었다. 첨단기술 산업과 첨단 제조업에서, 그리고 더 전반적으로는 서비스 분야에서 새로운 화이트칼라 일자리들이 빠르게 생겨나고 있다. 또 그것을 낚아챌 준비가 된 사람이 많다. 이 과정이 당분간 계속될 것이다. 단기적으로 주요한 문제는 공급 측의 제약이 아닐 것이다.

하지만 21세기 다른 고소득 선진국에서처럼, 중국의 새로운 일자리들 역시 거의 모두 숙련 노동자만 요구한다. 물론 일부 저숙련 일자리는 남을 것이다. 모든 부유한 나라에서도 청소부, 웨이터, 배달 노동자가 필요하다. 하지만 그 숫자는 늘지 않는다. 고소득의, 역동적인 현대적 경제는 인구 가운데 상대적으로 소수만 비숙련 일자리에 고용할 수 있다. 오늘날 중국에는 비숙련 인구가 너무 많다.

불편한 진실은 바로 중국 인구 대부분이 공급망 위로 올라가거나, 블루칼라에서 화이트칼라로 전환할 능력을 가지고 있지 않다는 것이다. 우리가 앞에서 살펴본 것처럼, 현재 중국 노동력의 약 70%가 "비숙련" 상태이고, 중학교 이하의 교육을 받았다. 고등학교 이상의 학력을 보유한 사람 대부분은 빠르게 성장하는 중국의 하이테크 분야나 새롭게 성장하는 현대적인 서비스 분야에서 일자리를 찾을 수 있을 것이다. 좋은 고등학교 교육의 기초를 가지고 있고, 경제의 새로운 분야에서 새로운 기술을 배울 의지가 있으며, 능력이 있는 사람은 문제없다. 하지만 기본적인 현대 교육조차 받지 못한 사람들은 어떻게 해야 할까? 매우 제한적인 교육만 받은 이 사람들은, 학습 방법을 배우는 능력도 제한적일 것이다. 많은 이는 재교육을 받기가 아예 불가능하거나, 가능하다 해도 쉽지 않을 것이다. 왕 씨처럼 그들은 고용주들이 요구하는 과제들을 처리할 수 없을 것이다. 나의 분석이 정확하다면 중국은 앞으로 몇십 년 동안 심각하게 양극화된 경제로 나아갈 것이다. 숫자로 보면, 2억~3억 명의 사람이 구조적 실업자 상태로 남겨질 것이다.[1]

양극화의 위험들

———

중국이 인적 자본 문제 때문에 잠재적 재앙에 직면하고 있다고 이야기하면, 많은 사람, 특히 중국에 있는 사람들은 내 예측에 틀림없이 문제가 있다고 말한다.

나는 그들이 왜 반발하는지 이해한다. 중국의 엘리트들은 무척 잘하고 있고, 그들은 농촌에 있는 수많은 사람보다 훨씬 눈에 잘 띄어, 중국이 정말 문제에 직면하고 있다는 것을 믿기 힘들 것이다. 많은 사람이 나에게 말한다. "중국은 그 어떤 나라보다 많은 엔지니어를 가지고 있어요. 600만 명 이상의 학생이 매년 대학을 졸업하고요. 우리는 21세기 중반까지 중국을 이끌어갈 똑똑한 인재, 기업가, 컴퓨터 프로그래머들을 가지고 있어요. 일부 농민이 돈을 많이 벌지 못한다고 누가 신경이나 쓰나요? 우리는 문제없을 거예요!"

그럴 수 있다면 좋을 것이다. 노동인구 중 고등학교 이상 교육을 받은 30%나, 대학 교육을 받은 12.5% 정도의 중국 엘리트들은 문제없이 잘 해낼 것이다. 그들은 혁신할 수 있고, 공급망에서 위로 올라갈 수 있으며, 세계 무대에서 경쟁할 수 있다. 하지만 그것만으로는 중국이 미끄럼틀과 사다리 게임판에서 계속 위로 올라가기에 충분하지 않다.

미래를 예측하기는 쉽지 않다. 거시경제학적 예측은 어렵기로 유명하고, 많은 요소가 중국을 이쪽 또는 저쪽으로 기울어지게 할 수 있다. 오늘날의 유리한 지점에서도 그런 요소는 제대로 보이지 않는다. 나는 여전히 중국이 새로운 전략을 고안해내고 전례 없는 대량 해고와 그로 인해 야기되는 경제적·사회적 혼란을 피할 수 있기를 바란다. 중국은 과거에 예측할 수 없었던 경제적 기적을 이루어낸 적이 있다.

하지만 위험은 아주 거대하다. 양극화된 노동력이 중국 경제에 진정한 위협이 될 거라고 볼 수밖에 없는 이유가 있다. 이는 엘리트 수준에서 장래가 얼마나 유망한지와 상관없다.

양극화는 여러 이유로 위험하다. 첫째, 양극화는 성장을 저해할 수 있다. 저소득 국가나 중진국보다 고소득 국가가 성장하는 것이 언제나 더 어렵다는 것은 이미 증명된 사실이다. 하지만 만약 중국의 노동력이 양극화된 채 끝난다면, 많은 노동자가 뒤에 남겨지고, 중국은 경제성장에 필요한 동력 가운데 2억~3억 명을 잃게 될 것이다. 만약 너무 많은 사람이 실업 상태이거나, 제대로 고용되지 않은 채 남겨지거나, 자신을 부양할 수 없게 된다면, 이 위기는 경제성장을 위한 투자에 쓰일 수 있는 공공 자원을 고갈시킬 것이다.

둘째, 제대로 교육받지 못한 노동력을 보유하고 있다는 사실이 중국에 투자할 유인을 감소시킬 수 있다. 세계화된 세상에서 일자리는 일을 가장 잘 해낼 사람들이 있는 나라로 흘러들어간다. 중국은 저임금 일자리는 임금이 너무 높고 대규모 고임금 일자리를 위한 기술은 너무 부족한 '무인지대no-man's-land' 상태에 갇혀버릴지도 모른다. 이는 중국에 대한 투자가 감소하거나 이 나라에서 새로운 기업을 세울 의지를 감소시킨다는 의미일 수 있다. 투자자들은 다른 곳으로 가버릴 것이다. 이런 요인들이 합쳐지면 앞으로 몇십 년간 경제성장이 제약을 받을 수 있다.

이런 대규모 양극화와 관련된 또 다른 역학은 경제적 진보를 더욱 저해할 가능성이 있다. 이 이슈를 이해하려면, 일단 곧 해고당할 사람의 관점에서 생각해보자. 왕 씨 혹은 더 일반적으로 농촌의 비숙련 노동자들 말이다.

지난 몇십 년 동안 중국 농촌의 저숙련 노동자들은 대체로 꽤 잘해왔다. 평범한 중국인 노동자의 삶이 쉬웠다고 말하는 것은 아니다. 공장, 광산, 이 거대한 경제에 힘이 되어준 건설 현장 등 부상하는 중국의 참호들에서 일하려면 끈기와 희생이 필요했다. 경제 세계에서 조금이라도 더 위로 올라가기 위해 많은 가족이 헤어져 살아야 했다.

하지만 여전히, 이런 어려움에도 불구하고 이 시기에는 매우 희망적이었다. 중국은 떠오르고 있고, 지난 세기보다 세계에서 더 큰 세력과 명성을 얻고 있으며, 대부분의 평범한 중국인 가정에서는 자신들도 나라와 함께 부상하고 있다는 믿음을 가질 수 있었다. 그러는 동안 그들이 어느 정도 교육을 받았는지, 어디 출신인지는 중요하지 않았다. 열심히 일할 의지만 있으면 성공할 수 있었다. 중국에 사는 대부분의 사람은 자기 가족이 경제적으로 진전을 이루는 것을 보아왔다. 아들은 아버지보다 많이 벌었으며 딸은 어머니보다 많이 벌었다.

필연적으로 오를 수밖에 없는 임금률 때문에, 어쩌면 곧 많은 중국인에게서 그 기적이 멈추어버릴 것이다. 임금이 계속 오르면서, 농촌 출신 노동자들은 그들의 빵과 버터 역할을 해오던 저숙련 일자리들이 사라지는 것을 보게 될 것이다. 인구 통계학적 영향으로 인해 중국의 저숙련 임금률은 한동안 떨어지지 않을 것이라는 점을 기억해야 한다. 중국 인구는 점점 노령화되고 있고, 잉여 노동력은 이미 모두 사용되었다. 공급 측면에서 무슨 일이 생겨도, 임금 상승은 그대로 계속될 것이다. 공장들은 돌아오지 않을 것이다.

새로 문 여는 기업들은 임금이 오르면서 노동자들에게 더 많은 것을 기대할 것이다. 왕 씨가 취업박람회에서 느낀 것처럼, 기업들은 그들이 고용한 노동자들이 보고서를 읽고, 엑셀 스프레드시트를 작성하며, 독립적으로 사고하고 창의적인 결정을 내릴 수 있기를 바랄 것이다. 그들은 노동자들이 컴퓨터를 다루고 영어를 할 줄 알며, 새로운 업무를 배우고 다양한 업무를 넘나들며 유연하고 생산적으로 일하기를 기대할 것이다. 그래서 지난 몇십 년간 튼튼한 두 팔과 좋은 노동 윤리만 있으면 어떤 사람에게든 문을 열어주던 중국 기업들이 갑자기 노동자 대부분이 가지고 있지 않은(그리고 쉽게 획득할 수 있는 것이 아닌) 자질들을 요구하게 될 것이다. 즉, 높은 수준의 인적 자본 말이다.

분명 지금 기술이 없는 이들 중 일부는 돌아가서 어느 정도 교육을 더 받을 수 있을 것이다. 성인 재교육 프로그램을 이용할 수 있을 것이다. 하지만 개발도상국에서 성인 교육 프로그램이 성공한 경우는 거의 없다. 중국 지도자들이 20대와 30대가 대규모로 성인 교육을 받고 기술 수준과 배울 수 있는 능력을 높일 때까지 기다려줄 거라고 믿는다면, 그것은 너무 순진한 생각이다. 그런 일은 불가능할 것이다.

교육을 제대로 받지 못한 사람 중 일부는 분명 재능을 타고났을 것이다. 이 소수는 교육을 제대로 마치고 더 높은 기술을 요구하는 분야로 옮겨갈 수 있을 것이다. 하지만 대부분의 저숙련 노동자에게는 이런 기회가 이미 떠나가버렸다. 그들은 오늘날 요구되는 학교 교육을 받아야 하는 어린 시절에 충분한 교육, 보건 또는 영양을 제공받지 못했다. 졸업장은 그들이 넘을 수 없는 장벽이 될 것이다.[2]

그렇다면 그들에게는 어떤 선택지가 남아 있는가?

중국의 경제에는 여전히 일부 저숙련 노동자가 필요하다. 왕씨의 동료가 고려하고 있던 것처럼, 그들은 제철소 일자리에서 배달 노동자, 경비원 혹은 보모 일자리로 이동할 수 있다. 분명 일부는 이런 직업을 선택할 것이다.

하지만 이런 직종들은 이 사람들이 원래 가지고 있던 직업들보다 덜 선호되고, 임금이 적으며, 복지제도도 없고, 덜 안정적이다. 그들이 이런 지위의 변화에 만족할 것인가? 상황은 더 악화될 것이다. 수백만 명의 공장 노동자와 건설 노동자가 해고된다면, 전국에 있는 고등학교 교육을 받지 못한 거의 모든 사람(내가 말했듯, 거의 모든 사람이다)이 이 저숙련 일자리를 두고 경쟁할 것이다. 그렇게 되면 이런 일자리의 임금과 지위를 더 끌어내릴 것이다. 왕 씨처럼 이 노동자들은 그들이 가지고 있던 미래에 대한 희망이 한순간에 날아가버렸다고 느낄 것이다.

그렇다면 어떤 다른 선택지들이 있는가? 이들 해고된 농촌 출신 노동자들에 대해 단언할 수 있는 한 가지는 그들이 농경지로 돌아가지 않을 것이라는 사실이다. 중국의 농경지는 매우 협소하다(공산주의 체제 아래 이뤄진 농지 재분배의 유산이다). 그렇기에 그들이 돌아가길 원해도 생계를 이어가려면 어려움이 많을 것이다. 더 큰 문제는, 지난 몇십 년간 성년이 된 대부분의 농촌 사람은 농사를 지어본 적이 한 번도 없다는 것이다. 그들은 일할 정도 나이가 되었을 때 곧바로 도시로 가서 공장 같은 일자리를 찾아 나섰다. 도시의 더 높은 임금과 편리함을 알기 때문에 농촌으로 돌아와서 만족하며 살 수 있는 사람은 극소수일 것이다.

2015년에 나는 중국 공장 노동자들의 관점을 이해하기 위해 한 전자기기 공장에서 조사를 했다. 그 조사에서 우리 팀은 무작위로 선정한 1000명 이상의 노동자에게 10~20년 뒤 무엇을 하고 있기를 원하느냐고 질문했다. 1% 미만의 사람만이 농경지로 돌아가고 싶다고 말했다. 대부분은 이 질문을 듣고 웃었다.

한 60대 남성은 나를 구석으로 데려가더니 도대체 이런 질문을 조사에 왜 넣었느냐고 물었다. 나는 이 질문이 왜 그렇게 멍청해 보이느냐고 물었다. 그는 직설적으로 말했다. "제 자식들이 농촌으로 돌아가는 일은 없을 거예요. 저희는 4000제곱미터의 땅밖에 없는걸요. 이 공장에서 일하려고 농지를 떠나오기 전 제가 1년 내내 땅에서 열심히 일해도 제 아들이 도시에서 한 달 동안 버는 것보다 적은 돈을 벌었어요. 그뿐 아니라, 힘들고 지저분한 일이었어요. 우리 마을에서는 아무도 자기 자식이 농부가 되기를 원하지 않아요. 제 세대가 일하기에 너무 늙어버린 다음에 저희 마을이 어떻게 될지는 아무도 모르죠."

만약 공식 분야에서 저숙련 일자리를 얻을 수도 없고 농경지로 돌아갈 생각도 없다면 그들에겐 어떤 선택지가 남아 있을까? 구조적 실업 상태인 많은 이에게는 사실상 하나의 현실적인 선택지밖에 남지 않는다. 바로 비공식 분야다.

비공식 분야는 노동자들이 제대로 계약을 맺고 복지제도도 있는 정규 일자리가 아닌 경제 부문을 의미한다. 보통 작은 사업체(혹은 초소기업)나 혼자 일하는 경우가 많다. 어떤 경우에는 사업체를 운영하는 사람이 가족이나 친구, 혹은 이웃 한두 명을 고용하기도 한다. 작은 음식 노점이나 작은 이삿짐 운반 업체, 세계 곳곳의 교차로에 서서 동전 몇 개를 벌려고 자동차 창문을 닦아주는 사람들을 생각해보라. 이 일은 누구에게나 열려 있다. 이런 일자리들은 자격증이나 채용 면접 등을 통해 고용되는 것이 아니기 때문이다.

2015년에 내가 전자기기 공장에서 조사했을 때, 대부분 노동자는 10~20년 뒤 자신의 사업(또는 초소기업)을 운영하고 싶다고 답했다. 그들 가운데 계속 공장에서 일하고 싶어 하는 경우는 사실상 거의 없었고, 아주 소수만이 화이트칼라 일자리로 이동할 기회가 있을 거라고 생각했다. 하지만 현실적으로 많은 사람이 골목에서 볶음면을 팔거나 환경미화원, 고물상, 창문닦이, 정원사 같은 비공식 경제를 선택할 가능성이 높다.

그러면 이 노동자들은 다시 정체된 임금률과 줄어드는 수입에 갇힐 것이다. 도로변에서 하는 일은 안정성도 복지제도도 없을 것이다. 거의 백 퍼센트 확률로, 더 나은 일자리로 상향 이동할 가망이 없을 것이다.

비공식 분야가 늘어나는 것은 중국 경제 전반에도 부정적 영향을 미칠 것이다. 만약 비공식 분야의 성장이 너무 커진다면, 공식 분야(그리고 경제 안의 모든 일반적인 일자리)에도 악영향을 미칠 것이다. 비공식 분야는 브랜드 가치를 손상시키거나 지적 재산권을 침해할 수 있고, (가장 중요한 점은) 비공식 분야라는 정의상 세금도 내지 않기 때문에, 모두를 위한 사회안전망을 약화시키고 공식 분야로 진출하려는 사람들(과 회사들)에게 사실상 불리하게 작용할 수 있다. 비공식 분야는 그 자체로 생산성이 낮기 때문에, 경제 전반의 생산성도 끌어내릴 것이다. 그리고 세금을 내지 않기 때문에 사회문제를 경감시키거나 미래 투자를 위해 사용될 수 있는 정부 세수를 줄어들게 할 것이다.

양극화의 비용은 여기에서 끝나는 게 아니다. 우리는 이런 선택에 대한 사회적 대가 역시 고려해야 한다. 위에서 언급한 세 가지 선택지는 대부분의 중국 노동자에게 매우 불만족스러울 가능성이 높다. 몇십 년간 이 노동자들은 미래가 더 밝으리라 믿고 살아왔다. 하지만 이 일자리 중 그 어떤 것도 그들의 경제적·사회적 지위 상승으로 이어지지 않을 것이다. 그들을 더 나은 사회적 지위로 올려주지도 않고 기본적 존엄성도 유지해주지 않을 가능성이 높다. 왕 씨와 같은 노동자들은 그들의 모든 기대가 더 이상 당연하지 않게 되었음을 깨달을 것이다. 그들은 지금까지 일해오면서 일자리를 바꿔야 할 거라고는 생각조차 하지 않았을 것이다. 몇 년간 좋고 안정된 일을 하면서 자신이 유용한 사람이라는 인식을 가지고 살아와, 이제는 중국의 미래에 더 이상 자신의 자리가 없다는 말을 듣게 될 줄 몰랐을 것이다. 수십 년간 희망을 가지고 있던 사람들에게 이런 변화는 거대한 절망과 슬픔을 안겨줄 것이다.

만약 많은 사람이 갑자기 상황이 나아지고 있다고 기대할 수 없게 되었음을 깨달으면 무슨 일이 벌어질까? 인간의 심리는 기묘하다. 기대했던 무언가를 잃게 되면 단순하게 그것을 가지지 못하는 것보다 훨씬 더 큰 상처를 받는다. 실망과 무력감에 직면하면 자주 분노한다. 이웃에게 공격적으로 변하고, 모두를 위한 파이를 키우는 데 투자하기보다 아주 작은 부스러기라도 얻어내려 싸우는 것을 쉽게 볼 수 있다. 이는 어쩌면 중진국 함정의 배경이 되는 가장 강력한 단일 요소일 수도 있다. 바로 희망의 상실이다.

무력화되고 경제적으로도 제대로 역할을 갖지 못하는 시민들의 무리가 거대해지면 말 그대로 위험하다. 많은 개인은, 실망과 불안함에도 불구하고 인내하며 준법 시민으로서 살아갈 것이다. 하지만 일부 노동자는 자신들의 이상이 무너진 것에 격하게 분노하고, 그들의 보잘것없는 미래에 대한 전망조차 농경지나 비공식 경제에 있다는 데 불만이 폭발해 어쩌면 시스템 밖으로 완전히 밀려날 가능성도 충분히 있다.

내가 걱정하는 것은 이 불만이 범죄로 이어지거나 심지어 폭력조직으로 변할 수도 있다는 점이다. 이런 일이 중국에서 일어날 수도 있다는 것을 믿기 어려울 것이다. 하지만 만약 삶이 더 나아질 거라는 꿈과 신념이 희미해지기 시작하면, 그중 일부는 훨씬 극단적인 선택을 할 수도 있다. 그들이 존중감과 힘을 느끼고, 다시 돈을 잘 벌려면 문제를 스스로 해결하는 방법밖에 없다고 결심할 수도 있다.

이것은 그렇게 허무맹랑한 이야기가 아니다. 오랫동안 범죄학자들은 범죄 동향이 실업률과 긴밀하게 관련돼 있다는 사실을 밝혀왔다. 개인 수준에서 본다면 이런 선택은 이해가 된다. 만약 한 사람이 공식 분야에서는 일을 찾을 수 없고 푼돈을 벌려고 다른 작은 행상들과 경쟁하는 삶에 갇혀버린다면, 누가 더 쉬운 길을 찾아보지 않겠는가?

만약 이런 일이 벌어진다면, 이는 아래를 향한 악순환의 시작이 될 것이다. 범죄율 상승은 경제성장 능력을 더욱 약화시키고, 외부 기업들이 투자를 꺼리게 만들 것이다. 모든 자동차에 방탄유리가 필요하고 고용한 노동자가 출근길에 잡혀갈 수 있는 나라에

누가 작업장을 세우고 싶겠는가? 소기업들은 강탈과 협박의 덫에 걸릴 위험을 해결하느라 시간과 자원을 낭비하게 될 것이다. 또한 사람들이 밤에 외출하거나 다른 지역으로 이동하는 것을 두려워해 서비스 분야 소비도 위축될 것이다. 이 모든 것은 정부의 세수를 줄어들게 만들고(비공식 분야에서 세금을 거두기는 어렵고 폭력조직에서 세금을 거두는 것은 불가능하다), 범죄를 단속하고 폭력으로 야기된 피해 복구 비용을 증가시킬 것이다. 이 때문에, 공식적인 실업과 여기서 발생하는 다른 연쇄적 문제인 공장이나 건설 현장의 폐업 같은 문제에 정부가 대처할 수 있는 재정적 능력이 점점 더 감소할 것이다.

이처럼 중국이 맞이할 양극화는 빠져나올 수 없는 함정으로 이어질 수 있다. 만약 많은 국민이 실업자이거나 제대로 고용되지 않거나, 비공식 분야에 묶여 있거나 심지어 범죄자가 된다면, 그 국가는 이런 혼란에서 빠져나오기 위해 필요한 경제성장을 되돌릴 수 없을지도 모른다. 그로 인한 사회적·경제적 대가는 엄청날 것이다.

멕시코의
사례

———

중국에서 대규모 양극화와 그로 인한 재앙적 결과가 나타나는 것이 기정사실이라고 주장하는 것은 분명 아니지만(지난 40년간 경제

성장 과정에서 중국은 재난을 피하는 놀라운 능력을 보여주었다), 이 시나리오가 가상에 불과하지 않을 수도 있다. 낮은 인적 자본과 일자리의 거대한 양극화로 인해 경제 하강의 악순환에 빠져든다면, 중국은 미끄럼틀에서 미끄러져 내린 다른 중진국들과 같은 경로를 따를 것이다.

오늘날 중국이 위치한 지점까지 올라왔다가 '졸업자'들과 다른 위치로 끝난 한 나라에 대해 이야기해보자. 바로 멕시코다.

중국처럼, 그리고 한국과 대만이 이전에 그랬던 것처럼, 멕시코는 전형적인 가난 탈출 사다리에 올라타는 길을 선택했다. 바로 저임금의 노동집약적 제조업(그리고 그와 연관된 많은 건설업)이다. 1970년대 후반에서 1980년대 초반, 시간당 1달러였던 멕시코의 임금은 이 나라의 급성장하는 '마킬라도라maquiladora'(멕시코의 저렴한 노동력을 이용한 수출용 노동집약적 산업을 지원하는 산업 단지-옮긴이)에서 상품을 조립하려는 많은 세계 기업을 끌어들였다. 북미자유무역협정NAFTA 체결로 귀중한 미국과 캐나다의 소비 시장에 더 저렴한 가격으로 진출하자, 이러한 흐름은 더욱 강해졌다. 멕시코는 1990년대 초반 세계 최대 자동차 부품 생산지역으로 부상했다. 섬유는 미국-멕시코 국경을 따라 전역에서 생산되었다. 이 황금 창문의 끝에서, 멕시코는 세계 최고 수출국 10개국 자리에 개발도상국으로는 (중국을 제외하고) 유일하게 올랐다.[3]

이 전략으로 멕시코는 큰 성공을 거뒀다. 한국, 대만, 중국이 그랬던 것처럼 말이다. 멕시코는 1960년대 비교적 가난한 국가에서 1990년대 초반 중진국으로 빠르게 성장했다. 이 전략이 너무 잘 작동해, 멕시코는 '제2의 대만'이 될 것이라는 기대를 모았다. 1990년에 〈밴쿠버 선Vancouver Sun〉은 "낙후되어 있던 멕시코는 제3세계 국가도 선진국 반열에 들어설 수 있다는 희망을 불러일으키는 경제적 기적의 시작을 만들어냈다"고 보도했는데, 이는 당시 공통된 정서를 반영한 것이었다. 그 급속한 성장과 발전의 정점에서, 낙관주의가 높아져 멕시코는 OECD 가입 승인을 받았다. 당시 대통령이었던 카를로스 살리나스 데고르타리Carlos Salinas de Gortari 대통령이 1990년대 말에 붙인 '마냐나의 나라'(미래의 나라)라는 이름이 너무나 잘 어울리는 듯 보였다.[4]

그러고 나서 멕시코는 전환점에 도달했다. 잉여 노동력이 점진적으로 고갈되었다. 젊고 건강한 멕시코인 대부분이 이미 어딘가에서 노동을 하고 있었기 때문이다. 중국이 외국의 직접 투자와 무역에 문을 열기 시작하던 무렵에 멕시코의 임금이 오르기 시작했다. 그때 중국의 임금은 멕시코보다 낮았기(사실 매우매우 낮았다) 때문에, 저임금 일자리는 멕시코에서 물이 빠지듯 빠져나갔다. 2001년부터 2004년까지, 멕시코는 약 40만 개의 일자리를 중국에 빼앗긴 것으로 추산된다. 단 3년 만에 한때 대미對美 수출 1위였던 멕시코의 압도적인 섬유 산업은 중국으로 대체되었고, 멕시코에서 의류 제조 공장 3분의 1이 문을 닫았다. 저임금 산업도 급격하게 위축됐다. 2000년이 되었을 때 '메이드 인 멕시코' 상품들은 월마트의 진열대에서 빠른 속도로 자취를 감췄다.[5]

앞서 살펴본 것처럼, 세계화된 현실에서 이 성장의 사다리를 올라온 그 어떤 국가도 이 전환점을 피해갈 수 없었다. 이 전환점이 반드시 멕시코의 휘황한 발전의 끝을 의미한다는 이유는 전혀 없다. 멕시코도 한국이나 대만(그리고 아일랜드나 홍콩이나 싱가포르)처럼 전환이 필요했다. 하지만 멕시코에서는 그 전환이 결코 일어나지 않았다.

대신, 멕시코의 발전은 무너져버렸다. 공장들이 떠나기 시작하면서 멕시코의 경제는 흔들렸고, 침체되었으며, 오늘날까지도 회복하지 못하고 있다. 지난 20년간 1인당 경제성장률은 (가장 낙관적인 회계 규정을 적용했을 때) 1%를 간신히 웃돌 뿐이다. 이는 멕시코 정도의 발전을 이뤄낸 국가들에 대한 기대 수치보다 훨씬 낮다. 경제성장의 가장 중요한 통계에서도 멕시코는 뒤처져 있다. 생산성 향상, 즉 새로운 기술과 더 나은 경영관리 방법으로 더 적은 투입을 하고도 더 많은 경제 성과를 내는 것은 건전한 경제의 표식이다. 하지만 멕시코의 생산성은 이 시기 동안 꾸준히 침체되거나 하락하고 있다.[6]

그 결과, 멕시코는 중진국 함정에서 결코 벗어나지 못했다. 사실, 이 시기 동안 다른 국가들이 이룬 성장을 고려하면 멕시코는 점점 더 뒤처지고 있다. 그 과정에서, 멕시코는 세계적 영향력도 잃어버렸다. 여러 지표를 봐도 멕시코인들의 삶의 질은 떨어졌고, 인구의 절반은 가난 속에서 살고 있으며, 범죄가 걷잡을 수 없이 만연해 있다. 오늘날에는 멕시코가 제2의 대만이 될 수도 있었을 거라는 생각이 어이없는 말처럼 들릴 것이다. 마냐나(내일)는 이미 왔지만, 멕시코의 기적은 실현되지 못했다. 높은 희망에도 불구하고, 멕시코는 덫에 갇혀버렸다.

나는 이와 같이 격차가 벌어진 이유 중 큰 부분이 바로 앞서 설명한 상황들 때문이라고 생각한다. 전환기 멕시코의 노동력은 전반적으로 인적 자본의 교육 수준이 낮았다. 2000년대 초반 공장 일자리가 사라지기 시작했을 때, 멕시코의 노동력 가운데 30%만이 고등학교 교육 이상을 받은 상태였다. 당시 평균적인 노동자들은 8년 정도 교육밖에 받지 못했다.[7]

더 자세히 말한다면, 중국과 마찬가지로 멕시코의 인적 자본은 심각하게 양극화되어 있었다. 멕시코에는 수준 높은 21세기 교육을 받은 사람들이 있었다. 전환이 일어났을 때 그들은 대부분 일자리를 찾을 수 있었다. 하지만 노동력 중 대다수는 중학교 수준의 기술밖에 가지고 있지 않았다. 심지어 오늘날에도 멕시코 인구의 교육 분배 수준은 두 극단으로 나뉘어 있다. 한 그룹은 평균 15년의 교육을 받고, 다른 그룹은 8년 이하 교육을 받는다. 이러한 교육의 양극화는 노동의 양극화로 이어졌고, 이후 중국의 미래에 도사리고 있을 수도 있는 바로 그 위험한 경제적·사회적 영향을 촉발시켰다.[8]

2000년대 초반 멕시코에서 공장을 철수시킨 투자자들은 임금 상승 외에도 다른 이유가 있었다고 말한다. 그들은 멕시코 노동력의 낮은 교육 수준 때문에 멕시코에 공장을 유지하면서 공장을 업그레이드시킬 만한 가치가 없다고 판단했다는 것이다. '평균적인' 노동자들이 중학교 졸업자 정도 기술력밖에 가지고 있지 않다는 것을 고려하면, 놀라운 일이 아니다. 그 노동자들이 공급망에서 상향 이동하거나 화이트칼라 일자리에서 일할 것으로 어떻게 기대할 수 있겠는가? 더 나은 기술을 가진 사람들이 있는 다른 많은 지역을 선택할 수 있는데, 왜 투자자들이 멕시코에서 새로운 사업을 시작하겠는가?[9]

공식 일자리에서 배제되자 많은 멕시코 사람이 비공식 분야에 의존하는 선택을 할 수밖에 없었다. 실제로 20년 넘게 멕시코의 비공식 분야는 꾸준하게 성장하고 있다. 멕시코에서 많은 공장이 대량으로 빠져나가기 시작하던 바로 그때 비공식 분야 취업이 늘어났고, 그 후 급증했다. 1998년부터 2013년까지 이 분야의 취업률은 무려 115%나 증가했다. 오늘날에는 멕시코 인구의 절반이 비공식 분야에서 일하고 있다. 가난한 지역은 더 심각하다. 멕시코의 가장 가난한 주(치아파스)에서는 인구 중 80%가 비공식 분야에서 일한다.[10]

2003년 〈마더 존스Mother Jones〉의 기사는 공장들이 갑자기 문을 닫자 사람들이 선택한 길을 보여주었다. 펠라 콘트레라스(50세)가 1998년 소니Sony 공장에서 해고되었을 때(소니가 공장을 중국으로 옮겼을 때), 그녀에게 남은 유일한 선택지는 그 지역의 벼룩시장에서 타코와 공예품을 팔기 시작하는 것뿐이었다. 이전에 공장들이 빼곡히 들어서 있던 국경마을 누에보 라레도에서 공장들이 대량으로 빠져나가면서 중심가에는 노점상들과 몇 페소라도 받아내기 위해 걸레를 들고 자동차 창문을 닦는 사람들이 급속하게 늘어났다. 이것이 멕시코에서 급증한 비공식 분야 노동자들의 삶이다.[11]

비공식 분야가 확대된 것은 멕시코의 경제를 끌어내린 가장 중요한 요인 중 하나였다(혹은 가장 가파르고 미끄러운 미끄럼틀이었다고 할 수 있다). 영향력 있는 경제학자인 미주개발은행의 산티아고 레비 Santiago Levy와 하버드 대학교 교수인 대니얼 로드릭Daniel Rodrik 은 비공식 분야가 커진 것이 멕시코 경제가 활력을 잃게 만든 주요한 요인이라고 주장했다.

비공식 분야는 공식 분야보다 훨씬 비효율적이고, 공식 분야를 심각하게 망가뜨리며, 사회안전망도 약화시킨다. 1998년부터 2013년까지 누적으로 115%나 급증한 멕시코의 비공식 분야 고용은 같은 시기 공식 경제의 성장률 6%보다 훨씬 높았다. 비공식 분야에 세금을 부과하기는 훨씬 어렵기 때문에, 비공식 분야는 멕시코 정부가 사회적 문제를 해결하거나 장기 투자에 쓸 정부 세수가 급격히 감소하게 만들었다. 예를 들면 치아파스주에서 현지 주민의 80%가 비공식 분야에서 일한다는 사실은 주 정부가 예산 가운데 고작 1.5%만을 세금에서 걷을 수 있다는 의미다. 그 결과, 수많은 비숙련 인력 사이에서 작동하는 힘에 의해 경제가 중대한 하향 압박을 받게 되는 것이다.[12]

멕시코의 문제는 거기서 끝나지 않는다. 예상대로, 멕시코 경제에서 배제된 많은 사람이 범죄로 눈을 돌렸다. 2000년부터 2010년까지 가게 절도와 상납 강요가 급격하게 늘어났다. 2007년부터 2014년까지, 이 나라 곳곳에 퍼진 폭력으로 희생된 사람의 숫자가 15만 명을 넘었다. 이는 같은 기간 아프가니스탄과 이라크에서 사망한 민간인 숫자보다 많다. 멕시코의 살인사건 비율은 미국보다 3~4배 더 높다(미국의 살인사건 비율도 세계에서 높기로 유명하다). 오늘날 멕시코는 혁신과 기술의 질이 아닌, 범죄조직이 저지르는 폭력의 공포로 더 유명하다.[13]

범죄에 의존하게 되는 동기는 명백하게 강력하다. 2003년 누에보 라레도 마을에서 해고되었을 때 브라울리오 파본이 가족을 먹여 살리기 위해 할 수 있는 일은 밤새 교차로에 서서 걸레를 들고 자동차의 창문을 닦는 것밖에 없었다. 해고된 많은 사람이 이런 비공식 부문의 일에 의존하는 동안 더 많은 사람이 공식 제도의 더욱 바깥쪽으로 밀려나고 있음을 그는 느꼈다. 그때 파본은 말했다. "당신들은 내가 강도가 되도록 떠밀고 있어." 당연히 그의 마을에서도 비공식 분야에서 일하는 사람이 늘어났고, 그와 동시에 범죄 발생률도 높아졌다. 그렇게 힘든 시기에는 갱단에 가입하는 것도 이해가 되기 시작하는 선택지 중 하나였다.

미초아칸주는 폭력적인 조직범죄가 대규모로 일어나는 것으로 유명하다. 이곳에서는 저숙련 노동자가 비공식 분야에서 한 달 내내 힘들고 불안정한 일을 해도 한 달에 175달러를 벌기 어렵다. 하지만 같은 노동자가 현지 갱단을 위해 일한다면 3배를 더 벌 수 있다.[14]

경제와 삶의 질에 미치는 영향은 파괴적이었다. 멕시코에서는 높은 수준의 폭력 때문에 많은 사람이 안전을 위해 떠밀리듯 이주해야 했다. 치솟는 범죄 발생률은 투자를 억누르고 서비스 분야 소비를 감소시키며, 많은 경우 사람들을 노동시장에서 밀어냈기 때문에 실업률은 더욱 높아졌다. 정부는 이에 대처하고 만회하기 위해 헤아릴 수 없이 엄청난 비용을 부담해야 했다. 어쩔 수 없이 성장을 위한 투자에 써야 하는 돈을 가져다 충당해야 했다. 범죄율이 오르고 마약 거래가 늘어나면서 이와 연관되어 경찰과 다른 정부기관의 부패도 급증했다. 따라서 건전한 경제의 기반이 될 수 있는 법치주의를 유지하는 것도 훨씬 힘들어졌다.[15]

결과적으로, 멕시코 노동력의 양극화는 무시무시한 하향의 악순환을 촉발시켰다. 그로 인한 영향이 너무 커서, 또 너무 많은 사람이 이 불확실한 상황에 갇히면서, 멕시코 역시 덫에 갇혀버렸다. 그 정점에 몇 개의 좋은 기업과 고숙련 인력이 있는 것은 중요하지 않았다. 구조적 실업 상태의 힘은 너무나 강력했다.

지금까지 멕시코 이야기를 했지만, 다른 많은 국가도 비슷한 길을 갔고, 인적 자본의 토대가 불충분해 매우 비슷한 힘이 작용했다. 브라질의 정체는 거대한 비공식 경제와 심각한 수준의 조직범죄를 촉발시켰다. 남아프리카공화국도 마찬가지다. 터키도 그 방향으로 나아가고 있다. 태국은 중진국 함정에서 빠져나오지 못하고 있으며, 경제는 비공식 분야로 채워지고, 공식 분야의 성장을 촉진시키려는 체계적인 노력을 약화시키고 있다. 중국이 그 길을 피할 수 있을지는 지켜봐야 한다.

중국은 어떠한가?

———

내가 프레젠테이션에서 이런 주장을 할 때마다, 이 부분에서 똑같은 반론을 듣곤 한다. "중국과 멕시코는 너무 다릅니다." "중국에서는 이런 일이 일어날 리 없습니다." "중국 농촌의 노동자들은 결코 범죄에 의존하지 않을 겁니다!"

멕시코와 중국은 근본적인 차이가 있는 것이 사실이다. 멕시코의 치솟는 범죄율은 미국의 수익성 좋은 마약 시장이 가까이 있기 때문이기도 하다. 최근에는 점점 커지고 있는 오피노이드(마약성 진통제) 위기로 인해 더욱 심각해지고 있다. 이런 것은 중국이 마주하게 될 요소가 아닐 것이다. 게다가 멕시코와 중국 사이에는 많은 사람이 매우 중요하다고 믿고 있는 문화적 차이도 물론 존재한다. 하지만 전반적으로 나는 멕시코(그리고 브라질과 남아프리카공화국)를 중진국 함정에 빠트린 그 힘이 중국 역시 같은 상황에 쉽게 빠트릴 수 있다고 믿는다. 이는 문화적인 문제가 아니라 경제적인 함정이다. 잊지 말자. 아무리 중국과 멕시코의 문화가 근본적으로 다르다고 해도 삼합회(중국식 폭력조직)는 수천 년 전에 등장한 이후 줄곧 존재해왔다.

중국은 범죄나 폭력조직에 의존하게 만들 가능성이 높은 또 한 가지 중요한 문제를 안고 있다. 바로 약 4000만 명의 잉여 남성이다. '잉여 남성'이란 무엇인가? 많은 사람이 아는 것처럼 오랫동안 중국의 인구는 한 자녀 정책을 통해 철저하게 축소되었다. 덜 알려진 사실은 이 정책이 출산율에서 극적인 남녀 성비 불균형을 가져왔다는 것이다.

이 격차는 1979년 한 자녀 정책이 시행된 직후부터 나타나기 시작했는데, 이유는 여러 가지가 있다. 중요해 보이는 한 가지 이유는 중국 농촌에서 전통적으로 아들을 선호하기 때문이다. 중국의 많은 지역에서 한 가정당 한 아이만 낳을 수 있게 하는 한 자녀 정책이 점점 더 구속력을 갖게 되자, 농촌 지역의 많은 가정에서 새로운 초음파 검사 기술을 이용해 태아의 성별에 따라 낙태를 하게 되었는데, 높은 확률로 여아인 태아를 낙태시켰음을 연구를 통해 알 수 있다. 이 행위는 공인되지 않았고, 이후 법적으로 금지되었지만, 매우 광범위하게 행해졌으며, 전 세대의 인구 구성에 심각한 영향을 미쳤다. 출생 기록에 따르면, 2000년에는 여아 100명당 120명의 남아가 태어났다. 이 비율은 이후 10년 동안 거의 변하지 않은 채 지속되었다.[16]

이런 정도의 격차가 만들어내는 결과는 상상하기도 어렵다. 이 아이들이 자라면, 그 자체로 위험한 사회적 동력이 될 수 있다. 이 아이들 가운데 많은 수는 이미 성년이 되었다. 가장 큰 성별 격차를 보이는 출생 집단 역시 성년이 다 되어간다. 그들은 혼인 가능 연령이 되고 있으며, 그 숫자만 봐도 엄청난 규모의 남성이 남을 것이다. (가정적 조건을 계산하는 데 사용된 예측의 차이 때문에) 측정치가 조금씩 다르지만 4000만 명 정도의 남성이 아내나 가족을 가질 수 없다는 것을 확실히 알 수 있다.

이는 앞으로 중국의 안정에 커다란 연쇄작용을 일으킬 수 있다. 결혼하지 못한 젊은 남성들은 환경과 무관하게 범죄에 연루되거나 범죄조직에 들어갈 가능성이 결혼한 남성들보다 높다. 이는 범죄학에서 이미 검증된 사실이고, 오늘날 중국에서도 적용된다는 것을 여러 연구들이 보여주고 있다.

하지만 만약 중국 경제가 바닥을 친다면? 만약 이런 남성들이 일자리를 찾는 데 필요한 기술도 없고 제대로 교육도 받지 못했다면? 일자리는 사람들에게 연결되어 있다는 느낌을 주고, 어느 정도 존엄과 존중감을 주며, 공동체 안에서 지위도 제공한다. 만약 이 남성들이 일자리를 얻을 기회가 부족할 뿐 아니라 결혼 기회도 부족하다면, 그들 가운데 아주 많은 이가 범죄에 의존하는 것을 무엇으로 막을 수 있을까?[17]

이것은 먼 미래에 대한 추측이 아니다. 중국의 범죄율은 이미 오르기 시작했다. 1988년부터 2004년까지 형사 사건이 매년 14%씩 증가했다. 같은 기간 재산 범죄와 폭력 범죄 체포 건수는 거의 두 배가 되었다. 최근의 연구는 범죄율 증가의 상당 부분이 젊은 성인 인구 가운데 남성-여성의 성비 격차가 커진 것과 관련 있음을 보여준다. 심각한 성비 불균형이 가장 높은 세대가 성년이 되면서 이 추세는 계속될 것이다. 만약 경기가 침체되고 실업이 늘어나며 많은 저숙련 노동자가 공식 경제에서 배제된다면, 그 결과는 재앙적일 수도 있다.[18]

나는 중국을 돌아다니면서 예상되는 이런 흐름의 첫 부분 이야기를 이미 듣기 시작했다. 바로 지난해, 교육을 많이 받지 못했고 자신이 태어난 성에서 직장을 찾는 데 고전하고 있던 한 젊은 남성과 이야기를 나누었다. 몇 분 뒤 그는 직설적으로 나에게 만약 그가 몇 달 안에 임금을 주는 일자리를 구하지 못한다면 범죄도 고려할 것이라고 말했다.[19]

이야기는 이보다 훨씬 거대하다. 2016년 한 친구는 중국 최대

공업단지들에 가까운 남부 중국의 한 마을에 대해 이야기해주었다. 이 마을에는 중국의 많은 다른 제조업 마을처럼 특화된 산업이 있었는데, 바로 합성 물질 제조였다. 마을 전체가 비슷한 공장으로 가득했는데, 공장들은 서로 다른 시장에 납품했으며 서로 다른 품질의 물건들을 만들어내고 있었다.

친구에 따르면, 2015년부터 무언가 변화가 일어났다. 무엇이 이 특정 산업을 이런 문제에 빠뜨렸는지는 정확히 알 수 없었다. 임금은 분명히 오르고 있었고, 경제는 확실히 둔화되고 있었으며, 중국 이웃 나라들의 생산이 늘면서 중국의 사업을 잠식하기 시작했다. 이 중 한 가지 이유일 수도 있고 여러 이유가 영향을 미쳤을 수도 있지만, 이 마을에 있던 여러 공장이 갑자기 문을 닫았다. 얼마 뒤 이 마을에는 한 개의 공장만 남게 되었는데, 이 회사는 미국 기업들과 특별한 계약을 맺고 있어 마을의 다른 회사들을 문 닫게 만든 경제적 압박의 영향이 미치지 않았다. 그 회사는 계속 버티면서 이전처럼 사업을 했다.

공장들이 문을 닫기 시작하자, 일반 노동자들은 짐을 꾸려 떠났다. 전국에서 온 그들은 이 마을에 특별한 연고나 가족관계가 없었다. 그들 중 일부는 상하이로, 일부는 청두成都로, 일부는 선전深圳으로 떠났다. 다른 지역에서는 여전히 노동자들을 모집하고 있었다. 5년 전보다는 일자리를 찾기 어려워졌지만 말이다.

하지만 노동자 중 일부는 실업을 묵묵히 받아들이기가 어려웠다. 문 닫은 공장들의 매니저와 생산 라인 책임자들은 현지 사람이었다. 그들은 이 마을에서 자랐고, 자녀들이 이곳에서 학교를 다니고 있었다. 그들 중 많은 사람이 평생 고향을 떠나본 적이 없었다. 일부는 15년 넘게 이주 노동자들을 관리하고 책임지는 생산 라인 매니저와 책임자로 일해왔다. 그들은 가족을 전부 데리고 다른 지역으로 가서 새로운 일자리를 찾을 수 없었다. 그들은 괜찮은 임금을 받는 안정적인 직업을 가지고 있다 갑자기 모두 잃었고, 얼마 뒤 상황이 나아질 거라고 믿을 이유도 거의 없었다.

어느 날 긴 일과가 끝나고 막 황혼이 내려앉을 무렵, 여전히 운영되고 있던 단 하나 남은 공장의 매니저들은 공용으로 사용하는 차에 함께 타고 집으로 돌아가고 있었다. 그들은 매주 6일 매달 25일간 이런 방식으로 집에 돌아왔다. 그런데 이날 갑자기 도로에 장애물이 나타났다. 다른 공장의 해고된 매니저들과 생산 라인 책임자들이 우르르 나타나더니 자동차를 둘러싸고 말했다. "돈 내놔. 우리는 받을 자격이 있어. 우리 몫을 너희가 가져갔잖아. 앞으로 계속 우리가 일부를 나눠 가져야겠어."

1년 뒤에도 그 공장은 여전히 운영되고 있다. 하지만 오늘날 그 공장은 날카로운 철조망을 친 벽으로 둘러싸여 있다. 그것은 마치 혼돈에 둘러싸인 거대한 궁전처럼 보인다. 경비원들이 거기서 일하는 노동자들의 출퇴근 길을 매일 호위한다.

이것이 중국의 미래일 수도 있다. 멕시코와 브라질을 짓누르고 있는 힘이 중국의 일부 지역에서도 감지되고 있다. 나는 상황이 더욱 악화되어, 노동자들이 어디에도 갈 곳이 없게 되면 무슨 일이 벌어질지 너무나 두렵다.

완화
요인?

여전히 질문은 이어진다. 노동의 양극화가 정말 이렇게 큰 문제가 될까? 중국은 거대한 나라이고, 매우 수준 높은 엘리트층을 가지고 있다. 중국의 대학들은 어느 나라보다 많은 엔지니어를 배출한다. 중국의 많은 대학은 세계적으로도 우수한 수준이다. 중국은 최고 환경에서 학생들을 공부시키기 위해 다른 나라보다 많은 유학생을 해외로 보낸다.

2018년에 중국 학생들은 PISA(국제학업성취도평가)에서 세계 최고를 기록했는데, 여기에는 훨씬 광범위한 시민이 포함되어 있다. 세계적으로 중국이 교육을 매우 중시하는 국가로 볼 만한 충분한 이유가 있다. 이 모든 요소에 근거하면, 제대로 교육받지 못한 많은 사람의 역할 없이도 중국이 그럭저럭 헤쳐나갈 수 있지 않을까 생각하는 사람도 많다. 물론 많은 사람이 앞으로 몇십 년간 구조적 실업 상태에 있을지 모르지만, 중국의 엘리트들은 경제에 활력을 불어넣고 나머지 노동력을 함께 끌고 갈 만큼 강하지 않은가?

아쉽게도, 그렇게 될 것 같지는 않다. 중국에는 잘 교육받고 활력 넘치는 엘리트 계층이 있지만, 최소한의 교육만으로 버텨온 사람이 훨씬 많다. 앞에서 살펴본 것처럼 오늘날의 노동력 가운데 3억 혹은 그 이상이 고등학교에 다니지 못했다는 것을 우리의 데이터가 보여준다. 그들에게 의존하고 있는 가족까지 계산에 넣는다면, 그 숫자는 5억 명에서 6억 명이 넘을 수도 있다. 내가 앞에서 설명한 이 모든 이유 때문에, 나는 느려진 성장세와, 일자리 감소와 사라지는 희망 속에서 마음을 진정시키려 애쓰고 있는 사람들이 말 그대로 너무나 많다고 생각한다.

만약 중국이 곧 구조적으로 실업 상태가 될 노동자들에게 직접 돈을 지불할 수 있다면 상황이 달라질 수도 있을 것이다. 최근 몇 년간 가능한 해법으로 주목받았던 정책 아이디어 중 하나가 바로 보편적 기본소득 개념이다. 이런 정책은 국가에 있는 모든 시민이 그들이 생존하고 가족을 부양하는 데 필요한 최소한의 돈을 제공받도록 보증하는 것이다.

이론대로라면 엘리트들이 받는 과도한 소득의 일부를 가져다 사회의 가장 가난한 사람들에게 줌으로써 21세기 성장의 불평등을 완화하는 데 도움이 되고, 파산 상태에 빠지지 않게 해주며, 사회적·정치적 화합도 도모할 수 있다. 실제로 일부 국가들은 이런 정책을 실행하는 것에 대해 진지하게 논의하기 시작했다. 핀란드는 얼마 전 높은 수준의 파일럿 프로그램에 착수했고, 그 결과가 막 나오기 시작했다. 현실 세계에서 이 정책의 유효성이 아직 입증되지는 않았지만, 보편적 기본소득은 미래에 중요한 정책 도구가 될지도 모른다.

아쉽게도, 이런 방식의 정책은 부유한 선진국에서나 상상할 수 있다. 중국은 오늘날 세계에서 두 번째로 큰 경제대국이기 때문에 일부 사람들은 중국을 부유한 나라라고 생각한다. 하지만 1인당 국민소득을 보면, 중국은 분명히 중진국이다. 세금 구조를 살펴보면, 중국은 경제적 어려움에 처한 3억 명의 사람을 지원해줄 만큼 충분한 정부 세수를 가지고 있지 않다. 중국의 엘리트가 얼마나 강하든, 단기간에 이런 기본적인 현실을 바꿀 만큼 충분한 경제적 성장이 일어나기는 어려울 것이다.

스페인과 포르투갈(그리고 그리스)이 그 법칙을 증명해주는 예외 사항일지도 모른다. 스페인과 포르투갈이 몇십 년간의 독재에서 벗어났을 때 그들의 1인당 GDP는 중진국 정도였다. 오늘날에는 물론 분명히 고소득 국가 범주 안에 들어간다. 그렇다면 무슨 일이 일어난 것인가? 그 나라들은 내가 이 책에 제시한 길을 따라, 고소득 국가로 성장해가는 발전 경로에서 충분히 일찍 인적 자본을 축적했는가?

그렇지 않다. 사실, 1980년대 초반에 스페인, 포르투갈, 그리스의 인적 자본 수준은 오늘날 중진국 함정에 빠져 있는 나라들과 비슷했다. 1980년 상황에서 스페인, 포르투갈, 그리스의 노동자 중 고등학교 교육을 받은 사람은 절반에도 훨씬 못 미쳤다. 하지만 오늘날 스페인, 포르투갈, 그리스는 고소득 국가다. 그들은 무언가 다른 경로를 통해, 낮은 인적 자본에도 불구하고 미끄럼틀과 사다리 게임에서 승리한 것처럼 보인다.

그렇다면 이 나라들은 강한 인적 자본 없이도 변화를 만들어냈는데 왜 브라질, 터키, 멕시코는 불가능했는가? 물론 이유는 복잡하다. 하지만 나는 이 국가들이 고소득 국가가 될 수 있었던 가장 중요한 이유는 바로 유럽연합EU 가입을 통해 다른 회원국의 도움을 받았기 때문이라고 여긴다.

EU는 20세기 말 새로 가입한 남유럽 국가들에 엄청난 보조금을 제공했다. 스페인, 포르투갈, 그리스는 여전히 중진국이었고 어려움을 겪고 있던 국민들을 지원할 세수가 없었지만, EU가 그 간극을 메우도록 도와주었다. 그 보조금은 이 국가들이 교육에 투자할 수 있도록 해주었고, 노동력의 인적 자본을 점진적으로 향상시킬 수 있게 해주었다. 수익성이 좋은 EU 시장과 경제적으로 통합되어 GDP를 끌어올렸다.

일자리 양극화의 영향은 어땠는가? 스페인과 포르투갈이 전환기에 인적 자본이 그렇게 낮았다면, 그들 나라에서는 왜 비공식 고용과 실업자가 증가하고 범죄율 상승이 막 발전하기 시작한 경제를 끌어내리는 일자리 양극화의 '미끄럼틀'에 걸리지 않았을까? 왜 멕시코, 브라질, 남아프리카공화국처럼 비공식 부문과 범죄에 빠지지 않았을까? 왜 구조적 실업 상태의 시민이 그렇게 많은데도 문제가 없었을까?

일단, 그 나라들은 높은 실업률을 안고 있다. 25세 이하 실업률이 35% 정도다. 하지만 실업 상태의 청년들에게 돈을 주는 방식으로 경제적·사회적 비용을 극복할 수 있었다. EU 가입으로 구조적 실업 상태의 사람들에게 실업 지원을 해주어, 사람들이 공식 부문 바깥(혹은 범죄)에서 일하는 것을 막았다. 그들은 EU 회원국 자격에 근거를 두고 엄청난 비용을 들여 정부 보조금을 제공해, 내가 중국에 대해 설명했던 그 위험한 시나리오를 피했다. 그런 일이 일어나지 않게 하려면 이런 것이 필요하다.[20]

(엄청난 인구를 가지고 있고 부유한 연합의 회원도 아닌) 중국은 분명 똑같은 일을 해낼 만큼 여유가 없다. 2억~3억 명의 실업자가 생길

수 있는(그리고 그들의 가족까지 합치면 5억 명 이상이 되는) 상황에서, 그 비용은 분명 엄청날 것이다. 그리고 가까운 미래 어느 시점에 이런 상황이 바뀌지는 않을 것이다.

국제적
파급 효과

———

중국은 곧 함정에 빠질 가능성이 매우 높다. 중국은 거대한 국가이고, 10억 명이 넘는 사람의 삶의 터전이다. 만약 중국이 혼란 속에 던져진다면, 세계 인구 중 5분의 1이 위험에 빠질 것이다. 세계적으로 고통을 겪는 사람의 비율이 빠르게 그리고 극적으로 상승할 것이다. 이 최악의 시나리오가 현실화된다면, 사회적·경제적 파급 효과는 중국의 국경 안에서 끝나지 않을 것이다.

지난 몇십 년 동안 중국은 세계 다른 국가들의 성장 엔진 역할을 했다. 중국 노동자들은 산업 전반을 움직이게 했고, 중국 소비자들은 전 세계 사업을 지탱했다. 만약 중국 경제가 침체된다면, 중국은 더 이상 그 역할을 하지 못하게 될 것이다. 중국의 경제가 둔화된다면 앞으로 몇십 년간 전 세계 시장에 큰 손실을 끼치고, 세계 많은 국가에 영향을 줄 것이다. 중국의 많은 무역 상대가 난관에 빠지고, 전 세계적 불황이 일어날 가능성도 있다.

그로 인한 잠재적인 정치적 대가는 심지어 더 위험할 수 있다. 발전경제학자로서, 나는 정치적으로 무슨 일이 일어날지 예측할 위치에 있지 않다. 하지만 다른 사람들도 그런 걱정을 하고 있다.

언론인 하워드 프렌치Howard French는 최근 출판한 책에서 현재 중국 지도부 아래에서 경제적 곤경이 특히 심각한 정치적 파문을 일으킬 수 있다고 설득력 있는 주장을 펼쳤다. 그는 오늘날 중국 공산당CCP이 정통성을 유지하기 위해 두 개의 주요한 요소에 의존해왔음을 보여준다. 바로 빠른 경제성장과 민족주의다. 민족주의는 일반인들 사이에서 매우 인기가 있고, 신중히 관리된 대중적 메시지 캠페인을 통해 유지되고 있다.[21]

만약 그 정통성의 기둥 중 하나인 지속적이고 빠른 경제성장이 돌이킬 수 없게 무너진다면 어떤 일이 일어날 것인가? 프렌치는 중국공산당이 더 많은 애국주의 열정을 부추기는 것 말고는 정통성을 강화할 다른 방법이 없다고 느낄 것으로 예상한다. 만약 중국 경제가 실제로 하락하기 시작해 사람들이 분노하면, 중국공산당은 댜오위다오(센카쿠열도)를 장악하기 위해 처음으로 공공연한 군사행동을 일으켜 위협으로 성공을 거둘 때가 왔다고 결심할 수도 있다. 일본과의 전쟁 위험을 불사하는 것을 누가 막을 수 있을까? 일본이 아니라면 어디가 될까? 남중국해와 동중국해에서 오랫동안 끓고 있던 갈등들이 마침내 폭발해, 우리 모두에게 영향을 미칠 군사적 결과가 벌어질 수도 있다. 지금은 단지 가능성으로만 존재하지만, 이것을 진지하게 고려해야 한다.

나는 분명히 이런 일이 일어나지 않기를 바란다. 나는 중국 지도자들의 개혁 가방 안에 마법이 남아 있어, 그들이 이런 재앙적 시나리오를 피할 해법을 마련할 거라고 진심으로 믿고 있다. 하지만 한편으로 중국이 멕시코의 길로 갈 수 있고, 중국 국내외에 파괴적인 결과를 일으킬 잠재력이 있다고 강하게 주장한다. 진정으로 그럴 가능성이 있음을 안다면, 중국 최고 지도자들이 시간이 바닥나기 전에 행동에 나서게 만드는 충분한 동기가 될 것이다.

4장

중국은 어떻게 여기에 이르게 되었나

INVISIBLE CHINA

세계는 점점 더
두 개의 범주로 나뉘고 있다.
잘 교육된 나라와 그렇지 못한 나라.
중국은 분명 후자에 속한다.

2015년 기준 중국의 노동 가능 인구 중 70%가 고등학교를 졸업하지 못했다. 이는 중국의 인구가 그 어떤 중진국보다 그리고 심지어 많은 저소득 국가보다 교육을 덜 받은 상태라는 뜻이다. 예를 들면 같은 해 남아프리카공화국 인구 중 58%만이 고등학교를 마치지 못했다. 필리핀에서는 42%만이 고등학교를 마치지 못했다. 세계는 점점 더 두 개의 범주로 나뉘고 있다. 잘 교육된 나라와 그렇지 못한 나라. 중국은 분명 후자에 속한다.[1]

중국이 이렇게 많이 뒤처져 있다는 것을 믿기 힘들 수도 있다. 뉴스를 보면, 오히려 중국은 교육에 엄청나게 집착한다고 생각될 것이다. 중국의 언론 보도는 중국 학교의 엄청난 학업 부담과 거대한 과외 산업, 심지어 유치원생 정도 어린아이들을 위한 수학 경시대회의 인기와 같은 이야기들로 가득하다. 중국 상하이는 2012년에 열다섯 살 학생들을 위한 OECD 시험 프로그램이자 PISA라고 불리는 국제학업성취도평가에서 다른 나라 학생들보다 훨씬 높은 성적을 기록한 것으로 유명하다. 2018년에 중국 청소년들은 PISA에서 다시 한번 최고 성적을 기록했다. 심지어 서구에서도 중국인 커뮤니티는 뛰어난 학업 성적에 대한 헌신으로 유명하다. 어떻게 원조 '타이거 맘tiger mom'의 온상이 교육을 강조하지 않을 수 있겠는가?[2]

중국에서 살고 일하는 사람들조차 이 통계를 믿기 어려울 수 있다. 중국 도시들에서는 어디를 봐도 체육복 교복을 입고 책으로 가득 찬 가방을 멘 채 학원과 학원을 오가는 고등학생들을 볼 수 있기 때문이다. 도시에 사는 중국인이라면 누구나 중국 청소년들이 자유시간 대부분을 공부에 쓴다고 말할 것이다. 사실 고등학교가 문제가 아니다. 거의 모든 중국인이 대학에 가는 것처럼 보일 것이다. 매년 새로운 대학이 전국 곳곳에서 생겨나고, 기존 대학들도 더 많은 학생을 받고 있다. 전 세계 대학들은 외국에서 공부하기를 원하는 중국 학생들을 유치하려고 애쓴다.

이런 믿음은 중국 도시 곳곳에 퍼져 있다. 몇 년 전 중국 도시의 학교들에서 현지 조사를 한 호주의 인류학자는 이렇게 썼다. "내가 이 연구를 시작하기 위해 중국에 왔을 때, 한 방에 가득 차 있던 중산층과 상류층 학부모들은 내가 중국의 청소년 문화에 관심이 있다고 하자 크게 웃으며 이렇게 말했다. '모든 중국 청소년은 (대학 입학시험 준비를 하느라) 공부하는 것 외에는 아무것도 하지 않아요.' 그들은 나에게 참을성 있게 설명해주었다. '이곳에 청소년 문화 같은 것은 없어요!'"[3]

그렇다면 왜 우리의 가정이 틀렸는가? 어떻게 중국은 훨씬 더 가난해 보이는 남아프리카공화국이나 필리핀보다 교육에서 더 뒤처져 있을 수 있는가? 우리가 '필연적인 슈퍼파워'라고 그렇게 수없이 듣고 있는 중국이 그토록 중요한 성공 요소에서 이렇게나 뒤처져 있을 수 있는가?

이 질문에 대한 답은 몇 년 전으로 시계를 돌려야 알 수 있다.

시간이
충분하지 않다

———

리지에는 1980년대 후반과 1990년대 초반 쓰촨성四川省의 산악 지대에서 자랐다. 그는 벼농사를 짓는 농부의 아들이었다. 낮에는 학교에 다녔고 저녁에는 공상을 하며 지냈다. 그의 어머니는 그가 농사일 돕는 것을 허락하지 않았다. 그녀는 장남이 공부하는 데 시간을 쏟아 그녀가 놓쳤던 기회들을 잡을 수 있기를 바랐다.

리지에가 처음 학교에 다니기 시작했을 때, 그는 마을에 있는 초등학교에 입학했다. 그곳은 공립 학교였지만, 이 시기에 중국의 공립 학교는 여전히 학비를 받고 있었다. 그의 학비는 가족에게 커다란 경제적 부담이었지만, 그가 학교에 계속 다닐 수 있도록 부모는 열심히 일했다. 그들은 이렇게조차 할 수 없는 많은 다른 가족이 있다는 것을 알고 있었다.

리지에는 초등학교에서 우수한 성적을 거두었다. 그는 특히 수학에 재능이 있었다. 4학년 때 어느 날 선생님이 그에게 우주에 대한 책을 빌려주었는데, 그는 여기에 매료되었다. 그의 이야기에 귀기울여주는 모든 사람에게 그는 중국의 첫 번째 우주 비행사가 될 것이라고 말했다. 그가 미래의 우주 유영에 대해 이야기할 때마다 어머니는 웃으며 그의 머리를 쓰다듬어주었다. 그는 반에서 최고 성적으로 초등학교를 졸업했다.

리지에가 중학교에 입학하기 몇 개월 전, 어머니가 시장에 갔을 때 그의 아버지가 그를 집으로 불렀다. 아버지는 두 개의 의자를 들고 와서, 해바라기씨가 담긴 작은 접시를 가운데 둔 뒤, 양쪽에 의자를 놓고 아들에게 앉도록 했다. 아버지는 해바라기씨 껍질을 이빨로 깨물면서 아들의 눈을 피했다. 아버지는 리지에에게 그를 중학교에 보낼 돈이 없다고 솔직하게 말했다. 중학교도 공립학교였으나 역시 학비를 내야 했다. 학비가 부모의 예상보다 비쌌고, 학교가 집에서 먼 곳에 있었기 때문에 기숙사비까지 부담해야 했다. 학비 외에 식비와 기숙사비, 게다가 교재비까지 합치면 돈이 너무 부족했다.

리지에는 충격을 받았다. 그는 여러 해 더 학교 교육을 받지 못하면 우주 비행사는 물론 과학자도 될 수 없다는 것을 알고 있었다. 그는 아버지와 눈을 맞추려 했지만, 아버지는 창밖만 응시할 뿐이었다. "돈을 구할 방법이 전혀 없는 건가요?" 리지에가 조용히 물었다.

아버지는 한숨을 쉬고 나서 아들의 눈을 바라보며 그의 어깨 위에 손을 올렸다. "미안하다, 아들아. 사실, 지금까지 너를 교육시키느라 이미 돈을 빌린 상태란다. 이제 할머니도 편찮으시고, 약

값이 비싸서 도저히 어떻게 할 수가 없구나. 너는 일자리를 찾거나 내가 도시에 나가 일자리를 찾는 동안 이 농경지를 관리해줘야 할 것 같다."

리지에는 아버지가 말하는 동안 아버지의 얼굴을 보며, 무슨 방법이나 해법을 찾을 수 있기를 바랐다. 하지만 아무것도 없었다. 더 이상 아무 말도 할 수가 없었다. 그는 평생 학교로 돌아갈 수 없었다.

안타깝게도, 리지에와 같은 사례는 너무나 흔하다. 이는 먼 옛날이 아니라 1980년대 이야기다. 그리고 이 최근 역사는 현재 중국의 인적 자본 격차로 이어진다.

중국이 오늘날 인적 자본 문제를 안고 있는 가장 중요한 이유 중 하나는 간단하다. 그것은 역사적 사실이다. 간단히 말하면, 중국은 거대한 나라이고, 아주 빠른 속도로 성장했으며, 전국의 인적 자본 수준을 바꾸려면 오랜 시간이 걸린다.

중국이 가난한 나라였던 것은 그렇게 오래전 이야기가 아니다. 최근 급격한 성장을 이루기 전까지, 중국은 세계 다른 모든 가난한 국가처럼 교육률이 낮았다. 인구 대부분이 겨우 생계를 유지할 정도의 작은 농지에 의지해서 살 때는 높은 수준의 교육이 필요 없었다. 리지에의 아버지는 초등학교 교육만 받았고, 그의 어머니는 3년 교육을 받은 뒤 중퇴했으며, 그의 할아버지는 완전히 문맹이었다. 그것이 오랫동안 중국 농촌이 지내온 방식이었다. 그런 부족한 교육이 그들의 경제적 전망을 딱히 방해한 적도 없었다.

지난 몇십 년 사이 중국 경제에 급격한 변화가 일어났다. 하지만 그렇게 많은 시간이 지난 것은 아니다. 그런데 이렇게 거대한 인구의 교육 능력을 향상시키려면 오랜 시간이 필요하다. 재원을 늘리고, 학교를 짓고, 교사를 교육하고, 사람들이 교실로 오도록 해야 한다. 모든 자원이 갖춰지더라도, 한 집단의 아이들이 고등학교 교육까지 마치려면 최소 12년이 필요하다. 이런 변화가 경제에 영향을 미치는 데는 훨씬 더 긴 시간이 걸린다. 게다가 전체 노동력의 인적 자본 수준을 높이려면, 교육이 광범위하게 보급되기 전에 성년이 된 나이 든 세대가 포함되어 있기 때문에, 모든 일이 제대로 진행되더라도 최소한 45년이 걸린다. 중국은 말 그대로 시간이 부족했다.

중국만 이 문제에 부딪힌 것은 아니다. 성장의 빠른 속도와 교육 수준을 높이는 데 걸리는 긴 시간의 격차는 현대 중진국 함정의 중요한 부분이다. 세계화와 빠른 속도로 이동하는 저숙련 제조업의 발전 사다리 덕분에, 오늘날에는 빈곤국이 아주 빠른 속도로 성장할 수 있다. 한 국가가 발전 게임판 맨 밑에서 중위 소득 구간까지 뛰어 올라오는 데 몇십 년이면 충분하다. 하지만 인적 자본의 축적이 그 빠른 발전 속도에 맞춰 따라가지 못한다면(혹은 그보다 앞서지 못한다면) 더 이상 경쟁할 수 없고 치명적인 함정에 갇혀버린다.

하지만 우리가 살펴본 것처럼, 일부 국가들(즉, '졸업자들')은 이 간극을 메우는 데 성공했다. 이 함정을 피하는 열쇠는 노동시장이 필요로 하기 전에 전체 인구를 대상으로 교육이 빠르게 확대되도록 정부 고위층이 우선순위를 두는 것이다.

그렇다면 왜 중국에서는 그런 일이 일어나지 않았는가? 차이점은 바로 오랜 시간 중국 정부가 교육을 전혀 중시하지 않았기 때문이다. 오히려 정반대였다. 마오쩌둥毛澤東은 중국을 27년간 통치했는데, 그 가운데 오랜 기간 인적 자본 축적을 약화시킬 행동을 적극적으로 했다. 예를 들면 10년에 걸친 문화대혁명(1966~1976) 기간에 정치적 이유로 모든 대학과 대부분의 인문계 고등학교의 문을 닫았다. 사회적으로 많은 고학력자를 조직적으로 모욕했고, 침묵하도록 강요했다. 농촌 지역에서는 새로운 학교들이 생겨났지만, 그들이 가르친 것은 수학, 중국어 혹은 영어가 아닌 (공산주의 정치사상에 대한) 마오쩌둥의 소홍서小紅書였다.[4]

그다음 지도자였던 개혁가 덩샤오핑鄧小平 아래에서도 대규모 교육, 특히 중등 교육은 후순위에 있었다. 덩샤오핑이 집권하고 10년이 흐른 1988년에 고등학교 진학률은 그가 처음 정권을 잡았던 1978년보다도 낮았다. 1990년까지도 중국 어린이 가운데 60%만 중학교에 진학했다. 가난한 농촌 지역에서는 리지에 같은 많은 아이가 그들의 가족이 원하는 정도의 교육을 받지 못했다.[5]

리지에와 그의 가족이 발견한 것처럼 높은 교육비가 가장 큰 문제였다. 이 시기 동안 공공 교육은 의무가 아니었고(그렇기 때문에 대부분의 선진국과 달리 아이들은 중요한 이유 없이도 원할 때 학교를 그만둘 수 있었다), 학교에 다니려면 돈이 필요했다. 초등학교와 중학교에 다니려면 학생들은 종종 꽤 비싼 수업료를 부담해야 했다. 농촌, 특히 가난한 지역에서는 수업료가 가족이 부담하기에 너무 비쌌다. 그래서 (리지에처럼) 많은 아이가 교육을 받을 수 없었다.

이런 정책을 선택한 영향은 아직도 남아 있다. 1970년대, 1980년대 그리고 1990년대에 중국은 거의 모든 다른 중진국보다 고등학교 교육에 훨씬 적은 돈을 투자했다. 그 결과는 이후 오랫동안 계속된 낮은 교육 수준으로 나타났으며, 이것은 중국의 경제가 빠른 변화를 겪던 시기에도 이어졌다. 그렇기에 중국은 교육

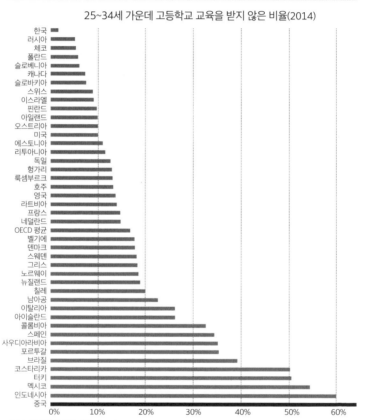

[그림 4-1] 국가별 가장 젊은 집단(25~34세)의 교육 달성률

25~34세 가운데 고등학교 교육을 받지 않은 비율(2014)

출처: 경제협력개발기구 연구진, *Education at a Glance: OECD Indicators 2015* (Paris: OECD 2015), www.oecd.org/education/education-at-a-glance-19991487.htm.

수준을 높이는 경쟁에서 (이미 빠듯했던) 소중한 시간을 잃고 말았다. 간단히 말해, 중국이 오늘날 인적 자본 위기를 겪고 있는 이유는 바로 중국이 한국이나 대만처럼 교육의 종합적 축적에 우선순위를 두는 선택을 조기에 하지 않았기 때문이다.

이는 오래된 과거 일이 아니다. 덩샤오핑은 1997년에 사망했다. 리지에는 지금 40대 초반이다. 낮은 교육률의 유산은 중국의 노동력 전반, 심지어 중국의 성인 가운데 가장 젊은 세대 일부에도 심각하게 남아 있다. OECD 자료를 근거로 한 [그림 4-1]은 성인 중 가장 젊은 집단인 25~34세 가운데 고등학교 미만 교육을 받은 비율을 나라별로 비교해 보여준다. 이 가장 젊은 그룹에서도 고등학교 교육을 받지 못한 비율이 60%가 넘는 중국은 여기에서 조사된 그 어떤 국가보다 뒤처져 있다. 이 역사적인 실수는 왜 중국이 오늘날 이런 위기를 마주하게 되었는지 잘 설명해준다.

희미한
희망의 빛

다행히도, 최근 중국 지도자들은 이런 경로를 급격하게 변화시켰다. 특히 2000년 이후 중국의 과거 여러 정부는 그 이전 어느 때보다 교육을 더 높은 수준까지 끌어올렸다. 그들의 노력은 분명 성공적이었다. 특히 출발점이 매우 낮았다는 점을 고려하면 더욱 그렇다. 오랫동안 교육비가 상승했던 시간이 지난 뒤, 2006년에 마침내 공교육이 필수가 되었고, 모든 아이가 초등학교와 중학교 교육을 무료로 받게 되었다. 2010년에는 중학교 진학이 거의 보편적이었는데, 불과 20년 전에는 60%밖에 되지 않았던 것을 감안하면 정말 인상적인 성취다.[6]

동시에 정부는 최고 수준에서 교육 기회를 늘리는 데 많은 투자를 했다. 1990년대 후반에서 2005년까지 중국의 대학 시스템은 규모가 네 배 커졌고, 계속해서 성장하고 있다. 오늘날 중국의 여러 대학은 세계 최고 수준이다. 중국 대학들은 이제 매년 700만 명의 졸업생을 배출하고, 그중 최소 400만 명은 STEM(과학, 기술, 공학, 수학) 분야에서 학위를 받고 있다. 이것은 분명 과거 대학 교육에서 볼 수 없던 가장 빠른 성장이다.[7]

대학 교육을 받은 인구의 비율을 늘리는 것은 확실히 중요한 목표다. 하지만 고등학교도 그만큼 중요하다. 내가 이 책에서 주장하는 초점은 바로 중국 아이들이 고등학교를 통해 최소한 12년간의 종합적인 교육을 받을 수 있도록 보장하는 것이다. 여기에는 이유가 있다. 오늘날 경제성장에 고등학교 교육이 특히 중요하다는 것을 보여주는 많은 증거가 있다. 예를 들면 산업혁명 이전 영국의 경제성장을 이끈 것은 '초등학교' 교육이었지만, 20세기 컴퓨터 시대가 도래한 이후부터는 고등학교(그리고 대학) 교육이 가장 중요하다는 것을 보여주는 연구가 있다. 21세기가 시작된 이래, 숙련 기술에 기반을 둔 지속적인 기술적 변화 때문에 고등학교 수준(혹은 더 높은) 교육에서 배우는 기술이 훨씬 더 중요해졌다.[8]

중국은 이 중요한 방면에서도 진전을 이뤘다. 2005년에는 중국의 15~17세 가운데 53%만이 고등학교에 다녔으나 2015년에는 고등학교 진학률이 80% 이상으로 올랐다. 10년 만에 놀라운 발전을 이뤄냈다. 중국 고등학교에 1000만 개가 넘는 자리가 만들어졌는데, 이는 역사상 가장 크고 빠른 고등학교의 확대다. 고등학교 진학률을 높이려는 노력은 지금도 계속되고 있다. 현재 시진핑 국가주석은 2020년대 초반까지 초등학교 1학년부터 고등학교 3학년까지를 보편 교육으로 만들기 위해 국가적 노력을 기울이겠다고 약속했다.[9]

이것은 아주 좋은 뉴스이고 너무나 필요한 일이지만, 중국의 인적 자본 문제는 여전히 남아 있다. 이런 빠른 교육적 추격에도 불구하고 아직 충분하지 않다.

중국에 중요한 것은 전체 노동력의 교육 정도다. 지금의 어린이나 젊은이들에게만 국한되는 것이 아니다. 노동력은 25세에서 64세까지 일하고 있는 모든 사람을 포함한다. 최근에야 가난에서 빠져나왔고, 몇십 년 동안 교육을 우선순위에 두지 않았던 지도자들 아래에서 생활했기 때문에 중국은 교육 축적에서 출발점이 매우 낮은 상황이다. 그 결과, 빠른 속도로 점진적으로 증가하고 있음에도 불구하고, 아직 전체 노동 가능 인구가 필요한 수준에 이르지 못했다. 아이들의 교육 성취가 얼마나 향상되고 있는지와 관련 없이, 나이가 많은 세대는 과거와 같은 상태 그대로다. 젊은 세대에게 기회가 확대되었다고 해도, 그들이 더 많은 교육을 받지는 않는다. 심지어 오늘날에도, 중국 노동력 가운데 65%는 마오쩌둥과 덩샤오핑 치하의 암울한 교육 시스템 아래에서 성인이 된 이들

이다.[10]

최근 몇 년간의 발전이 인상적이기는 하지만, 그것으로 충분하지 않다는 결과가 나타나고 있다. 중국이 빈곤 탈출의 첫발을 내디딘 이후 몇십 년이 지났고, 많은 아이가 전례 없는 교육을 받고 있는데도 불구하고, 노동력의 평균 교육 수준은 비교 대상이 되는 나라들에 비해 아주 많이 뒤처진 상태가 계속되고 있다. 이 역사적 유산은 최대한 빨리 해결해야 할 짐이다. 중국이 무엇을 해야 하는지 답을 찾기 전에, 우리가 어디를 봐야 하는지 먼저 알아야 한다.

근본적으로
농촌의 문제
———

중국 인적 자본 문제의 많은 부분이 오랫동안 알려지지 않았던 이유는 바로 그것이 중국에서 종종 간과되는 부분에 뿌리를 두고 있기 때문이다. 바로 광활한 내륙의 농촌이다.

중국은 세계에서 불평등이 가장 심한 나라 중 하나다. 중국에서 근본적인 격차는 농촌과 도시 지역 사람들 사이의 차이다. 중국에서 도시-농촌 격차는 세계 어느 나라보다 깊게 뿌리 박혀 있다. 개발도상국 어디든 농촌 지역 사람들이 도시에 사는 사람들보다 뒤처져 있지만, 도시-농촌 구분이 공식 정책으로 실행되고 법에 명시되어 있는 나라는 중국뿐이다. 후커우 제도 아래에서, 모든 시민은 태어나는 순간부터 농촌 또는 도시 신분을 배정받는다. 이 지위는 근본적으로 중국에서 삶의 모든 순간에 영향을 주며, 이것을 바꾸기는 대단히 어렵다.[11]

이 이야기에서 가장 중요한 것은, 한 사람이 받을 수 있는 모든 공공 서비스가 후커우에 따라 달라진다는 것이다. 예를 들면 농촌 아이와 도시 아이는 거의 완전히 분리된 교육 시스템을 통해 움직인다. 농촌 학생들은 소수를 빼면 농촌 학교에만 다닐 수 있고, 도시 아이들은 도시 학교에 간다. 농촌의 가족이 도시로 일하러 간다고 해도, 이미 수천만 명이 이렇게 하고 있음에도 불구하고, 대부분 지역에서 그들의 아이들을 도시의 공립 학교에 등록하는 것이 허용되지 않는다. 대신, 이주한 노동자 부모들 대부분은 그들의 아이들이 시골에 살면서 공립 학교에 다니도록 친척들에게 맡기거나(악명 높은 '남겨진 아이들留守兒童'의 기원이다) 그들과 함께 도시에 살지만 교육의 질이 낮고 임시 인가만 받은 이주 아동을 위한 사립학교에 보내는 방법 중 하나를 선택해야 한다.[12]

도시 아이들은 전반적으로 상황이 아주 좋지만, 농촌 아이들은 훨씬 적은 교육을 받고 있다. 중국의 인구조사 데이터에 따르면, 도시 노동력(25~64세)의 고등학교 취학률은 2010년에 44%였는데, 이는 농촌 지역 같은 연령대의 비율(겨우 11%)보다 4배나 높다.[13] 2015년 소규모 조사에 따르면, 중국 도시 아이의 97%가 고등학교에 진학하고 졸업한다. 이는 미국과 독일 아이들보다 높은 수치다.[14]

그렇지만 농촌 아이들은 뒤처져 있고, 지금도 계속 뒤처지고 있다. 2005년에 농촌 아이들은 겨우 43%만이 고등학교에 다녔다. 교육 기회를 빠른 속도로 확대하려 한 정부의 노력 덕분에 이 수치는 이후 많이 올랐다. 오늘날에는 농촌 아이들도 고등학교 진학 연령의 80%가 고등학교에 해당하는 학교에 다닌다. 다음 장에서 살펴보겠지만, 이는 보이는 것만큼 좋지는 않다. 많은 아이가 교육의 질이 낮은 직업학교에 다니기 때문이다. 그리고 여전히 매년 400만 명의 농촌 아이가 어떤 종류의 고등학교 교육도 받지 않은 채 세상에 나간다.[15]

이 격차는 특정 수준의 학교 교육에 참여하는 사람의 비율을 나타내는 교육 '성취율'에서만 나타나는 것이 아니다. 도시와 농촌의 인구는 그들이 학교에서 얼마나 '배우는지'에서도 크고 꾸준한 차이를 보여주고 있다. 예를 들어 2014년 중국 중부에서 연구팀이 조사한 결과를 보면, 농촌 초등학교 4학년 학생의 수학 성적은 도시 아이들보다 2개 학년 수준 이상 뒤처진 것으로 밝혀졌다. 이 연구는 또 학교에 다니는 아이들의 이런 격차가 매년 더 벌어지고 있음을 보여준다. 결과적으로, 농촌 아이들은 모든 면에서 뒤처지고 있는 것이다.[16]

중국의 인적 자본 위기가 농촌 사회에 뿌리를 두고 있기는 하지만, 이는 중국 국내외 모두에 영향을 미친다. 사람들이 중국에 대해 생각하거나 뉴스를 읽을 때, 그들은 보통 중국의 도시들을 떠올린다. 대부분의 기자나 외국 관광객이 가는 곳은 대도시들이다. 도시 엘리트는 전 세계에 여파를 미치는 사람들이다. 놀라운 규모로 해외 대학들에 등록하고, 산업 전반을 재편하는 기업들을 이끌며, 이전 어느 때보다 많은 전 세계를 여행하는 사람들 말이다.

중국 도시 인구가 눈에 잘 띄고 존재감이 크기는 하지만, 사실 그들은 중국의 소수다. 인구의 64%를 차지하는 대다수는 후커우 제도에서 '농촌' 지위를 가지고 있는 반면, 36%만이 '도시' 지위를 가지고 있다. '농촌' 범주는 약 6억~7억 명을 포함한다. 농촌 후커우를 가진 대부분은 여전히 농촌에 살거나 대도시 외곽에서 이주 노동자로서 살고 있다. 하지만 그들이 어디에 있든, 그들과 그들의 자녀들은 도시의 노동자나 아이들보다 훨씬 적은 교육을 받고 있다. 그런 사람이 너무 많기 때문에 중국 전체가 문제에 빠져 있다고 하는 것이다.

중국의 '미래' 경제에 더 중요한 것은, 중국의 다음 세대 중 대부분이 시골에서 자라고 있다는 점이다. 중국의 농촌은 오랫동안 도시 지역보다 출생률이 훨씬 높은 상태다. 그 결과, 농촌에 있는 다음 세대의 비율은 더 높다. 2015년 소규모 조사에 따르면, 3세 미만 어린이의 75%가 농촌 후커우를 가지고 성장하고 있다. 이 어린이들은 학습에서 더 큰 장벽에 부딪힐 것이고, 급격한 변화가 일어나지 않는다면 결과적으로 열악한 교육만 받을 가능성이 높다. 그래서 시간이 지날수록 농촌 어린이들은 중국의 전반적인 경제 전망에 점점 더 큰 영향을 미칠 것이다.

후커우 제도의 정치적 현실 때문에, 이 격차는 쉽게 좁혀지지 않을 것이다. 중국에서 '농촌'과 '도시'는 완전히 동떨어진 세계이고, 이는 세계 어느 나라보다 심각하다. 이렇게 대규모 농촌 인구가 있는 상황에서, 가난한 이들의 문제가 주변부에 머무를 수는 없다. 경제의 미래는 가장 주변부에 있는 사람들에게까지, 그들이 어디에 있든 자원을 확대해줄 수 있느냐에 달려 있다. 그런데 중국은 후커우 제도를 통해 농촌 인구를 분리하는 장벽을 쌓음으로써, 미래 노동력의 대다수를 가장 접근하기 어렵고 가장 가난하며 부모의 교육 수준도 가장 낮고(이 문제는 아이가 어떤 결과를 가지게 될지에 가장 큰 영향을 미치는 요소다) 바깥 세계와 상호작용이 가장 적은 곳에 가둬두는 방법을 선택했다. 이런 강제적인 도시-농촌 격리는 중국 인적 자본 위기의 또 다른 핵심 요인이다. 모두를 위해 이 문제는 신속하게 극복되어야 한다.

중국의 지난 두 정부는 인구 전반의 교육 기회를 확대하려고 많은 노력을 해왔다. 그 결과는 놀라울 정도지만, 그것으로는 충분하지 않다. 중국이 중진국 함정에 빠지지 않으려면 중국의 인적 자본 수준을 최대한 빨리 더 높이 끌어올려야 한다. 중국을 집으로 부르는 모든 사람과 중국의 경제적 힘과 정치적 안정성에 의지하고 있는 모든 다른 나라를 위해, 모든 아이 특히 모든 농촌의 아이는 고등학교 수준이나 그 이상 양질의 교육을 받을 수 있어야 한다.

그렇기에 이 책의 나머지 부분에서 답을 찾아야 하는 중요한 질문은 이것이다. 왜 중국의 농촌 아이들은 그렇게 뒤처지는가? 그리고 이 흐름을 바꾸려면 무엇을 해야 하는가?

마지막
장벽들

———

이제 리지에는 성인이 되었다. 그는 초등학교 이후 교육을 받지 못했기에 당연히 우주 비행사가 되지 못했다. 하지만 어쨌든 중국의 성장하는 경제 안에서 상당히 잘 지내왔다. 청소년기에 건설 현장에서 일을 시작했고 이후 여러 공장에서 일했다. 몇 년 동안 로켓 부품 공장에서 일하기도 했다. 그리고 2003년에 중국의 첫 번째 우주 비행사가 우주로 날아가는 것을 자랑스럽게 바라보았다. 나는 2015년에 리지에를 만났다. 그가 일하던 공장에서 연구를 진행하고 있었는데, 나에게 자신의 이야기를 들려주었다.

오늘날 리지에에겐 아들이 있다. 그의 아버지는 손자를 꼬마 창이라 부르는데, 그 아이는 리지에의 나이 든 부모님과 함께 그의 고향에서 살고 있다. 리지에는 상하이에서 일하기 때문에, 1년에 한 번 춘절 기간에만 아들을 볼 수 있다. 하지만 그는 아들에게 부족한 것이 없다고 자랑스럽게 말했다. 리지에와 그의 아내가 도시에서 열심히 일했기 때문에, 꼬마 창은 먹을 음식이 충분하고, 일할 필요도 없으며, 그가 꿈을 이루기 위해 필요한 만큼 학교에 다닐 수 있다.

리지에의 아들은 아버지와 완전히 달라 보이는 교육 시스템에서 지낼 것이다. 초등학교와 중학교의 수업료는 사라졌다. 더 나은 선생님, 더 나은 시설, 더 나은 커리큘럼이 있다. 농촌에서도 점점 더 많은 아이가 학교에서 점점 더 오래 공부하고 있다.

하지만 리지에의 아들이 학교 교육을 끝까지 받아 꿈을 이루고, 아버지가 열심히 일해서 제공해준 더 나은 삶의 질을 유지하려면 여전히 커다란 장애물에 마주칠 것임을 연구를 통해 알 수 있다. 중국 교육 시스템은 여전히 많은 농촌 아이를 뒤처지게 만들고 있다. 그렇다면 남아 있는 도전 과제들은 무엇일까?

일단 초등학교와 중학교에 다니는 데는 수업료를 내지 않아도 된다. 하지만 아이들이 학교를 그만두게 만드는 것은 수업료만이 아니다. 많은 농촌 학생이 고등학교 졸업 전에 학교를 떠나게 만드는 요소는 일찍 그만두면 큰 재정적 보상을 받는다는 점이다. 중국이 저숙련 제조업의 글로벌 허브가 된 이후, 저숙련 노동자들을 위한 수많은 일자리가 존재해왔다. 리지에와 그의 아내가 더 나은 삶을 누릴 수 있게 해준 그런 일자리들이 고등학교를 졸업하지 못한 청소년들에게도 열려 있다.

분명 2000년대 말에는 중국 연해 지역에서 젊고 건강한 농촌 사람 누구나 일자리를 구할 수 있었다는 것을 연구를 통해 알 수 있다. 특히 최근 저숙련 일자리의 임금이 오르면서, 많은 학생이 학교를 중퇴하고 안정적인 임금의 유혹을 참아내기가 어렵다. 가난한 농촌 출신 젊은이에게는 작은 유혹이 아니다. 같은 연구를 통해, 2008년에서 2009년에 저숙련 노동자의 '한 달' 임금이 가난한 농촌 지역에서 '1년 동안' 벌 수 있는 1인당 수입과 맞먹는다는 것을 알 수 있었다. 그렇기 때문에, 고등학교를 떠나 노동시장에 진입함으로써, 농촌 젊은이들은 고등학교를 그만두지 않는 사람보다 훨씬 많은 돈을 벌 수 있었다. 가난한 가족에게 이런 상황은 고등학교에 다니는 것을 비용이 대단히 많이 드는 일로 여기도록 만들었다. 고등학교에 다니지 않는다면 아들이나 딸이 벌 수 있을 돈을 포기해야 하기 때문이다. 경제학 언어로, 수업료가 사라지더라도 학교에 계속 남아 공부하면 기회비용이 높아진다고 할 수 있다.[17]

이는 장기와 단기 인센티브가 부조화된 문제라는 것을 유의해야 한다. 이것은 어느 나라에서나 중진국 함정에 빠지게 만드는 중요한 요소 중 하나다. 어떤 나라가 후진국이거나 중진국이고 저임금 일자리를 쉽게 구할 수 있는 상태라면, 가난한 아이들과 그들의 가족은 교육을 포기하고 당장 돈 버는 길을 선택할 분명한 이유가 있다. 하지만 지금 중국에서 일어나고 있는 것처럼, 발전이 계속되고 저임금 일자리가 사라지기 시작하면, 그제야 후회할 만한 선택을 했다는 것을 깨달을 것이다. 나는 리지에의 아들이 이런 결정을 하지 않기 바란다.

가난한 아이들이 기회비용 때문에 학교를 중퇴하게 만드는 이런 인센티브는 중국 고등학교 취학률이 오르지 않는 이유 중 하나다. 하지만 이는 상향 이동하려는 모든 중진국이 고민해야 하는 요소이기도 하다. 실제로 중진국 상태에서 고등학교 취학률을 성공적으로 높일 수 있었던 나라들은 이 기회비용을 극복하기 위해 많은 노력을 기울였다. 그들은 고등학교까지의 교육을 무료 그리고 필수로 만들었다.

일부 지역에서는 학생들을 학교에 보내는 가족에게 '돈을 주는' 것을 기본 정책으로 삼았다. 조건부 현금 지급Conditional Cash

Transfer, CCTs으로 알려진 제도를 통해서였다. 이런 흐름은 정부 관리, 교육자, 사회가 어린이들이 학교에 다녀야 사회 전체가 이익을 얻는다는 사실을 이해했음을 보여준다. 경제학에서 이것은 교육이 큰 긍정적 외부효과를 가지는 것으로 알려져 있다. 즉, 잘 교육받은 시민들이 경제에 미치는 영향을 고려하면, 한 아이를 교육시키는 것이 개인에게보다 사회에 더 가치 있는 일이라는 것이다. 가족들이 지금 옳은 선택을 할 수 있도록 돈을 지급하는 것은 모든 이에게 그만한 가치가 있다.

많은 국가가 바로 이런 이유로 CCTs 제도를 도입했다. CCTs는 한 국가의 고등학교 취학률이 최대한 빠르게 높아져 모든 이에게 이익이 될 수 있도록 보장해준다. 예를 들면 현재 브라질은 아이들을 고등학교에 보내면 가족에게 보조금을 주는 프로그램을 정부 차원에서 운영한다. 아이가 학교에 다니기만 한다면 그 가족은 아이가 저숙련 노동시장에서 벌 수 있는 임금의 3분의 1에서 절반 정도의 보조금을 받는다. 이 프로그램은 고등학교 등록률을 높였고, 모두에게 이익이 되었다. 가족들은 교육을 계속함으로써 단기적으로 받게 되는 불이익이 상쇄되어 생계를 이어갈 수 있고, 장기적으로 보면 아이들이 더 높은 수준의 교육을 받게 되어 더 좋은 일자리를 찾을 수 있을 것이기 때문이다. 마찬가지로, 공동체(그리고 국가 전체)는 더 잘 교육받은 일원을 가지게 되어 더 좋은 기능을 하게 될 것이다.

중국도 비슷한 단계를 채택하고, 그와 동시에 고등학교 교육을 어렵게 만드는 남은 장애물들을 없애는 문제를 고려해야 한다. 지금도 중국 학생들은 여전히 기회비용 문제로 고민해야 한다. 그리고 많은 경우 수업료도 필요하다. 지금 중국 교육 시스템에서는 초등학교 1학년부터 중학교 3학년까지만 의무(필수적이고 무료)교육이다. 오늘날에도 중국 아이들은 고등학교 진학이 보장되지 않으며 고등학교는 의무교육이 아니다. 중국의 일류 고등학교 과정(인문계 고등학교)에서는, 계속해서 수업료를 받고 있다. 외부 연구자들에게는 상당히 놀라운 일일지 모르지만, 분명한 사실이다. 인문계 고등학교는 공립이지만, 무료가 아니다.[18]

이 점에서 중국과 세계 다른 나라들의 명백한 차이가 드러난다. 대부분의 나라에서 12년간의 학교 교육은 무료다. 아주 소수의 나라만이(예를 들면 베트남, 인도네시아 같은) 명목상 고등학교 학비를 받는다. 하지만 중국 고등학교 학비는 '명목상'보다 훨씬 많다. 2009년 연구는 중국에서 3년간 고등학교를 다닐 때 필요한 직접비용(학비, 교과서, 기숙사 관련 비용)을 1659달러로 집계했다. 중국 농촌 지역 가족에게는 가계를 휘청이게 할 수 있는 액수다. 실제로 같은 연구에서, 이 비용은 농촌 지역 가정 1년 수입의 10~15배에 달하는 것으로 확인되었다(즉, 아이를 학교에 보내려면 매년 한 해 수입의 3~5배에 달하는 돈이 필요하다). 이 비용은 중국을 세계 무대에서 매우 이질적인 국가로 만든다. 중국의 학비 비율은 세계 그 어느 나라보다 높다.[19]

이는 좋지 않은 정책 선택이다. 앞에서 설명한 것처럼, 현재 중국은 가능한 한 모든 학생이 좋은 고등학교 프로그램에 들어갈 수 있도록 열심히 노력해야 한다. 중국이 무엇을 해도, 학생들은 기회비용 문제와 마주할 것이다. 분명 거기에 (높은 학비 형태로) 추가되는 직접비용은 국가에도 이익이 되지 않을 것이다. 다행히 정책 입안자들이 학비를 줄이거나 인문계 고등학교도 무료로 만드는 방안을 고려하고 있다는 신호들이 있다. 그것을 즉시 실행해야 한다. 사실, 나는 중국이 브라질의 모범을 따라 인적 자본의 축적을 최대한 빨리 높이기 위해 조건부 현금 지급까지 고려해야 한다고 생각한다.

마지막으로, 당연한 이야기지만 중국의 미래는 교육 성취(학교에 가는 학생의 수)에만 달려 있는 것이 아니라, 학교 교육의 질을 높이는 데도 달려 있다.

우선, 학교 자체가 양질의 교육을 제공할 수 있어야 한다. 다음 장에서 살펴보겠지만, 중국 고등학교의 많은 부분(농촌 지역에 많은 직업 고등학교)은 이 기준에서 심각하게 뒤처져 있다. 많은 직업 고등학교에서 학생이 거의 아무것도 배우지 않으며, 많은 학생이 공부를 끝내지 않고 중퇴하는 길을 택하고 있다. 가장 나은 상황에 있는 아이들도 극히 좁은 범위의 직업 기술만 배우는데, 이런 기술은 그들이 미래에 살아갈 준비를 하도록 도와주지 않는다. 이것은 자원이 낭비되고 있으며 아이들이 미래에 생존하는 데 혹은 스스로 성공하는 데 필요한 기초를 다지지 못하고 있다는 뜻이다. 중국의 인상적인 성취에 어울리는 결과를 내려면, 이런 문제를 최대한 빨리 해결해야 한다.

두 번째로, 고등학교에 진학할 많은 아이가 배울 준비가 되어 있어야 한다. 참조할 만한 연구들을 보면, 도시와 농촌 아이들 간 학습 능력과 교육 성과의 격차가 계속되고 있음을 알 수 있다. 고등학교 교육을 확대하는 것만으로는 이 간극을 메울 수 없으며 다른 무언가를 더 해야 한다. 이 문제의 뿌리를 인생의 출발점에서 찾을 수 있기 때문이다. 다음 두 장에서 살펴볼 것처럼, 이런 학습 격차는 농촌 영아들의 부족한 성장, 그리고 농촌 아이들을 괴롭히는 일련의 건강과 영양 위기에서 찾을 수 있다. 나는 성장과 학습을 방해하는 초기 장애물을 없애는 것이 중국이 오늘날 직면한 가장 중요한 과제 중 하나라고 믿는다. 분명 교육 확대가 중국의 미래에서 실제로 더 나은 결과를 만들어내려면 이 문제를 해결해야 한다.[20]

이미 너무 늦지 않았기를 바랄 뿐이다. 한 국가 전체 노동력의 인적 자본을 향상시키려면 시간이 걸린다. 특히 중국처럼 거대하고 역사적으로 교육이 제대로 이뤄지지 않은 나라에서는 더욱 그럴 것이다. 모든 아이가 2020년대 초반부터 양질의 고등학교에 진학한다 하더라도, 전체 노동력이 고소득 국가에 요구되는 교육 수준까지 올라가려면 몇십 년이 더 걸릴 것이다.

중국의 교육 시스템은 리지에가 꿈을 이루도록 도와주기에 충분하지 못했다. 지금 무언가를 하지 않으면, 꼬마 창도 뒤처지고 말 것이다.

5장

불안한
토대

INVISIBLE CHINA

중국의 직업 고등학교 시스템은
개혁이 절실한 상황이다.
교육 담당 관리들이
지금 무슨 일이 일어나고 있는지 이해한다면,
개혁이 진행될 거라고 믿는다.

오늘날 중국은 중진국 함정에 빠질 수 있는 아슬아슬한 경계 위에 있다. 중국공산당은 기자나 학자들이 '중진국 함정'이라는 말을 더 이상 언급하지 않도록 했지만, 이 모든 소동에도 불구하고 중국 고위 관료들은 사실 이 문제를 심각하게 보고 있으며, 중국 노동력이 새로운 위기에 대응할 준비를 하게 하고 인적 자본을 향상시키기 위해 극적인 조치들을 취하고 있는 것 같다.

이런 정책은 우선 중국의 미래 경제를 이끌어갈 혁신가, 엔지니어, 기업가 등 엘리트 수준의 교육에 집중되었다. 인문계 고등학교 진학률을 높이는 데 집중한 결과, 대학 진학률이 엄청난 속도로 증가했다. 하지만 이는 엘리트 수준이 되어야 이익을 얻을 수 있는 정책에 국한되어 있다.

대학 교육이 확대되었지만, 오늘날에도 여전히 청년층 세대의 20~30%에만 고등교육의 자리가 있을 뿐이다. 인문계 고등학교와 관련한 가장 야심 찬 정책마저 이 길을 최고 수준 학생들에게만 열어두었다. 즉, 아주 어려운 난이도의 입학시험을 통과한 사람에게만 기회가 주어진다(공식 정책에 따라, 매년 청소년 집단 중 50~60%만이 통과한다).[1]

미래의 평범한 노동자들에게는 무엇이 있는가? 이런 명망 있는 인문계 고등학교나 대학에 진학하지 못하는 많은 젊은이에게는 무엇을 해줘야 하는가? 물론 그들을 위한 계획도 준비해두었다. 인문계 고등학교와 대학에서 제외된 사람들을 위해 2002년부터 직업 고등학교 시스템을 크게 확대했다.

직업교육이란 장소에 따라 다른 의미를 지닌다. 보편적으로는 직업 혹은 직업 중심 교육에 초점이 맞추어져 있다. 이런 종류의 교육이 많은 다른 국가보다 미국의 고등학교 수준에서는 보편적이지 않다.

미국에서는 모든 학생이 전통적인 인문계 고등학교를 마칠 것으로 기대되지만, 다른 많은 국가에서 직업학교는 중등 교육 시스템의 필수적인 부분 중 하나다. 예를 들면 독일에는 대규모 직업 고등학교 시스템이 있고, 이는 독일의 막강한 경제에 공헌하는 것으로 좋은 평가를 받고 있다. 실제로, 중국의 직업교육 시스템도 독일 시스템의 특정 요소들과 유사하게 설계되어 있다. 독일처럼, 중국에도 학생들이 인문계와 직업 고등학교 가운데 선택할 수 있는 투트랙 교육 제도가 있다.

중국의 직업 고등학교는 3년제이며, 학생들은 교실 내 수업과 전문적 인턴으로 시간을 나눠 쓴다. 커리큘럼은 각 학생이 선택하는 직업 전공에 맞춰져 있다. 지난 10년간 가장 인기 많았던 전공은 자동차 수리, 용접, 컴퓨터 기술, 유아 교육, 간호학이었다.

이런 학교에 대한 경제적 지원과 학비 감면은 꾸준히 증가해왔고, 그 덕분에 직업학교 교육비가 많이 줄어들었다. 게다가 직업 고등학교는 인문계 고등학교보다 입학하는 데 필요한 학업 성적이 더 낮다. 사실상 직업 고등학교에 입학하려는 모두가 환영받는다. 새로운 학교 시스템이 명시적으로 농촌 지역 학생들을 겨냥하고 있지는 않지만, 이런 요소들 때문에 많은 농촌 지역 학생이 입학하고 있다.[2]

확실히 중국은 마침내 모든 아이가 고등학교 수준의 교육을 받을 수 있는 계획을 마련했다. 중학교에서 최고 성적을 받은 학생들은 인문계 고등학교 입학시험을 통과해 높은 수준의 학술적 교육을 받는다. 이는 그들이 대학에 갈 준비를 하도록 해주고, 중국의 미래 경제에서 고숙련 직업을 가지게 해주며, 변화하는 중국 경제의 엘리트 수준에서 혁신, 디자인, 창업 등을 통해 국가의 성장을 이끌게 할 것이다.

다른 학생들은, 만약 이런 계획안이 없었다면 고등학교 교육을 아예 받지 못했겠지만, 이제 다른 교육 트랙에서 다른 공부를 계속할 수 있게 되었다. 그들은 인문계 고등학교나 대학에는 가지 못하겠지만, 최소한 고등학교 수준의 직업교육을 받을 수 있고, 졸업 이후 빠른 시일 안에 그에 맞는 일자리를 구할 수 있을 것이다.

중국은 이제 엘리트 경로를 따라갈 준비가 되지 않은 모든 학생에게도 교육의 길을 열어놓고 있다. 어쩌면 이것은 중국이 멕시

코와 같은 운명을 피하도록 해줄지도 모른다.[3]

중국 고위 관료들은 직업 고등학교의 확대를 교육 제공 방식만이 아니라 중국의 경제성장을 더욱 확대할 방안으로도 보고 있다. 관료들은 직업교육을 중국의 새로운 '성장 엔진'을 위한 수단으로 지지하며, 대규모 집단 학생들에게 구체적인 직업 기술을 교육함으로써 중국은 이 노동자들에게 발전 다음 단계를 준비시키고 있다고 말한다. 그들은 (수요 하락, 세계화, 자동화의 결과 빠르게 사라지고 있는) 공장 작업장이나 광산의 저숙련 일자리들에 작별을 고하고, 그 대신 더 많은 임금을 받을 수 있는 숙련된 분야 일자리를 위한 준비를 하게 될 것이다.

더 높은 수준의 숙련된 노동력을 갖춤으로써, 중국은 더 고부가가치 산업들을 유치해 모두를 위한 번영과 안정의 새로운 시기로 이행할 수 있을 것이다.

모든 것이 완벽해 보인다. 이는 내가 이 책 첫 부분에서 나열한 바로 그 문제를 해결해줄 수 있을 것 같다. 고등학교 취학률이 빠르게 오르고 앞으로 몇 년 동안 구조적 실업에 빠지는 사람들도 적어질 것이다. 어쩌면 노동력의 기술 수준이 필요한 수요를 따라잡을 때까지 중국이 버틸 수 있게 해줄지도 모른다. 어쩌면.

안타깝게도 새로운 직업 고등학교 시스템은 희망대로 운영되고 있지 않다. 이 학교 중 일부가 심각한 문제로 가득 차 있다는 증거들이 나타나고 있다.

첫
나날들

———

왕타오는 가난한 허난성河南省의 성도인 정저우의 먼지 나는 외곽에서 자랐다. 그의 부모는 2000제곱미터 남짓한 땅에서 농사를 지으며 생계를 이어갔다. 어린 시절, 그는 매년 몇 주 동안 학교에 결석하면서 카놀라와 수박 농사를 도왔다.

타오는 우수한 학생이었다. 중학교 1학년 때 그의 선생님은 타오를 반장으로 지명했다. 이는 중국 학교에서 아주 영광스러운 역할이다. 교사는 다른 학생들에게 좋은 모범이 된다고 신뢰하는 학생을 그 자리에 지명한다. 농촌 중학교에서 인문계 고등학교에 가는 아이는 거의 없지만, 타오의 선생님은 그의 성적 정도면 충분하다는 큰 희망을 안고 있었다.

그는 고등학교 입학시험을 열심히 준비했으나 결과적으로 그의 성적은 커트라인에 못 미쳤다. 인문계 고등학교는 그가 3000달러에 해당하는 돈을 지불하면 입학시켜주겠다고 제안했다. 그의 부모님은 매년 경작지에서 힘들게 일해 겨우 몇백 달러를 버는 상황이라 그 돈을 낼 수 없었다.

타오의 중학교 선생님은 그에게 마을 건너편에 최근 새로 문연 직업 고등학교를 알아보라고 제안했다. 타오는 부모님과 여러 번 이야기를 나누었다. 그들은 이런 종류의 학교를 잘 알지 못했지만, 타오가 아예 학업을 포기하기에는 너무 어리다고 생각했다. 정규 고등학교를 선택할 수 없다면, 직업 고등학교를 가는 게 아무 데도 가지 않는 것보다는 나을 것 같았다.

8월 말 타오는 부모님과 함께 직업학교를 살펴보러 갔다. 그는 등록금을 조금 내고 '디지털 컨트롤' 전공에 등록했다. 그는 그것이 정확히 무슨 뜻인지 알 수 없었으나, 입학 담당자는 그의 등록 서류 빈칸을 채우면서 나중에 좋은 공장에서 일자리를 찾을 수 있게 도와줄 거라고 말했다.

그다음 주 캠퍼스에 도착했을 때, 그는 자신이 낯선 곳에 있다는 것을 실감했다. 그가 다닌 중학교는 규율이 잡혀 있고 엄격했지만, 이곳은 혼란스럽기 그지없었다. 상급생들은 거칠어 보이고, 꽉 끼는 청바지와 검은 가죽 재킷을 입고 머리카락을 꼿꼿하게 세운 상태였다. 첫날 교실에 들어갔으나 어른은 한 명도 보이지 않았다. 그는 뜰에서 담배를 피우며 웃고 있는 한 무리의 학생을 지나쳤다.

수업 시간도 그가 익숙했던 것과 너무 달랐다. 선생님들은 차갑고 불친절했다. 일부는 교실 앞에 서서 무표정한 얼굴로 수업을 이어나가며 학생들에게 등을 돌린 채 칠판에 분필로 무언가 적으면서, 학생들이 집중하는지 보려고 한 번도 돌아서지 않았다. 다른 선생님들은 교실에 들어와, 새로운 과제에 대해 한두 마디 중얼거리고는 바로 나가버렸다.

교실에 들어온 소수의 학생은 대부분 시간을 책상에 엎드려 자거나, 핸드폰 게임을 하거나 헤드폰으로 음악을 들으며 보냈다. 학급의 한 여자아이는 배울 의욕이 있어 보였으며 자주 질문을 하려고 손을 들었으나, 그녀가 그럴 때마다 남자아이 네댓 명이 그녀에게 뭐가 그렇게 궁금하냐고 소리쳤다. "그냥 가만히 있으면 안 되냐? 여기선 그런 거 필요 없어."

교실 밖에서 아이들은 기숙사에서 맥주를 마시거나 컴퓨터실에서 '리그 오브 레전드' 게임을 하거나, 온라인 채팅을 하거나 포르노를 보면서 보냈다. 가끔 타오의 수학 선생님은 학생 무리 앞에 멈춰 서서 그들에게 담배를 팔았다.

타오는 당황하고 실망했다. 그는 언제나 학교를 좋아했었다. 그러나 여기에서는 그 누구도 무엇 하나 신경 쓰지 않는 것 같았다. 상급생들의 이야기를 들어보면 위 학년도 별 차이가 없는 것 같았다. 2년간 똑같이 의미 없는 수업을 듣다가, 남은 1년간 어떤 공장에 가서 인턴 생활을 한다. 거기서도 별로 배우는 것은 없으며, 매일매일 조립 라인에서 정규 노동자들과 함께 서서 하루 12시간 교대로 일한다. 가장 최악은 직업 고등학교를 졸업했을 때 가질 수 있는 일자리가 중학교를 졸업하고 바로 일자리를 찾은 아이들과 완전히 똑같다는 사실이다.

1학년 중간쯤 되었을 때, 이제 할 만큼 했다고 생각한 타오는 어느 날 아침 그 누구에게도 말하지 않은 채 짐을 싸서 가족의 농지로 돌아가는 버스를 탔고, 절대 뒤를 돌아보지 않았다.

타오가 직업 고등학교를 그만두고 2년이 지났을 때 그의 집에서 만남을 가졌다. 우리는 집 앞에 작은 나무 의자를 놓고 앉아 그에게 직업 고등학교에서의 경험을 간단히 설명해달라고 말했다. 그는 어깨를 으쓱하고는 고개를 젓고 나서 먼 곳을 바라보았다. "얼마나 시간 낭비였는지." 그가 말했다.

안타깝게도, 타오의 경험은 너무나 일반적인 일이다. 중국에 몇 십 년 동안 직업교육이 소규모로 존재하기는 했지만, 2000년대 초반부터 직업 고등학교의 엄청난 확대가 중국 정부 최고위층의 최우선 과제가 되었다. 일당 국가만이 할 수 있는 단호하고 빠른 속도로 중국은 교육을 확대했다.

2002년에 새로운 직업교육정책이 시작되었다. 그 후 수많은 학교가 세워졌다. 확대 속도가 충분히 빠르지 않자, 정책 입안자 들은 성장을 위한 새로운 동력을 추가했다. 2007년부터 지방의 교육 담당 부서들은 새로운 학생 한 명이 직업 고등학교에 등록 할 때마다 현금으로 보조금을 지급했다. 1990년부터 2011년 사 이 중등 직업교육에 매년 투자되는 돈이 6배로 늘었다. 2011년 중 국은 직업 고등학교에 매년 200억 달러를 투자하고 있었다. 정부 의 통계에 따르면, 2005년부터 2010년 사이 직업 프로그램의 새 로운 자리를 메우는 학생이 매년 100만 명씩 늘었다. 2010년에 정 부는 2020년이 되면 전국적으로 고등학교 연령 학생 중 절반(매 년 1000만 명 정도 학생)이 등록할 거라고 공언했다. 이 놀라울 정도로 거대한 목표는 프로젝트가 시작된 지 20년도 채 되지 않았을 때 정해졌다.[4]

이 확대 속도와 규모는 입이 쩍 벌어질 정도지만, 이 새로운 학 교의 질에 대해 알려진 정보는 매우 적었다. 얼마 동안 얻을 수 있 는 정보는 소문으로 전해지는 것들뿐이었다. 관영 언론은 모든 것 이 잘되어간다고 보도했다. 한동안 뉴스에는 놀라울 정도로 긍정 적인 평가와 함께 학교들이 등장했다. 정부 관료 한 명은 나에게 그의 성에 있는 직업 고등학교 졸업자가 전문대학 졸업자보다 더 많은 돈을 벌고 있다고 말해주었다. 심지어 세계은행마저 이 광기에 얽혀 엄청난 금액을 소수의 유명한 '슈퍼 모델' 학교에 투자했다.

하지만 여전히 질문이 남는다. 새로운 학교 시스템이 전반적으로 어떻게 운영되고 있는지 불분명했다. 이에 대한 진지한 연구가 행해진 적이 없었기 때문이다. 그래서 우리 동료들은 이 공백을 메우기로 결심했다. 우리는 답을 찾기 위해 대규모 양적 조사를 계획했다. 우리는 계속 이 질문으로 돌아왔다. '단 10년 만에 3000만 명의 학생을 위해 제대로 작동하는 학교 시스템을 만드는 것이 가능한가?'

간단히 대답하자면, 불가능하다. 많은 학생이 이 새로운 학교에 등록했고, 그중 일부 학교는 매우 잘 운영되고 있으나 전반적인 시스템은 심각한 문제로 가득하다. 왕타오 외에도 완전히 실망한 아이가 많다.

교육의 질에 대한
우려

————

2010년대 초반 우리 팀이 연구를 시작할 때는 무언가 심하게 잘못된 듯 보였다. 조사를 시작할 때 항상 하는 것처럼, 우리는 현지 교육 담당 부서에 그 지역에 공식 등록된 약 200개의 직업 고등학교 명단을 받으러 갔다. 우리 팀 연구자들은 각 학교에 가서 몇 가지 질문을 하고 종합적 연구 프로젝트 설계에 필요한 기본적인 정보들을 모아 왔다.

확실히 우리는 꽤 괜찮은 학교들을 찾아냈다. 이 학교들은 시설도 좋았고, 행정 담당자들과 교사들도 의욕이 있었으며, 학생들도 배우는 것이 있는 것 같았다. 하지만 2주간 차를 운전해 여러 학교를 찾아다니며 계속해서 똑같은 이상한 현상에 부딪혔다. 한두 번이 아니라 여러 번이었다.

우리는 명단에 있는 학교의 주소로 찾아갔으나, 그곳에는 학교가 없었다. 텅 빈 거대한 건물만 있는 경우도 있었다. 창고에 있는 작은 사무실 안 책상 뒤에 교장 한 명만 앉아 있는 경우도 있었다. 하지만 우리가 찾아간 곳에서 학생을 찾아볼 수 없는 경우가 너무 많았다.

한 학교는 공식 기록에 네 개의 다른 이름으로 네 번이나 올라있었지만, 그 어느 곳에도 학생은 없었다. 다른 학교는 학생 보조금을 받기 위해, 혼란스러워하는 중년 농부들을 등록해놓기도 했다. 이상하게, 그곳에는 그 어떤 시설도 없었다. 한 성에서는 명단에 있는 학교 중 거의 20%가 존재하지 않았다. 이 학교들은 행정 기록에 등록된 학생을 교육한다는 명목으로 정부의 자금 지원을 받고 있겠지만(누구도 이 점을 확인하거나 부정하지 않겠지만), 실제로는 한 명의 학생도 교육하고 있지 않았다. 이것은 중국의 직업교육에 무언가 문제가 있다고 우리가 처음으로 발견한 신호였다. 더 자세히 들여다보아도, 상황은 나아지지 않았다.

조사 과정에서 우리가 처음으로 취한 또 다른 조치는 (실제로 학생을 가르치고 있는 학교들의) 교실에 직접 들어가 수업을 참관한 것이다. 일부 학교에서는 수업이 제대로 진행되어 학생들이 필기를 하고, 질문 시간도 있으며, 마지막에는 숙제를 제출했다. 즉, 제대로 운영되는 학교에 기대하는 일들이 진행되었다. 하지만 너무 많은 학교에서, 우리는 교사와 학생 모두 학습에 완전히 무관심한 상황을 발견했다.

우리는 학교에 미리 전화를 걸어 우리가 연구자들이라 소개하고 그곳에 갈 거라고 알렸다. 이런 상황이라면 학교들이 방문자들에게 좋은 인상을 주기 위해 최선의 모습을 보여주려 할 거라고 생각할 것이다. 하지만 꽤 많은 학교에서 교장이 우리를 교실로 안내해 참관하라고 했는데도, 교사들은 모든 아이가 수업 시간 내내 자거나 핸드폰으로 게임을 해도 신경 쓰지 않았고, 우리는 그저 교실 뒤에 앉아 그런 모습을 지켜보았다. 두세 곳의 학교에서는 학생들이 교실 안에서 담배를 피우기까지 했다. 그 교실 안에 있는 학생들은 분명히 아무것도 배우지 않았고, 우리가 보고 있는데도 전혀 신경 쓰지 않는 것 같았다.

몇 곳은 평범하거나 흥미로웠지만 대부분 아주 문제가 많았던 학교 방문 이후, 우리 연구팀은 정식으로 연구를 시작했다. 2011년에서 2014년까지 진행한 두 개의 개별 연구에서, 우리는 중국의 동부와 중부, 서부에서 한 곳씩 총 세 개의 성에 있는 수백 곳의 직업 고등학교에서 수천 명의 아이를 조사했다. 이 조사는 모든 종류의 학교에 걸쳐 진행되었는데, 몇 곳은 서류상으로 상당히 좋아 보였고 몇 곳은 문제가 많아 보였다. 하지만 이는 무작위로 선정된 그룹이기 때문에, 우리는 이 데이터들이 이 나라 농촌 지역 전반의 상황을 잘 대변한다고 확신할 수 있다. 결과는 암울했다.

우선, 나는 분명 좋은 학교가 많다는 것을 다시 한번 강조하고자 한다. 우리는 그 학교들을 조사했고, 그들이 아주 잘하고 있다는 것을 발견했다. 교사들은 역동적이고 학생들 역시 의지가 있었다. 하지만 농촌의 많은 직업 고등학교는 심각한 상태였다.

공식적인 정책 설계에 따르면, 직업 고등학교의 첫 2년은 교실에서 보내도록 되어 있었다. 학생들은 일반적인 과목(수학, 중국어, 영어 같은)과 그들이 선택한 직업 전공 과목(기계공학, 컴퓨터, 호텔 관리 등)으로 나눠 수업을 듣도록 되어 있다. 조사의 일부로, 우리는 학생들에게 수학과 그들의 직업 전공 두 과목에 대해 표준화된 시험지를 주었다. 이 시험은 각 과목의 공식 커리큘럼 내용을 담고 있었고 우리 연구팀이 감독을 맡았다.[5]

결과는 직업 고등학교의 평균적인 학생이 말 그대로 아무것도 배우지 않고 있음을 보여주었다. 우리 팀은 모든 학교에서 거의 모든 학생이 직업 고등학교의 첫 1학년 수학 과목에서 어떤 진전도 이루지 않았음을 알 수 있었다. 특히 91%가 1년간 학교에 다니고도 이전과 같은 성적이거나 더 좋지 않은 성적을 기록했다. 심지어 이 학교들의 공식 우선순위인 직업 기술마저 학생들은 그다지 배우는 것이 없었다. 기초 컴퓨터 전공 학생들은 컴퓨터에 대한 것을 전혀 배우지 않았다. 프로그래밍도, 컴퓨터 수리 기술도,

심지어 워드나 엑셀 같은 기본적인 애플리케이션을 다루는 방법 조차 배우지 않았다.[6]

그렇다면 직업 훈련은 어떨까? 이것 역시 이 프로그램의 또 다른 중요 목표 중 하나였다. 교실에서 2년을 보낸 뒤, 직업 고등학교 학생들은 1년간 자신의 직업 전공과 관련된 직종에서 교육적 실습에 참여하도록 되어 있다. 실제 기술을 익히고 미래 일자리를 위해 준비하는 기회를 제공하려는 목적이다.

안타깝게도, 실습에 관해 우리가 조사한 결과 역시 많은 문제가 있음을 보여준다. 우리 팀은 68%의 학생이 전공과 아무 관련도 없는 실습에 참여하고 있다는 것을 발견했다. '그래픽 디자인'을 전공하는 학생들이 공장 조립 라인에서 스마트폰을 조립하면서 실습 시간을 보내고 있었다. '천연가스 파이프라인 설계' 전공 학생들이 집집마다 가스통을 배달하거나 길가 주유소의 계산대에서 일하고 있었다. 우리가 조사한 데이터에 따르면, 전체 학생 중 56%는 실습 기간에 저임금 제조업 일자리에서 어떠한 특별 훈련도 받지 않은 중학교 졸업자들과 똑같은 일을 하고 있었다. 이런 실습은 분명 그들이 적절한 기술을 배우는 데 도움을 주지 않을 것이다.[7]

어쩌면 문제의 가장 명백한 지표는 놀랄 만큼 많은 학생이 학교를 중퇴하고 있다는 사실일 것이다. 특히 평균적인 학교는 (3년간) 누계로 33%의 중퇴율을 보인다. 몇몇 학교에서는 중퇴율이 60%가 넘는다. 이처럼 학교가 부실하게 운영되는 것 때문에, 너무도 많은 학생이 마치 왕타오가 그랬던 것처럼 스스로 걸어서 나

가는 것으로 의사 표시를 한다.[8]

분명 심각한 문제다. 학생들은 교실에서 좋은 경험을 하거나 유용한 기술이나 지식을 얻지도 않으며, 많은 학생이 중간에 학교를 그만둔다. 3000만 명의 학생을 위해 하룻밤 만에 새로운 학교 시스템을 만드는 것은 쉬운 일이 아니며, 이것이 실제로 운영되는 과정에서 현실적인 문제들이 분명히 나타나고 있다.

이 문제의 부분적인 원인은 이 시스템 설정 방식의 단순한 결함 때문일 것이다. 세계의 모든 교육 시스템은 세심한 규제와 모니터링에 의해 운영되고 있다. 중국 교육의 다른 분야들(초등학교, 중학교, 인문계 고등학교, 대학교 등)에서는 정부가 학교 교육의 질에 세심하게 주의를 기울이고 있다. 규제 담당자들은 학생들의 성과라는 객관적인 표준에 따라 학교를 평가하고, 학교들은 그 목표치를 달성해야만 계속 운영 허가를 받을 수 있다. 이런 평가와 승인을 통해서만 학교가 학생들에게 좋은 교육을 제공하도록 책임을 물을 수 있다. 이런 책임 제도는 중국의 대부분 학교가 그렇게 좋은 성과를 내는 중요한 이유일 것이다.

하지만 아직 직업 고등학교에는 이런 규제 시스템이 도입되지 않았다. 그들은 시설의 질, 교사들의 자격, 그리고 (이론상으로는) 등록된 학생 수로 평가받지만, 학생들의 '성과'에 대해서는 평가받지 않는다. 학교에서 학생이 얼마나 배우고 있는지 평가할 규제기구가 없다. 학교가 학생들을 위해 달성해야 하는 명확한 목표도 없다. 그 누구도 교실에 와서 기본적인 기준이 달성되고 있는지 확인하지 않는다. 그 결과는 교장들과 교사들의 불성실한 태도로 이어진다.

관리 감독의 부족은 학생들에게도 좋지 않다. 많은 아이가 제대로 운영되지 않는 학교에 남겨진다. 직업교육 시스템 전반에도 좋지 않다. 오늘날 좋은 학교들은 불량 학교와 다르다는 것을 보여주기 위해 애쓰고 있다. 좋은 규제만이 시스템 전체를 좋은 학교 수준으로 끌어올릴 수 있다.

모니터링을 통해 양질의 교육을 제공하는 학교에 인센티브를 주는 것이 분명 첫 단계가 될 수 있을 것이다. 좀 더 높은 기준을 설정하고 규제 방안을 향상시키는 것이 놀랄 만큼 신속하게 좋은 효과를 낸다는 증거들이 있다. 그러지 않으면 너무 많은 학생이 질 낮은 교육을 계속 받을 것이고, 그들이 막 중학교를 졸업했을 때와 달라진 것 없이, 중국에 닥쳐오는 전환에 제대로 준비되지 않은 채 남겨질 것이다.[9]

미래를 위한 교육

중국의 직업 고등학교 시스템은 개혁이 절실한 상황이다. 교육 담당 관리들이 지금 무슨 일이 일어나고 있는지 이해한다면, 개혁이 진행될 거라고 믿는다. 규제와 감독은 늘어날 것이다. 시스템 확대 속도가 너무 빠른 것은 분명 문제의 큰 부분이다. 앞으로 몇 년 동안 중국은 학교의 질을 높이기 위해 엄격한 조치를 취하고 엄격한 평가를 도입해, 결과적으로 처음 약속했던 양질의 학교 교육 프로그램을 만들어낼 것이다.

그렇게 되면 중국의 직업교육 시스템이 중국이 세운 목표를 달성하는 궤도에 오른 것을 의미할까? 즉, 그것으로 중국이 새로운 경제에 공헌할 수 있는 대규모 일반 노동자들을 준비시킬 수 있을까? 나는 그러지 못할 거라고 여긴다. 학교의 질이 개선된다고 해도, 중국의 직업 고등학교에는 여전히 문제가 남을 것이다. 왜냐하면 이런 새로운 학교들이 잘못된 종류의 기술을 가르치는 데 집중하고 있기 때문이다. 직업교육 시스템이 규정을 따르더라도 중국을 미래의 경제적·사회적 위기에서 구출하기에는 충분하지 않을 가능성이 있다는 뜻이다.

요점을 분명히 하기 위해 잠시 이야기를 정리해보자. 이 책 전체에서 나는 중국 미래의 많은 부분이 일반 노동자들의 기술과 능력에 달려 있다고 주장했다. 이 노동자들이 더 높은 수준의 기술력을 가져야만 미래 중국의 경제를 결정하는 종류의 일자리들을 맡을 수 있을 것이다.

중국은 더 고도의 기술을 가진 노동력을 육성해야만, 떠나버린 기업과 자동화된 공장들을 대신할 새로운 투자자들과 새로운 기업들을 끌어들일 수 있을 것이다. 분명 중국 최고 지도자들은 왜 그리고 어떻게 그들이 직업교육을 확대하기로 했는지 설명하기 위해 비슷한 주장을 펼쳤을 것이다. 그들은 중국의 발전 전망을 높이기 위한 방법으로 모든 노동의 기술력 수준이 향상되기를 희망하고 있다.

166

하지만 그 기저에 깔린 질문에 대한 답은 아직 나오지 않았다. 내가 이 맥락에서 '기술들'이라고 한 것은 무엇을 의미하는가? 어떤 기술이 중국 노동자들이 다가오는 전환에서 성공할 수 있는지를 결정 짓는가?

일자리를 찾는 노동자들에게는 두 가지 기술이 쓸모 있다. 첫째, 순수하게 직업적이거나 전문적인 기술이다. 바로 특정 업무를 잘 해낼 수 있는 능력이다. 예를 들면 용접 기술, (컴퓨터가 등장하기 이전의) 타이핑 기술, 혹은 자동차 수리 능력 등이다. 여기서 중요한 것은 이 기술들은 특정 일자리에는 곧바로 적용되지만, 그 특정한 일자리에만 쓰일 수 있다는 점이다. 둘째, 보편적이거나 학문적인 기술이다. 이런 기술은 전통적인 중학교 혹은 인문계 고등학교에서 배울 수 있다. 여기에는 수학, 독해, 작문, 과학, 논리, 정보기술IT, 그리고 (세계 많은 곳에서) 영어 등이 포함된다. 이는 한 사람에게 '어떻게 배우는지'를 알려주는 기술이다. 이 기술들은 학생들에게 다음 단계 학습을 위한 기초를 갖추게 해주고, 미래에 직업 관련 혹은 다른 분야에서 새로운 기술을 배울 수 있는 능력을 길러준다.

문제는 이것이다. 오늘날 중국의 직업 고등학교 시스템은 직업 기술을 극대화하는 방식으로 운영되며 다른 것은 거의 모두 배제된다. 하지만 나는 중국의 모든 아이가 보편적 기술을 배우는 능력에 중국의 미래가 달려 있다고 믿는다.

보편적 기술이 더 중요하다고 믿을 이유는 많다. 확실히 직업 기술은 바로 일자리를 찾는 데 쓰일 수 있으며, 이는 분명 소중하다. 하지만 직업 기술은 그 산업이 잘나갈 때만, 돈을 많이 줄 때만, 그리고 충분히 많은 사람을 고용할 때만 의미가 있다. 만약 산업이 바뀌면 그 직업 기술은 쓸모없어질 것이다. 지난 몇십 년간 산업 전반에서 수많은 기술적 발전이 몇 번씩 거듭해서 일어났다. 보편적인 기술은 사람들에게 새로운 것을 배울 수 있는 능력을 주고, 필요하면 직종을 바꾸고 그들의 인생에서 다양한 직업 기술을 가질 수 있게 해준다.

중국의 미래는 분명 많은 변화로 가득 차 있을 것이다. 이 책의 가장 중요한 전제 중 하나처럼, 중국은 선진국이 되길 희망하고 있으며, 선진국은 후진국이나 중진국보다 훨씬 역동적이다. 노동자들은 새로운 일자리에 적응해야 하며, 필요하면 직업이나 업무를 바꾸고, 최대한 빠르게 새로운 것들을 배워야 한다. 고임금을 받는 일자리들은 경제적 문헌에서 비일상적nonroutine으로 정의된다. 그들은 노동자들이 매일, 매년 그리고 평생 많은 새로운 것을 다루기를 바란다.

이런 것에 적응하려면 노동자들은 수학, 컴퓨터, 비판적 사고, 창의력이 필요하다. 무엇보다 그들은 배우는 방법을 알아야 한다. 만약 그들이 이런 요구에 응할 수 없다면, 장래성 없는 저임금 일자리로 강등될 것이다. 점점 더 많은 이가 비공식 분야나 범죄로 빠질 수도 있다. 만약 너무 많은 사람이 뒤처진다면, 중국은 멕시코의 길을 걷게 될 수도 있다.[10]

21세기에 기술 변화가 끊임없이 계속되면서 유연성에 대한 수요는 계속 커질 것이다. 세계화의 치열한 경쟁은 새로운 기술과 산업의 혁신과 창조가 끊임없이 계속되도록 한다. 물론 기술이 어떻게 바뀔지는 예측하기 어렵고 어떤 산업이 살아남을지도 예측하기 어렵다. 하지만 한 가지 확실한 것은 현존하는 많은 산업이 시대에 뒤떨어질 것이고, 많은 새로운 산업은 지금 상상하기 어려운 기술을 요구할 것이라는 사실이다. 이는 장기적으로, 아니 중기적으로도 어떤 특정 직업 기술이 필요할지 예측하기란 불가능하다는 뜻이다.

중국의 노동자들이 지금부터 그들의 노동 인생이 끝날 때까지 같은 하나의 일만 할 거라고 생각하기는 쉽지 않다. 그들은 새로운 기술을 배우고 적응할 준비가 필요하다. 그것이 바로 아이들의 장기적 성공에서 가장 중요한 하나의 요소가 학업 기술(수학, 독해, 언어, IT) 분야에서 보편적 교육이라고 생각하는 이유다.

이것은 나만의 직감이 아니다. 장기적 데이터가 이를 증명해왔다. 연구들은 보편적 기술에서 폭넓은 교육을 받은 학생들이 어떤 산업에 종사하든 장기적으로 더 나은 성과를 낸다는 것을 보여준다. 그리고 전체 인구가 이런 보편적 기술을 익히도록 보장하는 것이 국가의 장기적 성장과 번영에서 가장 신뢰할 만한 예측 변수로 작용한다. 따라서 보편적 기술에 투자하는 것은 개인과 국가 전체에 중요하다.[11]

하지만 중국에서, 많은 직업 고등학교 학생들은 배울 준비를 갖추도록 교육받지 않는다. 그들의 교육은 아주 좁은 의미의 직업 기술을 배우는 데만 집중된다. 학문적 기술이 표면적으로는 커리큘럼의 한 부분에 포함되어 있지만, 그것은 학생들의 시간과 관심의 아주 작은 부분을 차지할 뿐이다.

중국 정책 입안자들은 직업 고등학교가 30%의 시간만 학업 기술을 배우는 데 쓰면 된다고 했다. 이런 태도는 교장들에게 그대로 내려왔다. 우리의 연구는 직업 고등학교 교장들의 82%가 학업 기술을 가르치는 것을 우선순위에서 가장 마지막으로 여긴다는 것을 보여준다. 우리의 조사에서, 심지어 10%의 학교 임원은 그들이 아예 일반적인 학업 수업을 하지 않는다고 시인했다. 학생들의 피드백은 어쩌면 그 숫자가 훨씬 더 높을 수 있음을 보여준다.

우리가 학교에서 시행한 시험을 통해 확보한 증거들은 아주 많은 학교가 우려스러울 정도로 낮은 수준의 학업 기술만 가르치고 있음을 보여준다. 우리의 조사에 참여한 학생 중 91%가 1년간 학교에 다녔는데도 수학에서 아무런 발전이 없거나 심지어 퇴보했음을 떠올려보자.

만약 학생들이 이미 평생 일하고 적응하고 배울 수 있는 든든한 기초를 갖추고 있다면, 이 아이들이 전문 기술에만 집중하는 것이 이해될 수도 있다. 하지만 이 경우에는 그렇지 않다. 그들은 고등학생이지 대학생이 아니다.

이 학교에 입학했을 때 그들은 중학교를 졸업한 열다섯 살이나 열여섯 살 어린 학생이었다. 그들이 직업 고등학교에 온 가장 큰 이유는 배우는 데 어려움을 겪어서, 즉 인문계 고등학교 입학시험에 통과하지 못했기 때문임을 고려한다면, 그들이 중학교 수준의 기술도 제대로 익히지 못한 상태임을 짐작할 수 있을 것이다. 따라서 직업 고등학교 입학 당시 그들의 보편적 기술 수준은 대단히 낮은 상태다. 현재와 같은 시스템이라면, 그들은 새로운 것을 더 배우지 않을 것이다.

그 결과, 이 학생들은 직업 고등학교에 입학했을 때와 전혀 달라지지 않은, 혹은 더 적은 보편적 기술을 가진 상태로 졸업하게 된다. 즉, 그들이 용접, 자동차 수리, 혹은 디지털 제어 기술을 배웠든 배우지 않았든, 그들이 평생 일하면서 성장하고 변화하고 새로운 것을 배우게 해줄 기초적인 기술에 대해서는 제대로 알지 못하는 상태라는 것이다. 많은 이가 중국에 필요한, 미래에 대한 준비가 되어 있지 않다.

직업 기술에만 집중하는 것의 위험성은 그저 가설로 끝나는 것이 아니다. 이 학교들에서 제공하는 직업 전공들은 이미 시장과 맞지 않는다. 이들이 시장의 동향을 보고 결정한 것이 아니라 정책 입안자들이 커리큘럼을 개발하는 과정에서 선택된 것들이기 때문이다. 예를 들면 회계 전공 학생들이 거의 100년 동안 쓰이지 않았을 것 같은 주판 사용 방법을 1년 동안 배우고 있는 것을 연구진들이 발견했다.[12]

게다가 '지금' 시장에 잘 맞는 전공들마저 5년, 10년, 혹은 20년 뒤에는 그다지 쓸모없을 수 있다. 일부 직업 전공의 최근 역사가 이를 분명히 보여준다. 2005년에 우리 동료 중 한 명이 경험한 바로는, 한 직업 고등학교에서 학생들에게 공중전화 수리나 비디오 플레이어 수리 기술 과정에 등록하도록 권유하고 있었다. 이런 것들은 시대에 완전히 뒤처진 기술이다. 시대에 뒤처진 이런 전공 목록은 길고 지루하다. 내연기관 수리, 데스크톱 수리, 수기회계 장부 작성, 브라운관 텔레비전 수리 등.

이 모든 것은 중국의 직업 고등학교가 계획된 기준선까지 향상된다고 하더라도 학생들이 단 하나의 직업 기술만 배운 채 졸업할 것임을 의미한다. 열여덟 살에 그들은 중학교 수준의 보편적인 기술의 기초만 갖춘 채 세상으로 나올 것이다. 만약 그들이 선택한 직업 기술이 변화를 겪는다면, 만약 그 산업이 새로운 기술에 의해 밀려나거나 교육 장관들이 예상한 것보다 그 기술들에 대한 수요가 적다면, 그 학생들은 다시 원점으로 돌아올 것이다. 그들은 새로운 것을 배울 기초적 기술을 가지지 못한 채 뒤처질 것이다.

이 시점에서 그들은 기술 부족으로 인해 영원히 공식 분야에서 배제되거나 학교로 돌아가 성인 직업 재교육 프로그램을 통해 새로운 직업 기술을 배우게 될 것이다. 이런 재교육 프로그램은 필요하고, 역동적인 경제 속에서 어느 정도 유용하지만, 이것으로 그 간극을 완전히 메울 수는 없다. 어릴 때 제대로 배우지 못하고, 단단한 기초 기술이 없어, 그들의 기술 습득 능력이 그다지 좋지 않을 것이기 때문이다.

내가 프레젠테이션에서 이런 주장을 하면, 이 지점에서 종종 특정한 질문을 받는다. "독일은 어떤가요?" 많은 사람이 분개하며 질문한다. "독일도 직업 고등학교가 있는데, 독일은 세계에서 가장 강한 경제를 가지고 있지 않습니까?"

이 질문을 한 사람들은 충분히 상세하게 살펴보지 않은 것이다. 독일도 직업 고등학교 프로그램이 있다. 하지만 중국과 다르게 독일의 직업 고등학교들은 좁은 의미의 직업 기술만 가르치지 않는다. 그 학교들은 먼저 강력한 학업 교육을 통해 학생들에게 보편적 기술 습득을 우선순위에 두고, 보조적으로 직업 기술을 지원한다. 그들은 고등학교 역할을 우선으로 하며 직업 훈련소 기능은 두 번째다. 독일의 직업 고등학교 학생들은 (중국에서처럼) 30%의 시간만 학업 교육에 쓰는 것이 아니라, 70~80%의 시간을 보편적 학업 교육을 받는 데 쓴다. 독일인들은 직업 고등학교 졸업생들이 학습하는 방법을 배워야 한다는 것을 안다. 중국도 이 시스템이 완벽한 잠재력을 발휘하려면 그것을 이해해야 한다.

혼란스러운 직업학교 시스템에 이토록 많은 돈을 투자한다면 수백만 명의 학생이 미래에 실망하고 제대로 된 일자리를 찾지 못하거나, 그보다 더 좋지 못한 상황을 맞이할 것이다. 미래의 중국은 가장 희망적인 경우라 해도, 성인 재교육 프로그램에 비용을 지불하는 형식으로 이런 실수에 대가를 치러야 할 것이고, 그것이 어느 정도 효과를 낸다 하더라도 어린 학생들에게 제대로 교육받게 해서 얻는 효과보다 효율성이 훨씬 덜할 것이다.

사람들이 어리고 최고의 잠재력을 가지고 있을 때 일반적인 교육을 받도록 투자해야 중국은 투자 대비 더 나은 수익을 거둘 수 있을 것이다. 최악의 경우에는 실업, 둔화된 경제성장, 범죄, 폭력 조직 활동, 심지어 사회적·정치적 안정성 상실이라는 비용을 치를지도 모른다.

중국은 모든 사람에게 고등학교 교육을 확대하려는 중요한 첫걸음을 내디뎠다. 이것은 칭찬받아 마땅하지만, 이것으로는 충분하지 않다. 만약 중국이 더 나아가고 싶다면, 직업 고등학교 시스템을 전반적으로 손질해야 한다. 우선, 적절한 규제와 감독으로 학교의 질을 향상시켜야 한다. 수많은 학생이 가장 기초적인 목표도 달성하지 못하고 있는 학교에 방치되어 있다. 이는 확실히 문제지만, 개선하기는 쉽다. 나는 중국 지도자들이 곧 필요한 행동에 나설 것으로 믿고 있다.

관리 감독 문제를 넘어, 중국의 직업 고등학교 시스템은 혁신이 필요하다. 수많은 학생에게 수명이 짧을 것이 분명한 특정 기술 전공을 가르치는 대신, 모든 젊은이에게 보편적 기술을 가르치는 데 강조점을 두어야 한다.

직업 고등학교가 중국에서 계속 유지되려면, 인문계 고등학교에 직업 요소가 가미된 시스템으로 변해야 할 것이다. 이것이 독일이 지금 하고 있는 것이고, 이 방식의 직업 고등학교만이 21세기에 제대로 된 결과물을 낼 수 있을 것이다. 이 방식을 통해 학생들이 학습하는 방법을 배우면, 산업들이 변화하고 미래에 새로운 직업 기술을 요구하더라도, 성인 재교육 프로그램을 통해 새로운 기술을 습득할 수 있을 것이다. 지금처럼 학생들에게 단 하나의 기초적이고 편협적인 기술만 가르쳐 세상에 내보낸다면 재난을 불러올 뿐이다.

그동안 직업 고등학교가 혼란과 형편없는 결과만 냈다면, 중국은 인문계 고등학교의 확대를 고려해야 할 것이다. 중국은 이미 세계에서 가장 우수한 인문계 고등학교 시스템 중 하나를 가지고 있고, 그런 학교에 대한 진학을 확대하는 것이 새로운 직업 전문학교를 처음부터 다시 세우는 것보다 훨씬 비용이 적게 들

것이다.

어떤 정책을 채택하든, 중국은 최대한 서둘러 학생들의 학습과 장기적 이익을 우선순위에 두어야 한다. 실패하도록 그대로 두기에는 여기에 너무나 많은 것이 달려 있다. 중국 농촌 아이들은 이미 힘겨운 싸움을 하고 있다.

6장

보이지 않는 장벽

INVISIBLE CHINA

수백만 명의 아이가 그들의 잠재력보다
훨씬 못한 미래에 굴복하고 있다.
중국 미래 노동력의 3분의 2가
'보이지 않는 중국'에서 성장하고 있기 때문에,
이 아이들의 건강과 교육의 질을 높이는 것은
국가적 우려사항이다.

1980년대 말에서 1990년대 초반, 내가 중국의 농촌 초등학교와 관련된 일을 시작했을 때, 가난 문제가 곧바로 눈에 띄었다. 동료 연구자들과 함께 농촌 마을에 들어갔을 때 진흙 바닥과 진흙 벽으로 된 교실 하나밖에 없는 학교 건물에서 망가진 책상과 천장에 매달린 어스름한 전구 하나에 의지해 공부하는 아이들을 발견할 수 있었다. 교사가 아예 없는 경우도 있고, 학생들이 공부할 책이 없는 경우도 많았다. 책상 하나당 네 명씩 앉아, 페이지가 찢어지거나 표지가 뜯겨나간 책 하나를 둘러싸고 어두운 불빛 아래서 그것을 보려 애쓰고 있었다.

　그 시절 중국 농촌 초등학교의 극심한 어려움을 모른 채 넘어갈 수가 없었다. 내가 그런 학교 중 한 곳에 동료 연구자들이나 후원자들을 데리고 가면, 문제를 두 눈으로 직접 목격한 그들은 충격을 받고 경악했으며, 이런 심각한 문제를 해결하기 위해 어떻게든 도움을 주려고 했다.

오늘날에는 훨씬 나아진 것처럼 보인다. 중국 아이 중 3분의 2가 농촌 지역에 거주하기 때문에 이것은 중요한 변화이고, 정부는 높은 평가를 받을 자격이 있다. 재정부와 교육부의 자금 지원을 받아, 현지 학군들은 지난 수십 년간 기반 시설에 엄청난 투자를 해왔다. 지금은 최빈곤 지역을 제외하고, 거의 모든 농촌 초등학교에 현대식 건물과 콘크리트벽, 충분한 밝기의 전등, 그리고 튼튼한 1인용 책상이 제공된다. 또한 멀리서 온 학생들을 위한 기숙사와 교사들을 위한 아파트 역시 개선되었다.

교육의 질도 대단히 좋아졌다. 많은 경우 지방 정부가 재정난으로 교사들에게 정기적으로 월급을 주기 어려운 상황이었기 때문에, 1980년대와 1990년대에는 교사가 아예 없는 경우도 비일비재했다. 그러나 2006년 중앙 정부가 전국 교사들의 월급 지급을 담당하면서, 신뢰할 수 있고 안정적인 월급 제도로 바뀌었다. 3년이 지나자 교사의 월급이 전반적으로 올랐다. 이제 모든 교사가 가장 빈곤하고 외진 지역에서도 중국의 공무원만큼 괜찮은 월급을 받고, 학교에 교사가 없는 경우는 거의 완전히 과거의 일이 되었다. 정부는 또 교육대학에 많은 돈을 투입하고 다양한 정책을 통해 미래 교사들을 위한 더 좋은 교육을 지원하고 있다. 그 결과 오늘날에는 거의 모든 신임 교사가 대학 졸업자다. 최근 시안의 교육대학 졸업 예정자를 대상으로 실시한 대학 내 채용 설명회에서, 나는 여러 학군의 인사 담당자로부터 '구매자 중심 시장' 같다는 이야기를 들었다. 모든 교사직 자리에는, 아주 외진 농촌 지역 자리라도, 자격을 갖춘 세 명의 신청자가 있었다.[1]

과거에는 교과서를 찾아보기 어려웠지만, 마침내 오늘날에는 모든 농촌 학교에 교과서가 무료로 제공된다. 농촌 지역 아이들은 발전한 연해 지역 도시 아이들과 같은 커리큘럼을 사용한다. 비판론자들은 이것이 가장 역동적인 커리큘럼은 아니라고 말할지도 모르지만, 이 교과서는 2012년과 2018년에 국제 PISA에서 월등한 성적을 거둔 상하이 학생들이 배운 것과 같은 것이다.[2]

가난의 척도였던 많은 증거가 중국 대부분의 농촌 초등학교에서 사라졌다. 내가 이 학교들에 방문자들을 데려갈 때마다, 그들은 학교를 둘러보고 미소 짓는다. "우아, 중국 농촌 지역은 가난하다고 생각했는데 아니네요." 스탠퍼드 대학교 교육대학원 교수였던 방문자 중 한 명은 그 교실의 많은 설비가 실리콘밸리 한가운데 있는 산호세 공립 학군보다 더 좋다고 했다. 이 동료는 농담하듯 말했다. "중국이 확실히 농촌 교육 문제를 해결한 것 같네요. 집에 갑시다."

그렇게만 된다면 좋을 것이다. 농촌 초등학교의 상태가 눈에 띄게 개선되기는 했지만, 농촌 학생들은 여전히 한참 뒤처져 있다. 연구 결과는 중국의 농촌과 도시 학교 학생들 사이에 크고 지속적인 격차가 있음을 보여준다. 예를 들면 2014년 한 연구는 농촌 지역 초등학교 학생들이 도시 학생들보다 수학에서 두 학년 낮은 수준임을 밝혀냈다. 이 격차는 이 아이들이 학교에 있는 동안 매년 더 벌어진다. 이 초기의 교육 격차는 훨씬 광범위한 의미를 함축하고 있다. 중국처럼 각 단계로 올라가는 것이 시험 성적으로 결정되는 경쟁적인 학교 시스템을 가진 나라에서는, 한번 뒤처지면 따라잡기가 거의 불가능하다. 사실, 나는 이 초반의 격자가 중국의 인적 자본 문제의 핵심에 자리 잡고 있다고 생각한다.[3]

이는 수수께끼를 던진다. 모든 교육적 자원이 갖춰져 있다. 필요한 설비, 매일 학교에 와서 수업하는 더 나은 교사들, 번영한 도시와 똑같은 커리큘럼 말이다. 하지만 여전히 농촌 지역 학생들은 크게 뒤처져 있다. 실제로는 농촌 지역 교육에 투자된 이 모든 것에도 불구하고, 가장 중요한 요소가 거의 완전히 간과되고 있었다. 바로 학생들의 건강이다.

간단하게 말하면, 농촌 지역 아이들은 아프기 때문에 배우지 못하고 있다. 이 문제가 해결되지 않는 이상, 농촌 지역 학교가 얼마나 발전하는지는 중요하지 않다. 아이들이 계속 아픈 상태로 지내면 농촌 지역 학생들은 그 자리에 계속 갇혀 있을 것이다.

보이지 않는
세 가지 전염병

———

겉보기에, 중국 남부 산악 지대 농촌 마을의 초등학교 학생들은 평범한 듯하다. 교실 안에 있는 아이들의 눈에는 호기심이 가득하고, 손에는 때가 묻어 있으며, 형형색색의 가방을 메고 있다. 하지만 자세히 보면 근본적인 차이를 발견할 수 있다. 이 아이들은 대부분 작고, 또래보다 한두 살 어려 보인다. 점심시간을 알리는 종이 울린 뒤에도 교실 밖으로 나가 아침 내내 교실에 앉아 있느라

답답했던 에너지를 방출하는 아이가 없다. 누구도 뛰지 않고, 누구도 마구 소리 지르며 놀지 않고, 누구도 줄넘기 같은 걸 하지 않는다. 마치 권태감의 장막이 그들 위에 드리워진 것 같다.

2005년 조사를 위해 한 농촌 학교에 갔을 때, 나는 그곳의 교장 리쿼과 대화를 했다. 다른 사람들이 회의 책상에 모여 있는 동안, 리쿼은 나에게 중국의 가장 부유한 해안 도시 중 하나인 샤먼廈門 교외의 한 학교에서 방문 교장으로 1년간 근무할 때의 일을 이야기해주었다. 나는 그에게 두 학교의 차이가 있는지, 차이가 있다면 무엇인지 물었다. 리는 곧바로 창밖을 가리켰다. 나는 일어나서 밖을 내다보았다. 점심시간이 시작되고 30분이 지났지만, 학교 운동장은 조용하고 사람이 없었다. 나는 당황해서, 뭘 봐야 하느냐고 교장에게 물었다. 리는 말했다. "바로 그거예요. 아무것도 없습니다. 운동장에서 노는 애가 한 명도 없어요."

리가 보았듯, 도시 학교와 농촌 학교의 가장 큰 차이점은 아이들에게 있었다. 리가 처음 부유한 해안 지역 학교에 도착했을 때, 도시 아이들의 에너지는 그에게 충격을 주었다. 수업 시작 전 아침에, 쉬는 시간에, 점심을 먹은 뒤에, 그리고 학교가 끝나면 언제나 운동장이 시끄럽고, 아이들이 활기차게 뛰어다니고, 웃고 떠들며 놀이를 하는 아이가 많았다. 그러나 그가 있던 가난한 농촌 학교에서는 아이들이 점심시간이 끝난 뒤에 자진해서 낮잠 잘 조용한 곳을 찾아다녔다.

농촌 생활의 기이함을 넘어, 이 차이는 제대로 주목받지 못한 농촌 지역의 근본적인 문제가 무엇인지 말해준다. 우리 연구팀과 다른 연구팀들이 '보이지 않는 중국' 곳곳에서 실시한 연구 결과, 빈곤한 농촌 지역 초등학생들은 에너지를 약화시키고 학습 능력을 방해하는 여러 건강 문제로 어려움을 겪는 것으로 나타났다. 아이들의 건강 상태는 오늘날 농촌 학교에서 학습의 가장 큰 장애물이고, 아이들이 장기적으로 성공하기 위해, 그리고 중국이 성공하도록 돕기 위해 필요한 교육을 받는 것을 막는 가장 주요한 장벽일 것이다. 아이들이 어린 나이에 배울 준비가 되어 있지 않다면, 중국이 (고등학교 교육을 의무교육으로 하는 식으로) 교육을 확대하더라도 인적 자본 문제는 여전히 남을 것이다.

첫째, '보이지 않는 중국' 전역을 상대로 실시한 조사 결과, 수백만 명의 아이가 철분 부족으로 인한 빈혈 문제를 안고 있었다. 빈혈은 뇌를 비롯한 필수 장기들에 산소를 운반하는 신체 기능을 방해해, 심각한 육체적·인지적 문제를 일으킨다. 그 결과 피로감, 집중력 부족, 장기적 인지 장애 등을 유발한다. 보통 이는 불충분한 영양 상태(종종 철분 부족)로 인해 발생한다.

이 이야기에서 가장 중요한 것은, 빈혈이 학습을 치명적으로 방해하는 것으로 알려져 있다는 점이다. 연구 결과들을 보면, 전 세계에서 빈혈이 있는 아이들은 가장 낮은 성적을 받고, 결석률과 자퇴 비율도 건강한 아이들보다 높다. 데이터는 명백하다. 빈혈은 나쁜 학업 결과와 직접 상관관계가 있을 뿐 아니라, 인과관계도 나타난다. 특히 우리 팀(과 다른 사람들)이 진행한 연구 결과 아이들에게 비타민 보충제를 주어 빈혈 발생률을 낮추면, 대조군에 비해 시험 성적이 의미 있게 향상되었다.[4]

이 문제는 중국 농촌 지역에 광범위하게 만연해 있다. 세계보건기구WHO에 따르면, 인구의 5% 이상에 빈혈이 유행하면 심각한 문제다. 그런데 우리 연구팀이 2009년부터 2012년까지 실시한 일련의 연구는 '보이지 않는 중국'의 초등학생 중 30% 이상이 철분 부족으로 인한 빈혈을 겪고 있음을 밝혀냈다. 그사이 몇 년 동안 이 문제를 해결하려는 정책적 노력에도 불구하고, 2016년부터 2017년까지의 연구에서도 중국 중부와 서부 농촌 아이 중 25%가 빈혈이 있다는 결과가 나왔다. 오늘날에도 중국 농촌 가난한 지역의 높은 빈혈 유병률은 심각한 교육 문제의 원인이 되고 있다. 이 아이들은 기본적인 건강 상태조차 갖추지 못한 채 세계에서 가장 경쟁적인 학교 시스템에서 공부하고 경쟁해야 한다.[5]

두 번째 중대한 건강 문제는 너무 빤한 곳을 주의 깊게 보아야 알 수 있다. 바로 농촌 아이들의 얼굴이다. 가난한 국가든 부유한 국가든 시력이 좋지 않은 아이들은 어디에나 있다. 이 아이들을 위한 해결책은 매우 간단하고 효과적이다. 바로 안경 착용이다. 각자 시력에 맞는 안경만 쓰면 다른 아이들과 마찬가지로 보고 배울 수 있다.

하지만 중국 농촌에서는 안경 쓴 아이를 찾기가 쉽지 않다. 필요 없어서가 아니다. 사실, 중국 농촌에서는 세계 다른 곳보다 훨씬 많은 아이가 근시(와 다른 각종 시력 문제)를 가지고 있다. 세계적 조사에 따르면, 보통 초등학생 인구 가운데 10~20%가 시력 문제를 안고 있다. 중국 농촌에서 근시 학생의 비율은 3학년 학생의 10%, 5학년 학생의 30%, 6학년 학생의 40%라고 한다. 즉, 중국

농촌 학교에서 시력 문제를 가진 학생의 비율은 세계 다른 나라에 비해 2~3배 높다.[6]

사실, 중국 농촌은 시력 문제 학생의 비율이 높은 유일한 곳이 아니다. 연구에 따르면, 시력 문제는 동아시아 전반에서 특별하게 공통적으로 나타난다. 왜 이렇게 광범위하게 문제가 확산되었는지에 대해서는 논란이 있다. 여러 가설이 있는데, 외부 빛에 대한 노출도 차이, 공부 시간, 영상 매체 노출 시간 등이 주원인으로 거론되고 있다. 유전학적 요인이 있을 수도 있다. 하지만 여전히 중국 농촌에는 한 가지 심각한 차이가 있다. 근시는 동아시아 어디에나 보편적이지만, 중국 농촌에서만 그에 대한 치료(안경을 맞추는) 비율이 너무 낮다.[7]

아이들에게 필요한 안경을 제공한다면 그다지 문제가 되지 않는다. 하지만 중국 농촌에서는 시력 문제를 안고 있는 아이의 비율이 높은데도 시력 교정을 받을 방법이 거의 없다. 대부분의 아이는 '교정되지 않은 근시'로 힘들어한다. 그들은 안경이 필요하지만 안경이 없다. 이 문제는 꽤 많은 부분을 차지한다. 우리가 다섯 개 성에서 수집한 데이터에 따르면, 3학년 중 9%는 근시 교정을 받지 못한 상태였다. 안경을 맞추는 아이보다 근시 학생의 비율이 훨씬 빨리 증가하기 때문에, 전체 아이 가운데 교정되지 않은 근시 비율은 나이가 올라갈수록 급격히 증가한다. 농촌 학교에서는 6학년의 경우 근시가 교정되지 않은 아이가 32%에 이른다([그림 6-1]). 이는 6학년 학생 전체의 3분의 1이 안경이 필요한데도 안경이 없다는 의미다.[8]

[그림 6-1] 연령 그룹별로 필요한 안경이 없는 비율

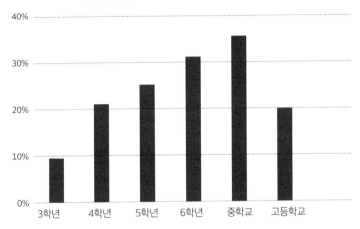

중국 농촌에서 근시가 교정되지 않은 학생의 비율

출처: Yue Ma, Xiaochen Ma, Yaojiang Shi, Nathan Congdon, Hongmei Yi, Sarah Kotb, Alexis Medina, Scott Rozelle, Mony Iver, 〈중국 농촌의 시력 장애: 유행, 심각성 그리고 학생 집단에 따른 수입과의 연관성(Visual Impairment in Rural China: Prevalence, Severity, and Association with Income across Student Cohorts)"〉, REAP 워킹 페이퍼, 2018.

예상할 수 있는 것처럼, 근시가 교정되지 않으면 학습에 큰 영향을 미친다. 제대로 안 보이면 학습이 훨씬 어렵다. 우리 팀과 다른 사람들이 시행한 연구 결과, 근시 아이들에게 교정 안경을 제공하면 학생들의 시험 성적이 빠르게 급격히 향상되었다. 아이들에게 안경을 주어 교실에서 쓰게 했더니 시험 성적이 거의 두 배 좋아졌다. 안경은 농촌 아이들과 도시 아이들의 성취도 차이를 단 9개월 만에 반으로 줄여놓았다. 이는 수십 년 동안 현지 조사를 하면서 지켜본 결과 교육적인 면에서 가장 큰 발전을 이룬 사례다. 하지만 중국 농촌 전역에서 약 2000만 명의 학생이 칠판의 글자

를 읽는 데 필요한 안경을 가지고 있지 않나. 이는 대유행이라고 볼 수 있는 또 다른 위기다.[9]

중국 남부의 초등학생들에게는 또 다른 중요한 건강 문제가 있다. 2013년 구이저우성貴州省에서 실시한 연구에서 농촌 지역 초등학교 학생들의 40% 이상이 장내 기생충에 감염되었다는 것을 밝혀냈다. 이는 중국 남부 농촌 지역 초등학생 10명 중 4명이 배 안에 기생충을 가지고 학교에 다니고 생활한다는 뜻이다.[10]

다른 연구자들이 실시한 연구로도 2013년도의 연구 결과를 확인할 수 있었다. 이 연구는 쓰촨, 푸젠福建, 후난湖南, 윈난성雲南省의 농촌 지역에서 기생충 감염률이 40% 혹은 그 이상이라는 것을 입증했다. 아동기의 장내 기생충 감염은 중국 남부 농촌 지역에서 고질적인 것으로 보인다.[11]

맨눈으로는 보이지 않지만, 장내 기생충은 인간 숙주로부터 귀중한 영양소를 빼앗아간다. 이는 영양실조, 식욕 저하, 설사, 어지러움, 체력 저하를 일으키고 인지발달에 부정적 영향을 끼친다. 기생충은 빈혈과도 관련이 있다. 빈혈로 인한 집중력 저하와 인지능력 문제, 기생충 자체로 인한 부정적인 신체적 결과들은 아이들의 학습 성과에 파괴적 영향을 미친다. 감염된 아이들은 학교에 가지 않고 집에 머무는 시간이 더 많아지고, 집중력이 저하된 채로 학교에 온다. 우리 팀의 조사에 따르면, 중국 농촌의 장내 기생충 감염 문제는 학업 성취도 저하, 기억력과 지능 테스트에서 낮은 점수, 낮은 출석률과 분명 관련이 있다.[12]

이 프로젝트들의 결과, 중국의 고질적인 농촌과 도시 간 교육 격차의 원인 한 가지는 분명해졌다. 오늘날 중국 농촌의 아이들은 아프다. 그들은 빈혈이 있고, 제대로 칠판을 볼 수 없으며, 장내에는 기생충이 살고 있다. 이런 건강 문제는 그들을 지치게 만들어 학교에서 집중하기 힘들게 한다. 선생님이 말하는 것을 이해하기 어렵고, 칠판 글씨도 점점 더 읽기 힘들어진다. '보이지 않는 중국'을 찾아온 방문객들은 학교 시설에 감탄하지만, 농촌 학생들을 안에서부터 괴롭히고 있는 학습과 성장의 장애물들은 보지 못한다.

[표6-1]은 중국 전역에서 실시한 실증 연구로부터 이 세 가지 문제에 대해 최근 발견한 내용을 요약한 것이다. 다양한 지역에서 조사한 학생 13만3000명의 건강 데이터를 근거로, '보이지 않는 중국'에서 초등학생의 60%가 이 세 가지 증상 중 적어도 한 가지를 겪고 있다고 추정할 수 있다.

이 특정 건강 문제는 빙산의 일각일 수도 있다. 빈혈, 교정되지 않은 근시, 기생충은 발견하기도 쉽고 치료하기도 쉽지만, 우리의 연구에 따르면 학생들은 여전히 제대로 된 치료를 받지 못한 채

[표 6-1] 초등학교 학생들의 건강 데이터

	영향을 받은 어린이
빈혈	27%
교정되지 않은 시력 문제	20%
장내 기생충 감염	33%

출처: C. Zhou, S. Sylvia, L. Zhang, R. Luo, H. Yi, C. Liu, Y. Shi, P. Loyalka, J. Chu, A. Medina, and S. Rozelle, "중국의 유수아동China's left-behind Children 부모의 이주가 건강, 영양, 학업 결과에 미치는 영향", *Health Affairs* 34 no.11 (2015) 1964-71; Ma Yue, Xiaochen Ma, Nathan Congdon, Alexis Medina, Scott Rozelle, 〈중국 학령기 어린이들의 초과 학습으로 인한 시각 장애의 유행Prevalence of Visual Impairment by Overtime among School- Age Children in China〉, REAP 워킹 페이퍼, 2016.

방치되고 있다. 이는 농촌 아이들이 건깅 문세가 체계적으로 방치되고 있음을 보여준다. 아마도 농촌 학교에는 아직 발견되지 않은 훨씬 심각한 건강 문제들이 만연해 있을 것이다. 중국의 초등학교는 명백히 눈에 띄는 문제들로부터 보이지 않는 유행병이 만연한 시스템으로 전환했다. 교육적 자원을 개선하려는 많은 움직임이 있었으나, 이는 학생들을 돕기에 충분하지 못했다. 농촌 아이들이 아픈 상태로 계속 지내면, 당연히 뒤처지지 않겠는가? 그러니 쉬는 시간에 뛰어놀 힘이 전혀 남아 있지 않은 것도 당연하다.

위기의
뿌리

———

이 공중 보건 위기의 규모는 믿기 어려울 정도로 보인다. 문제는 이 보건 상황을 해결하는 것이 너무나 어렵다는 것이 아니다. 오히려 세 가지 모두 저렴하고 빠른 해결책이 있다.

빈혈은 (대개) 음식 섭취에서 철분이 모자랄 때 발생하기 때문에 식습관을 바꾸거나 더 간단하고 저렴하게는 권장량의 철분을 함유한 종합 비타민제를 매일 섭취하는 것으로 해결할 수 있다. 효과적인 종합 비타민제는 아이 한 명당 하루에 10센트 정도면 구입할 수 있다.

시력 문제에 대한 해법은 이미 언급했다. 90%의 시력 문제는 제대로 된 안경만 있으면 교정할 수 있다. 근시로 고생하는 학생한 명당 30달러 정도 들기 때문에 이 해결책은 비용이 약간 더 들지만, 평균적인 농촌 가정의 수입으로 감당할 수 있는 정도다. 사실, 오늘날의 임금률(시간당 2~3달러)을 생각하면, 안경 하나 사려면 농촌 지역 가족의 2~3일 치 임금 정도 든다. 게다가 안경은 보통 2년이나 그 이상 사용할 수 있기 때문에, 연간 들어가는 돈은 그렇게 많지 않다(매년 부모 중 한 명의 하루 임금이 든다). 결론적으로, 하루당 비용은 빈혈 치료 비용보다 더 저렴하다.[13]

장내 기생충을 위한 저렴하고 잘 만들어진 해결책도 있다. 좋은 위생과 건강한 식습관은 아이들의 기생충 감염을 막아준다. 하지만 (중국 농촌의 많은 지역처럼) 위생이 그렇게 좋지 못한 곳에서는 1년에 두 번 구충제를 먹는 것으로 이 문제를 해결할 수 있다. 이 약은 안전하며(감염되었든 아니든 모든 아이가 먹어도 될 만큼 안전하다) 효과도 좋고(하루에서 이틀이면 기생충이 완전히 제거된다) 저렴하다. 기생충 감염을 방지하는 데 한 아이당 1년에 2달러도 들지 않는다. 1년에 부모 중 한 명의 1시간 임금에 해당하는 비용이 필요하다.

진짜 어려운 문제는 이런 것들에 대한 정보가 없다는 것이다. 아무도 이런 것들에 대해 인지하지 못하기 때문에 이런 문제가 존재한다. 빈혈, 시력 문제, 기생충은 모두 맨눈으로 보면 알 수가 없다. 빈혈은 그 영향을 알아차리기가 쉽지 않아 '감춰진 기아'로 알려져 있다. 기생충 역시 질병의 증상이 뚜렷하지 않다.

이 문제를 논의할 때 많은 사람이 아이들을 돌보고 건강한 식사를 제공하는 것은 개인적인 문제라고 말한다. 그들은 보통 종종 철학적인 근거를 대면서, 아이들의 건강과 영양은 부모와 가족이 스스로 알아서 해결해야 하는 문제라고 결론 내린다. 하지만 내가 관찰해온 현실에 근거하면, 중국 농촌 지역 부모와 조부모는 스스로 이 문제를 해결할 역량이 부족하다. 적어도 현세대에서는 그렇다. 전문적인 지식이나 경험 없이는 부모가 이를 진단해낼 수 없다. 특히 빈혈이나 기생충이 만연한 집단에서 어떤 부모가 아이들이 낮잠을 많이 잔다고 깊이 고민하겠는가? 농촌 지역 대부분의 부모는 아주 기초적인 교육만 받았고, 농촌 마을에서 많은 아이에게 가장 가까운 보호자인 조부모들은 보통 아예 문맹인 경우가 많다. 물론 그들도 자기 아이들을 돕고 싶어 한다. 단지 어떻게 해야 하는지 모를 뿐이다. 따라서 아이들이 학교에 모여 있을 때, 이를 공중 보건 문제로 다뤄 한꺼번에 치료하는 것이 훨씬 쉽고 비용이 적게 들며 가장 효과적이다.

우리는 부모들과 인터뷰한 결과, 이 세 가지 건강 문제에 대한 인식이 부족하다는 것을 알게 되었다. 빈혈의 가장 주요한 원인은 좋지 않은 식사다. 그런데 이 문제의 근원은 바로 중국 농촌 부모들이 아이들의 건강과 발전에서 좋은 영양 상태가 얼마나 중요한지 알지 못한다는 것이다. 우리 팀이 농촌 지역 보호자들을 조사했을 때, 70% 이상이 빈혈이 무엇을 의미하는지 알지 못했다. 나는 농촌의 한 할머니에게 그녀의 손녀가 건강하게 자라려면 어떤 음식이 필요할 것 같은지 물었다. 그녀는 바보같이 들리는 질문에 빙그레 웃으며 대답했다. "배불리 먹을 수 있게 해줘야죠. 그것 말고 달리 필요한 게 있겠어요?"

대부분의 농촌 가정에서 아이들은 식사로 밥, 면, 찐빵, 그리고 채소 절임 정도만 먹는 경우가 많다. 가장 중요한 것은, 그들이 평소 식사에서 철분을 섭취하거나 다른 중요한 비타민이나 미네랄을 섭취할 기회가 거의 없거나 아예 없다는 점이다. 고기, (아이가 철분을 섭취할 수 있도록) 물고기, 두부, 그리고 비타민이 풍부한 과일이나 채소를 먹인다면 빈혈과 미량의 영양소 부족 문제에서 많은 진전이 있을 것이다.[14]

시력 문제에 대한 이해도 매우 제한되어 있다. 한 연구에서 우리 팀은 부모와 조부모들에게 그들의 자녀가 시력 문제가 있다고 생각하는지 물었다. 근시가 있던 아이(우리는 이미 학교에서 시력 검사와 굴절력 검사를 했기 때문에 알고 있었다)의 부모 중 거의 절반 정도가 자녀가 시력 문제를 가지고 있다는 것을 몰랐고, 대부분은 그것을 치료해줘야 한다는 사실도 알지 못했다. 자녀가 제대로 보지 못하는 상태라는 것을 알게 된다 해도, 많은 경우 그들은 무엇을 해야 하는지 잘 알지 못했다. 부모들은 우리가 그들에게 눈 건강 문제에 대해 배운 적이 있는지 물었을 때 웃었다. "누가 알려줬겠어요? 우리가 어릴 때는 그 누구도 안경을 쓰지 않았어요." 한 부모가 말했다.

부모들은 기생충의 위험성에 대해서도 마찬가지로 무지했다. 대부분의 어머니는 기생충이 사람의 분뇨를 통해 전파된다는 것을 알지 못했다. 할머니들은 요리하기 전에 손을 씻는 경우가 거의 없었다. 그 누구도 아이나 손자, 손녀에게 밖에서는 꼭 신발을 신어야 한다고 알려주지 않았다. 하지만 이 부모들은 가축을 구충하는 일의 중요성은 인지하고 있었다. 부모가 기생충에 대해 얼마나 알고 있는지 조사한 길직 연구에서, 실험 대상 가족 가운데 거의 대부분(98.7%)이 자신들이 키우는 돼지는 정기적으로 구충하고 있다고 말했다. 하지만 그들의 아이 중 35%는 기생충으로 고생하고 있었다. 그들은 아이들의 구충에 대해서는 한 번도 생각해본 적이 없었다.[15]

지식 부족 외에도, 중국 농촌의 많은 부모(그리고 조부모)는 현대 과학을 불신하고 대신 아이들에게 해로운 중국 전통 치료법을 믿는다. 안경에 대한 미신은 해롭고 설득하기도 쉽지 않다. 연구를 통해 안경이 아이들의 눈에 해가 없다는 것이 증명되었고, 시력 저하를 늦출 가능성이 높은데도 농촌의 교장, 교사, 부모들은 열두 살 이하 아이들에게 안경이 해롭다고 믿는다. 그들은 우리에게 이렇게 말했다. "안경은 아이들의 눈을 해쳐요. 안경을 쓰지 않아야 눈이 강해지고, 스스로 좋아질 거예요." 물론 이것은 사실이 아니다. 안경 대신, 많은 농촌 가족은 중국에서 1950년대부터 유행하는 '눈 운동'을 선호한다. 매일 학교에서 아이들은 그들의 시력 문제를 없애기 위해 관자놀이와 눈 주변의 근육을 마사지하도록 교육받는다. 연구자들은 이 눈 운동이 의학적으로 아무런 의미도 없음을 증명해냈다. 이는 아이들에게 도움이 되지 않을뿐더러 실제 효과가 있는 해법에서 점점 더 멀어지게 만든다.[16]

기생충에 대한 민간요법 역시 아이들의 건강에 해롭다. 구이저우의 어른들에게 왜 아이들을 구충하지 않느냐고 물으면, 많은 경우 곧바로 "기생충은 나쁜 게 아니에요"라고 대답한다. 그중 일부는 심지어 "음식을 소화하는 데 그것이 필요해요"라고 말하기도 한다. 최근 연구에서, 우리 팀은 현지 의사들과 함께 아이들을 구충했다. 우리는 아이들에게 질 좋고 아주 안전한 구충제를 주고 간단한 복용법을 알려주었다. "이 약 두 알을 오늘 밤 자기 전에 먹으렴." 우리가 담당한 많은 가정에서, 보호자들은 아이에게 약을 하나만 먹고 하나는 버리도록 했다. "너무 많은 기생충은 좋지 않지만 다들 조금은 필요하단다." 그들은 이렇게 말했다. 하지만 구충 작업이 완료되지 않는다면, 이 기생충은 아이들의 장 안에서 거의 바로 재생해 우리의 노력이 헛수고가 될 것이다. 미신은 아이들이 건강해지는 것을 막고 있다.

이 문제의 또 다른 중요한 부분은 바로 부모들이 아이들을 도우려 하고 현대 의술을 믿는다고 해도, 농촌 지역에서는 건강에 대한 정보를 얻을 믿을 만한 곳이 사실상 없다는 것이다. 대부분의 어머니는 아이를 어떻게 키워야 하는지에 대한 조언 중 가장 많은 부분을 시어머니에게서 배운다. 하지만 그 시어머니는 의도는 좋다고 해도 사실 아이들의 건강에 대한 최신 정보를 가지고 있지 않다. 그들 중 많은 사람이 4~5명의 성공적인 농부를 키워냈을지는 몰라도, 현대의 지식 기반 경제에서 손자 손녀들을 어떻게 키워야 하는지는 거의 알고 있지 않다.

심지어 중국 농촌 지역의 소위 전문가여야 하는 사람들조차 정보나 해법의 믿을 만한 공급자가 아니다. 대부분의 농촌 지역에서 제일 쉽게 접할 수 있는 보건 종사자는 소위 '마을 의사'라고 불리는 사람들이다. 이 의사들은 '맨발의 의사들'로 알려져 있는데, 쉽게 찾아갈 수 있기는 하지만 그들이 받은 훈련과 지식은 천차만별

이라서, 반드시 좋은 정보나 좋은 치료를 받을 수 있는 것은 아니다. 예를 들면 최근 기생충 감염률이 아주 높은 마을들을 조사하면서, 우리 팀은 그곳의 마을 의사를 찾아가 이 건강 문제에 대해 어떤 지식이 있는지 물었다. 조사 대상 마을 중 절반에서는 아예 마을 의사 자체가 없었다. 마을 의사가 있는 마을들에서도 의사가 적절한 지식을 가지고 있지 않았다. 기생충 감염을 겪고 있는 마을의 의사들은 자신이 있는 지역에서 기생충은 더 이상 문제가 아니라고 말했다. 몇몇 의사는 부모와 조부모 사이에 만연한 똑같은 잘못된 믿음을 가지고 있었다. 예를 들면 구충제는 아이들에게 해롭다는 믿음 말이다. 한 마을에서는 마을 의사가 확신에 차서 말했다. "저는 여자아이들에게는 구충제를 추천하지 않아요. 구충제는 임신을 어렵게 만드니까요." 지방 단위에서 기본적인 문제들에 대한 이해 부족은 끔찍하다. 이는 부모들이 아이들의 건강에 대한 조언을 적극적으로 얻으려 해도 좋은 정보를 얻기가 얼마나 어려운지 잘 보여준다.[17]

농촌의 신뢰할 수 없는 보건 문제는 광범위하게 퍼져 있고 심각하다. 2013년부터 우리 팀은 농촌 보건의 질을 평가하기 위해 일련의 창의적인 연구를 해왔다. 의사들에게 설문 조사지에 답하게 하거나 공식적인 자리에서 질문하는 것보다는, 평범한 농촌 사람들을 훈련시켜 진료소에 가서 연구자들이 설계한 대본대로, 가정된 건강 문제에 대해 도움을 청하도록 했다. 이는 공중 보건 분야에서 '표준화된 환자'라는 이름으로 알려진 실험의 한 종류다. 그때 '환자'들은 의사가 알려준 것을 기록하고, 연구자들은 이 답안들을 의학적으로 적절한 해답과 비교했다. 연구 결과는 충격적이었다. 설사, 협심증, 결핵 같은 보편적인 질병은 의사들이 아주 짧은 시간 안에 제대로 병을 진단해냈다. 하지만 병을 제대로 진단해냈어도, 제대로 된 처방을 한 경우보다 잘못된 처방을 한 경우가 더 많았다. 그렇기 때문에 어떤 경우에는, 농촌의 보건 체계에서 치료받는 것이 도움이 되기보다 해를 입을 가능성이 높았다.[18]

전반적으로, 우리는 연구를 통해 상황이 꽤 심각하다는 것을 알아냈다. '보이지 않는 중국'의 부모와 조부모들은 아이들이 건강해지도록 해줄 지식과 자원을 가지고 있지 않았다. 많은 경우 그들은 아픈 아이들을 증명된 방법으로 치료하는 것을 방해하는 민간요법을 맹신했다. 그들이 아이들 치료 방법을 배우려 해도 믿을 만한 정보 제공자가 없다. 그 결과, 수백만 명의 아이가 그들의 잠재력보다 훨씬 못한 미래에 굴복하고 있다. 중국 미래 노동력의 3분의 2가 '보이지 않는 중국'에서 성장하고 있기 때문에, 이 아이들의 건강과 교육의 질을 높이는 것은 국가적 우려 사항이다.

기초가 되는 건강

중국뿐만이 아니다. 아이들의 학습을 방해하는 눈에 띄지 않는 만연한 건강 문제는 중국의 현재 발전 단계와 같은 상황에 있는 모든 나라가 고민해야 하는 문제다.

이 장에서 다룬 세 가지 건강 문제 모두 중진국들에 일반적으로 퍼져 있다. 예를 들면 멕시코에서는 미취학 아동의 30%가 빈혈에 시달린다. 태국과 터키에서도 빈혈 발생률이 각각 25%와 33%로 높다. 브라질 미취학 아동의 빈혈 발생률은 55%다. 참고로, 미국 같은 선진국에서는 미취학 아동의 빈혈 발생률이 3%밖에 되지 않는다.[19]

시력 문제도 마찬가지다. 동아시아에서 근시 비율이 다른 곳보다 월등히 높은 이유는 여전히 논쟁거리지만, 중국 농촌에서 안경이 필요한 아이들의 비율이 동아시아 지역 밖의 중진국들보다 높다. 하지만 전반적으로 중진국들에서는 아이들의 시력 문제가 발견되지 않고 교정되지 않는 것이 보편적이다. 칠레의 한 연구에 따르면 안경이 필요한 아이 중 25%만이 안경을 가지고 있었다.[20]

장내 기생충 역시 중진국에 만연해 있다. 기생충 감염은 하루에 2달러 이하로 살아가는 후진국에서 가장 일반적이지만, 중진국에도 여전히 기생충 감염 사례가 많다. 장내 기생충 감염률은 브라질이 약 26%, 베네수엘라가 약 39%로 높다.[21]

그렇다면 왜 중진국들은 사람들이 세계에서 가장 가난한 개발도상국에나 있을 거라고 생각하는 문제를 여전히 떠안고 있는가? 부분적인 이유는 이런 국가들이 아주 심각한 불평등을 겪고 있기 때문이다. 미끄럼틀과 낙하산 게임판을 오르고 있는 이런 나라에서는 평균 수입이 증가한다. 이로써 많은 사람이 마침내 더 나은 음식과 의료 서비스를 누리게 된다. 하지만 여전히 불평등 비율이 높아, 많은 사람이 가난하게 살거나 빈곤선 바로 위에 있을 뿐이다.

예를 들어 2009년 중국에서는 인구의 12%만 국제적 극빈곤 기준선(하루 1.25달러 이하) 아래 있었지만, 30%는 여전히 하루 2달러 미만으로 생활하고 있었다. 즉, 평균 수입은 어느 정도 개선되었지만, 많은 사람 특히 농촌 지역 사람들은 여전히 전 세계 빈곤한 이들이 겪고 있는 건강 및 영양의 장애물과 마주하고 있다.[22]

문제의 다른 부분은 바로 대부분의 중진국은 강력한 사회안전망이나 특별히 잘 발달한 공공 의료 시스템을 가지고 있지 않다는 점이다. 이런 나라의 정부들은 보통 선진국들에서 문제를 발견하고 관련 치료법을 알려주기 위해 의존하는 건강검진이나 그에 관련된 조언 등을 제공하지 않는다. 게다가 특히 농촌 지역에서는 사회안전망이 제대로 발달하지 않아, 사람들은 대출, 의료보험, 고령연금 등 우리가 당연하게 여기는 경제적·사회적 제도에 의존할 수 없어, 살아가면서 필요한 많은 비용을 모두 스스로 해결한다. 큰 병 치료도, 아이들 교육도, 은퇴 후 삶도 말이다. 따라서 그들은 문제가 있음을 알게 되더라도 양질의 음식을 사거나 앞으로의 건강을 위해 투자할 돈이 없다.

마지막으로, 중진국 농촌 지역의 많은 사람이 아이들의 교육적 성공에 영양이나 건강이 아주 중요한 역할을 한다는 것을 이해할 지식도 없고 그만큼의 교육도 받지 않았다. 그들은 배를 채우는 방법도 알고 몸이 아프면 어딘가에 도움을 청해야 한다는 것도 알고 있다. 그러나 보이지 않지만 중요한 건강 위기를 알아낼 방법은 알고 있지 않다. 이런 상황은 대부분 중진국의 빠른 발전 속도에서 원인을 찾을 수 있다. (중국에서처럼) 단기간에 발전한 나라의 경우 아이를 키우는 부모가 여전히 후진국 수준의 지식과 교육을 받은 상태다. 그들은 영양이나 기생충, 안경에 대한 정보가 부족하다. 그 이전 세대인 조부모가 아이의 육아를 맡으면 이런 요소는 더욱 커진다. 중국을 포함한 많은 중진국에서는 팽창하는 경제 수요로 인해 많은 젊은이가 도시로 이주하게 되어 아이를 가난한 시절에 성장한 조부모들에게 맡기는 경우가 많다. 그들은 보통 아주 적은 교육을 받았고, 장기적으로 아이들이 성공하려면 무엇이 필요한지 지식이 거의 없다.

가장 큰 문제는 바로 중국과 다른 많은 중진국이 너무 빠르게 발전을 이루어냈다는 것이다. 세계 대부분 선진국에서 4~5세대 걸렸던 만큼의 임금 사다리를 중국의 경우에는 전국 곳곳의 사람들이 한 세대 만에 올라갔다. 미국에서는 남북전쟁 이후 100년 이상 느리지만 꾸준하게 1년에 2~3% 성장해, 평범한 시민들이 영양과 건강, 그리고 새로운 고임금 경제에서 어떻게 아이들을 교육해야 하는지 배울 시간이 충분했다. 그러나 중국의 가정들은, 특히 가난하고 외진 지역에서는 그것을 따라잡을 기회가 주어지지 않았다. 하지만 아이들은 21세기 기술과 지식과 학습 능력을 요구하는 글로벌 경제에서 경쟁해야 한다는 요구를 받을 것이다.

오늘날 손주들을 키우는 중국 농촌 할머니들은 몇 년 전까지도 농업을 생업으로 삼아 살아왔다. 그런 할머니들이 고등학교와 대학교에 가고 첨단 경제 속에서 발전해야 할 아이들을 키우고 있다. 더 부담이 큰 일자리에 필요한 기술을 얻으려면 이 아이들은 대수학, 영어, 중국 문학을 배워야 한다. 빈혈, 기생충, 근시가 과거에는 그렇게 중요하지 않았을지 몰라도 지금은 중요한 문제다. 더 경쟁적이고 더 기술집약적인 새로운 경제에서는 이것이 미래의 성공과 실패를 가를지도 모른다.

나는 이 보이지 않는 건강 위기가 학습에만 중요한 것이 아니라, 중진국 함정에 관해서도 보이지 않는 요소라고 생각한다. 이는 그렇게 많은 중진국이 왜 발전 게임판의 가장 마지막 부분으로 올라가지 못하는지와 관련해서도 중요하다.

어떤 중진국이 성공하려면, 정책이 학교 건물이나 대규모 인프라 건설 프로젝트 같은 보이지 않는 문제들을 넘어 학생들의 학습과 궁극적으로는 경제성장의 보이지 않는 방해물들을 해결해야 한다. 그것이 이 책의 가장 주요한 교훈이라고 할 수도 있다. 실제로, 중진국은 보이는 문제에서 보이지 않는(하지만 매우 중요한) 문제들로 이행하는 단계라고 할 수 있다.

영양 또는 더 광범위한 배고픔을 예로 들어보자. 가난한 나라에서는 많은 사람이 몸을 튼튼하게 할 만큼 충분한 음식을 섭취하지 못한다. 세계 최빈국의 평균적인 사람들은 과학자들이 건강한 삶을 위한 최소한의 기준이라고 하는 하루 2200칼로리Cal를 섭취할 형편이 안 된다. 예를 들면 아이티, 차드, 콩고민주공화국, 에티오피아, 케냐 같은 나라의 일반 시민들은 그들의 몸에 필요한 칼로리보다 더 적은 양을 섭취하며 살아가고 있다.

가난한 나라에서 흔한 이런 배고픔은 눈에 분명히 보인다. 기아로 인해 배가 부푼 아이들을 볼 수 있다. 부모도 아이들이 충분히 먹지 못해 운다는 것을 알고 있다. 유아기의 배고픔은 키가 자라지 않게(성장 저해) 하고 저체중(소모성)으로 명백히 알 수 있다.

중진국의 경우, 대부분의 인구에서 가장 기본적 형태의 기아는 사라졌다. 평균 임금이 올랐다는 것은 대부분의 사람이 적절한 칼로리를 섭취할 여유가 있다는 뜻이다. 예를 들면 브라질, 중국, 멕시코, 태국, 터키에서는 평균적으로 사람들이 하루에 3000칼로리 이상을 섭취할 수 있다. 이는 굶주리지 않고 음식 섭취 부족으로 인한 최악의 건강 악화를 피할 수 있는 충분한 칼로리다. 국가 단위에서 볼 때 이는 기념비적인 변화다. 물론 중진국에서도(같은 맥락에서 선진국에서도) 일부 사람들은 여전히 굶주린다.

하지만 중진국에서 배고픔 문제는 여전히 계속되고 있다. 이는 다른 형태의 배고픔이다. 중진국 사람들은 전반적으로 충분한 '칼로리'를 섭취하지만, 탄수화물 중심인 경우가 많고, 영양소가 풍부한 음식은 거의 없는 열악한 식사로 고생한다. 그들은 많은 고기나 야채를 살 여유가 없고, 이런 음식을 신선하게 보관할 냉장고를 살 돈이 없을 수도 있다. 어쩌면 이제 여유가 생겼는데도 어린 시절 부족한 음식만으로 생존해온 습관 때문에 저렴하고 요리하기도 쉬우며 배고픔을 해결해주는 곡식 위주로 먹는지도 모른다. 혹은 많은 미량의 영양소가 사람의 기본 건강과 인지에 필수적이라는 것을 모르는지도 모른다.

이유가 무엇이든, 중진국의 많은 사람이 몸에 필요한 기초 영양소, 예를 들면 비타민이나 철분을 충분히 섭취하지 못한 채 살아간다. 이런 영양 부족은 자기 몸을 관리하고 최선의 결과를 내는 능력에 계속해서 근본적인 영향을 끼칠 것이다. 눈에 잘 보이지 않아 증상을 알아채기도 힘들다. 빈혈이 '감춰진 기아'로 불리는 이유가 바로 이것이다. 하지만 '감춰진 기아'는 후진국에 만연한 보이는 문제들만큼 해결해야 할 중요한 문제다.

발전하는 세계에서 전통적인 기아(불충분한 열량 섭취)는 후진국의 성장을 저해하는 가장 중요한 장애물 중 하나로 여겨진다. 충분히 먹지 못한 사람들은 일할 능력이 적다. 자신을 돌보기도 더 어렵고 질병에 걸릴 확률도 높다. 그로 인한 영향은 국가적으로도 너무 중요하다. 따라서 빈곤국의 성장 전략에서 가장 중요한 요소 중 하나로 모든 사람이 충분히 먹는 것을 꼽을 수 있다. 충분히 먹으면 삶의 질이 나아지고, 일자리에서 더 열심히 일할 수 있으며, 경제 전반적으로 생산성이 향상된다.

하지만 중진국 발전 단계의 감춰진 기아(그리고 내가 앞에서 설명한 다른 보이지 않는 건강 문제)도 국가의 장기적 성장을 결정하는 데 그만큼 중요하다. 중진국의 미래 전망은 국민들이 고소득 미래 일자리를 찾는 데 필요한 기술과 교육을 갖추게 할 수 있느냐에 달려 있다. 중진국 단계에서 한 국가의 가장 중요한 자원은 바로 아이들의 학습 능력이다. 빈혈, 근시, 기생충은 모두 보이지 않아, 보통 치료되지 않은 채 넘어가는 경우가 많다. 하지만 이 세 가지 증상 모두 아이들의 학습 능력을 방해해, 개인의 건강에 커다란 장애물이 될 뿐만 아니라 국가의 경제성장에도 심각한 문제가 된다. 따라서 아이들의 보이지 않는 건강 문제가 많은 국가에서 빠른 성장 속도에 맞춰 인적 자본을 축적하지 못하는 중요한 (그리고 제대로 진단되지 않는) 이유라고 나는 믿는다. 중국과 다른 중진국들이 중진국 함정에서 삐져나가고(또는 피하고) 싶다면 진지하게 고려해야 할 요소다.

이것이 바로 건강과 영양이 모든 것의 기초라고 말하는 이유다. 또한 중국이 인적 자본 위기와 싸우려면 이 문제를 우선적으로 시작해야 하는 이유이기도 하다. 중국의 정책 결정자를 포함해 많은 사람이 '인적 자본'이라고 하면 보통 교육을 떠올린다. 교사의 질을 높이고 시설과 커리큘럼을 개선하는 것 등이 가장 중요한 요소라고 생각하지만, 중국이 고려해야 하는 가장 중요한 요소는 바로 사람 그 자체. 만약 다른 투자에서 효과를 보고 싶다면 사람들의 기초적인 건강과 영양이 우선 뒷받침되어야 한다.

국가 정책
계획

———

오늘날 최상의 의도에도 불구하고, 중국의 농촌 지역 교육에 대한 대규모 투자는 어떤 의미에서 낭비되고 있다. 모든 아이를 고등학교에 진학하게 하려면 수십억 달러가 들 것이다. 따라서 그들이 고등학교에 진학하기 전 최대한 배우고 발전할 준비를 갖추도록 하는 것이 이치에 맞을 것이다.

연구자들은 세계 많은 국가에서 교육의 질을 향상시킬 거라고 기대했던 유명한 교육 프로그램들이 실제로는 제대로 실행되지 않은 사례를 계속 보여줬다. 정책 결정자들이 학급 인원을 줄이고, 설비를 개선하고, 아이들의 건강을 개선하는 데 투자했으나 아이들의 학업 능력은 향상되지 않았다. 많은 프로그램이 실패한 이유는 보통 학생들이 성공하는 데 필요한 다른 요소들, 즉 좋은 학교, 좋은 교사, 좋은 커리큘럼 같은 것들이 부족하기 때문이다. 중국에는 이 모든 요소가 갖추어져 있는데, 가장 중요한 학생들의 건강 문제가 해결되지 않고 있다. 그렇기 때문에 중국에서 학업 부진에 대한 해결 방안은 사실상 간단하고 심지어 비용 대비 효과적이다.[23]

우리 연구팀은 최고 수준의 실험적 증거인 무작위 대조 시험 randomized controlled trials, RCTs을 통해 이 세 가지 만연한 건강 문제가 학교 시스템 아래서 꽤 쉽고 저렴하게 해결될 수 있음을 증명했다. 이런 개입으로 건강과 영양이 개선되어 학생들의 학업 성취에서 의미 있는 상승으로 이어졌다.

지난 10여 년간 무작위 대조 시험은 사회과학 연구에서 점점 더 보편화되었다. 그 이론과 유용성은 이해하기 쉽다. 우리는 학생들의 건강을 향상시키기 위해 건강, 영양, 교육 분야의 지방 정책 입안자 및 세계적 전문가들과 함께 측정 가능하고 비용이 낮은 조정방안 개발 작업을 진행했다. 진행 방법은 도움을 주려는 지역사회 가운데 한 그룹의 학교들을 무작위로 선택한다. 선정된 학교 가운데 무작위로 절반을 골라 파일럿 정책을 시험하고, 나머지 절반은 대조군으로 삼는다. 이 정책을 적용하고 1년(혹은 2년) 뒤 모든 학교로 가서 정책을 적용한 학교들과 대조군 학교들을 비교함으로써 정책이 효과적이었는지 살펴본다. 무작위 대조 시험은 공공정책에서 최적의 기준으로 여겨지고 있다. 그 이유는 현실 세계에서 잠재적 정책이 엄격하게 시험될 수 있도록 해주기 때문이다.

빈혈, 기생충, 시력 문제에 관한 조사 과정에서, 이 문제를 해결해줄 비용 대비 가장 효과적인 정책을 찾아내기 위해 우리는 현장에서 15개의 무작위 대조 시험을 실행했다. 연구마다 한 학교 그룹(실험집단)에는 제안된 해결 방안을 적용하고 다른 그룹의 학교(대조군)는 그대로 두었다. 우리는 건강뿐만 아니라 교육적 성과를 향상시키는 것으로 증명된 현실에서 효과적인 해결 방안을 성공적으로 찾아냈다. 중국 정부가 학생들의 건강을 책임지고, 농촌 초등학교 학생들의 학습을 방해하는 마지막 주요 장애물을 고치기로 결정할 경우, 우리는 그들이 신속하게 큰 개선을 이루도록 도와줄 도구를 준비해두고 있다.

우리 팀은 빈혈 문제에 관해 연구하기 시작한 2008년부터 총 8개의 무작위 대조 시험을 실시했다. 여러 종류 멀티비타민의 효과를 시험하고, 학생들의 식단에 다양한 종류의 음식을 보충하며, 교장들이 학생들의 영양을 개선시키도록 인센티브를 주었다. 이 작업은 중국의 빈혈 문제를 해결하는 데 가장 효과적이고, 가성비가 좋은 방법은 바로 매일 멀티비타민 보충제를 제공하는 것임을 보여주었다. 이 프로그램은 빈혈 비율을 25%나 낮췄다. 매일 멀티비타민제를 복용하게 했더니 빈혈을 앓던 학생들의 시험 점수가 눈에 띄게 향상되었다. 이 효과는 반 학생 수를 절반으로 줄이고 1학기(즉 6개월)의 학교 교육을 더 받게 하는 것과 비슷하다. 하루에 비타민 한 알을 먹게 하는 것으로 말이다. 우리 연구는 조금 더 비싸더라도 건강한 점심 급식이 건강을 증진하고 학업 성취도를 높여주는 데 모두 효과가 있다는 사실도 보여주었다.[24]

그렇다면 시력 문제는 어떤가? 우리는 학생들이 충분히 잘 보고 배우고 성공하기 위한 최선의 방법을 찾기 위해 6개의 무작위 대조 시험을 했다. 모든 연구에 걸쳐 근시인 아이들에게 안경을 제공하면 곧바로 그리고 확실히 학업 성취도가 높아지는 것을 밝혀냈다. 내가 몇십 년 동안 교육 연구를 하면서 본 것 중 안경은 학습에 가장 크게 영향을 미치는 요소였다. 교실에서 정기적으로 안경을 쓴 학생 집단은 시험 점수가 0.74 표준편차라는 놀라운 수치로 올랐다. 이는 근시가 교정되지 않은 아이들보다 학습 속도가 약 두 배 높은 결과다.[25]

시력 문제를 다루면서 우리는 아이들에게 안경을 제공할 여러 가지 방법을 실험해보았다. 나라에서 근시인 모든 아이에게 안경을 나눠줄 경우 비용이 꽤 많이 들겠지만, 중국의 규모라면 아예 불가능한 방법은 아니다. 하나에 30달러 정도 하는 안경을 지급할 경우 2년 정도 쓸 수 있다. 만약 가난한 농촌 지역 4~6학년 학생 1500만 명 중 30%가 안경이 필요하다면, 1년에 1500만×30%×15달러=6800만 달러(약 800억 원-옮긴이)로 이런 한심한 상황을 해결할 수 있다.

이것 말고도 안경이 필요한 아이가 안경을 가질 수 있게 하는 방법들이 있다. 우리가 현재 진행하고 있는 프로젝트에서는 현지 시력 전문가를 교육해 그들이 현지 학교에 가서 학생들의 시력을 측정하고 근시 판정을 받은 학생들을 지역 병원에 보내고 있다. 이 프로그램은 4~6학년 학생들에게 무료로 첫 안경을 제공하고, 그것을 살 수 있는 더 높은 학년 학생들에게는 안경을 팔며, 돈이 별로 없는 학생에게는 무료로 제공한다. 이 방법으로 혁신적인 새로운 단체들은 많은 정부 보조금이나 많은 기부금을 받지 않고도 안경이 필요한 모든 아이에게 안경을 제공할 수 있다.[26]

기생충 박멸도 조율된 정부 행동을 통해 가능하다. 많은 개발도상국 정부는 학교에서 구충제를 나누어주는 방법으로 기생충 감염을 줄이거나 아예 박멸하는 데 놀라운 성공을 거두었다. 중국에서는 1980년대까지(심지어 일부 성에서는 1990년대까지) 모든 학생이 학교에서 1년에 두 번씩 구충제를 먹도록 했다. 중국은 이 작업을 효과적으로 그리고 효율적으로 할 수 있는 방법을 알고 있다. 아이들이 6개월 동안 기생충에 감염되지 않게 하려면 한 알에 0.5달러짜리 알약 두 개면 충분하다. 아이 한 명당 1년에 2달러 정도면 중국의 모든 아이가 기생충으로부터 완전히 자유로워질 수 있다. 이 끔찍한 건강 문제는 (빈곤한 현 지역의 2600만 명 모든 학생이 구충제를 먹는다면) 1년에 단지 5000만 달러로 해결할 수 있다.

이는 더 적은 돈을 쓰고 더 똑똑한 방법으로 어린아이들이 배우고 성공할 수 있도록 해주는 기회가 될 것이다. 또한 모든 아이가 너무 늦기 전에 꿈을 이룰 수 있게 해줄 것이다.

인간적
척도

2018년에 시력 프로그램을 진행하고 있던 한 곳을 방문했다. 간쑤성에 있는 한 학교를 세 번째 방문한 참이었다. 처음 두 번은 어떤 아이들에게 시력 문제가 있는지, 각자에게 적절한 처방은 무엇인지 살피는 탐색을 위한 방문이었고, 세 번째 방문인 그날은 아이들에게 새로운 안경을 지급할 예정이었다.

마침 5학년 학생들이 교실 앞에 줄 서는 모습을 보고 있었는데, 한 아이가 친구들과 달리 뒤에 뚝 떨어져서 앞으로 나가려 하지 않았다. 그 아이는 땅에 시선을 떨구고 초조한 듯 손을 등 뒤에 깍지 끼고 있었다. 그의 차례가 되려면 꽤 남아 있었기에, 그에게 다가가서 말을 걸었다.

우선 그에게 안부를 묻고 안경을 받는 기분이 어떤지 물었다. 그는 한동안 나를 탐색하듯 바라본 다음 시선을 돌렸다.

"괜찮아, 화내지 않을게. 네 생각을 말해주렴." 내가 그에게 말했다.

그가 한숨을 쉬고 나서 말했다. "있잖아요, 저는 안경을 원하지 않아요. 제 생각에 저는 잘 볼 수 있는 것 같아요. 그리고 사람들이 저를 우습게 볼 것 같아요. 제가 할머니에게 사람들이 와서 시력 검사를 하고 저한테 안경이 필요하다고 했다는 말을 전했더니, 할머니는 그거 별로 안 좋은 것 같다고 하셨어요. 할머니 말로는 안경이 제 눈을 더 안 좋게 만들고, 어쨌든 다 시간 낭비래요."

나는 들으면서 함께 고개를 끄덕였다. 그의 말에 고집이 배어 있었기 때문에, 그를 설득하려 하지 않았다. 그러고는 얼마 뒤에 말했다. "하지만 한번 시도해보는 것도 나쁘지 않지. 어쩌면 꽤 놀라운 일이 벌어질 수도 있으니까. 한번 해볼 만은 해."

그는 고개를 끄덕였으나, 그다지 믿는 눈치는 아니었다. 나는 그가 줄에서 기다리도록 한 뒤 팀원들이 있는 곳으로 돌아갔다.

한 시간 정도 지난 뒤 교실로 돌아와 그 아이가 줄 앞쪽에 서 있는 것을 보았다. 의사는 처방전에 따라 맞춘 안경을 그에게 건네주고는 그것을 쓰고 창문 밖을 보라고 했다. 여전히 얼굴을 찡그린 채, 그는 그렇게 했다. 그런데 곧바로 그의 표정이 바뀌었다. 그는 눈이 커지더니 비틀거리다 거의 넘어질 뻔했다. 처음에는 당황스러워하는 것 같았다. "왜 빛이 이렇게 밝지?" 그러고는 해맑게 미소를 지었다. 처음으로 세상이 흐릿하지 않았던 것이다. 처음으로, 그는 나뭇잎과 나무를 제대로 볼 수 있었다.

이는 정말 멋진 순간이고, 내가 정말 좋아하는 순간이다. 확실히, 안경 프로젝트는 직접 볼 때 가장 신난다. 하지만 그날의 진정한 영향은 우리가 몇 달 뒤 프로그램의 진전을 보려고 학교로 돌아갔을 때 분명해졌다. 우리는 몇 집을 가정방문했는데, 그중 한 곳이 그 아이의 집이었다.

그가 안경을 쓴 지 6개월째였다. 나는 그와 함께 초등학교에서 내려가는 길에 있는 그의 집으로 걸어갔다. 거기서 그의 할머니를 만났다. 그녀는 그가 함께 사는 유일한 어른이었고, 프로그램 초반 안경에 대해 아주 회의적이었다. 그녀는 나에게 경험을 말해주면서 눈물을 흘렸다. "저 애는 이제 반에서 최상위권이에요. 선생님은 저 애의 성적과 진보에 대해 정말 기뻐하고 있어요. 이렇게 많은 차이가 생기다니, 믿을 수가 없어요."

그녀는 학업 말고도 다른 변화가 있었다고 말했다. "우리 아이는 고립되어 있었어요. 하교할 때 한 번도 친구를 데려온 적이 없어요. 지금은 매일 방과 후에 남아 친구들과 탁구를 하거나 농구를 해요. 집에 오면 종종 저에게 산책하자고 해요. 안경을 쓰기 전에는 전혀 하지 않던 일들이죠. 아이는 안경을 쓸 때마다 미소를 지어요. 이런 변화들이 정말 너무 놀라워요." 그녀는 고개를 흔들고 자신의 손을 내려다보았다. "저 때문에 아이가 안경을 못 쓸 뻔했다는 게 믿을 수 없어요. 아이에게 이것이 얼마나 필요한지 전혀 몰랐어요."

이 이야기는 아주 작은 단계에서 변화가 일어날 때 어떤 결과가 나타나는지 잘 보여준다. 앞으로 수십 년 동안 중국을 다르게 만들 수 있는 것은 이런 작은 변화다. 어린아이와 개개의 가족에서 시작하는 것은 큰 변화에서 핵심적인 부분이다. 사실, 다음 장에서 보겠지만 중국의 보이지 않는 문제들의 뿌리는 훨씬 이전에 시작되었다.

7장

인생
가장 초기의
문제

INVISIBLE CHINA

아이들이 고등학교에 진학했을 때
학습할 수 있는 기초 능력이
갖춰져 있지 않다면
고등학교 진학을 아무리 확대해도
의미가 없다.

산시성山西省 남부의 작은 마을에서, 푸른 골파를 심어놓은 계단식 밭들은 작은 콘크리트 집들이 늘어서고 가파르게 솟아 있는 메마른 언덕과 뚜렷하게 대비된다. 그 마을의 한 집 마당에서 왕진진이 어머니의 무릎 위에 앉아, 이 집에 찾아온 대학원생 메이천을 테이블 너머로 바라보고 있다. 진진은 차가운 가을 공기를 견딜 수 있도록 옷을 껴입었고, 따뜻한 울 모자가 그의 커다란 눈과 빵빵하고 바람에 탄 붉은 볼을 꽉 감싸고 있었다. 그는 겨우 18개월 된 아기였다.

　모든 면에서 진진은 운이 좋은 아이였다. 그가 울 때마다 누군가 그를 안아서 달래주었다. 배가 고플 때마다 누군가 그에게 먹을 것을 가져다주었다. 그의 아버지는 먼 도시에서 일하고 있었지만, 진진은 안정적인 가족과 지내며 부모와 조부모의 사랑을 많이 받았다. 그는 폭력이나 배고픔이나 진정한 괴로움을 느껴본 적이 없었다. 하지만 어디를 봐야 할지 아는 사람들 눈에는 진진에게 문제가 있다는 미묘한 신호들이 보였다.

메이천은 어린 진진에게 테스트를 하려고 왔다. '베일리 아동 발달 평가 도구BSID'는 1960년대 미국 심리학자가 처음 개발한 것으로, 오늘날 전 세계적으로 영유아기 아이들의 인지 능력과 기능 발달을 테스트하는 데 쓰인다. 아기들을 위한 IQ 테스트라고 할 수 있다.[1]

이 평가 도구로 진진의 의식 능력을 평가했다. 메이천이 그의 눈앞에서 화려한 색깔의 장난감을 앞뒤로 흔들며 시선을 끌려고 할 때 그가 인식하는가? 이 테스트는 또 진진이 간단한 명령을 따를 수 있는지도 체크한다. "블록을 컵 안에 넣으렴, 진진. 이렇게. 알겠니?" 메이천은 그에게 장난감을 건네며 직접 해보도록 하기 전에 그녀의 말이 무엇을 뜻하는지 보여주며 말했다. 그녀는 그가 물질계의 기본 법칙을 알고 있는지 테스트했다. 진진이 좋아하는 장난감을 가져가 천으로 덮었을 때, 그는 그것이 여전히 거기 있는지 아는가? 그는 그것을 바라보다 천을 치우기 위해 움직이는가? 혹은 힘없이 주위를 돌아보고 울면서 장난감이 사라졌다고 생각하는가?

이 테스트는 인지발달에 대한 몇십 년 동안의 체계적인 연구에 기반을 두고 있으며 세심하게 표준화되어 있다. 이는 세계 여러 국가에서 받아들여지고 실행되어왔다. 여기에는 중국 대륙, 대만, 홍콩 같은 중국어권 세 국가와 지역도 포함된다. 보통 건강한 아이들은 자신의 연령대에 맞는 예측 가능한 순서대로 지시를 이행한다. 물론 개인마다 컨디션이 좋은 날이 있고 나쁜 날이 있지만,

어떤 아이들은 다른 아이들보다 조금 더 빨리 배운다. 하지만 과학자들은 어떤 행동이 각 연령 집단의 일반적인 경우에 속하는지 알고 있다. 만약 아이들이 일반적인 경우보다 많이 떨어진다면 무언가 문제가 생겼다는 의미다.

여기서도 무언가 잘못되고 있었다. 진진은 방금 IQ 테스트에 실패했다. 생후 9개월 아이들을 위해 설계된 과제에서 고전하고 있었다. 진진은 18개월이 되었지만, 아직 말을 시작하지 못했고, 직계 가족 이외의 사람들과 상호작용하는 법도 배우지 못했다. 메이천이 질문했을 때, 진진은 이해하지 못하는 표정으로 그녀를 바라보았다. 메이천이 반짝이는 새 장난감을 꺼내 들고 함께 놀자고 제안했을 때, 진진은 장난감을 가지고 멀리 가서 어머니의 품 안에 몸을 움츠린 채 조용히 앉아 메이천을 무표정하게 바라보았다.

이는 좋은 신호가 아니다. 이런 문제는 이 아이나 그의 가족, 혹은 이 마을 한 곳에 국한되지 않는다. 진진의 외모는 특별해 보이지 않지만, 진진, 그리고 진진과 같은 1000만 명의 다른 아기는 중국의 미래를 지탱할 버팀목이다.

첫 번째
실마리

———

2012년, 중국 서부의 도시가 으레 그렇듯 익숙한 먼지와 오염물질이 산 풍경을 구름처럼 가로막고 있던 겨울날 시안에서 나는 처음으로 영유아기 발달의 중요성에 대해 배웠다. 에모리 대학교 공공보건학부의 선도적인 영양과학자 레이날도 마르토렐Reynaldo Martorell 교수가 우리의 연구 프로젝트 중 하나에 자문하기 위해 방문 중이었다. 온두라스 출신의 날카로운 관찰자 레이날도는 가난한 사람들을 돕고 싶다는 끝없는 열망을 안고 스탠퍼드, 코넬, 에모리 대학교의 교수진으로서 시간을 나눠 활동하고 있었다. 그는 그 어떤 학자보다 개발도상국 농촌 지역에서 더 많은 시간을 보냈을 것이다.

그날 레이날도는 공동 프로젝트와 관련된 일로 시안에 와 있었다. 그 일은 중국 농촌 초등학교의 영양을 개선하고 동시에 영양 개선이 10~12세 농촌 지역 학생이 학교에서 더 나은 성과를 보이는 데 도움이 되는지 평가하는 일이었다. 4명의 교수와 20명의 대학원생이 회의실에 모여, 우리 앞에 놓인 스크린에 최신 조사 데이터를 띄워놓고, 인스턴트커피와 싸구려 포장 음식을 먹으며 최대한 집중하려 애썼다. 레이날도는 노트를 보다가 생각에 깊이 잠긴 채 고개를 들고 말했다. "나는 당신이 학령기 아이들의 교육을 방해하는 장애물을 알아내기 위해 이 모든 연구를 하는 것으로 알고 있어요. 당신의 연구 대상에는 초등학생부터 대학생까지 포함되죠. 혹시 아기들과 연구를 진행해보신 적 있나요?"[2]

나는 분명한 부정의 뜻을 담아 고개를 저었다. 나는 취학 연령대 아동에 대한 연구만 진행해왔다. 레이날도는 대답했다. "당신이 이 학교들에서 찾아내는, 학습에 어려움을 느끼는 부분과 지속적인 성취도 격차 문제는 아마 당신이 생각하는 것보다 훨씬 일찍 시작되었을지도 몰라요. 제가 배운 바에 의하면 영유아기 발전은 정말 놀라울 정도로 예민해요. 만약 아이들이 아주 어릴 때 필요한 것을 제공받지 못하면 돌이킬 수 없는 결과를 가져오죠."

할 일이 많아 그때 다루고 있던 과제로 돌아갔지만, 레이날도의 말은 나에게 오랫동안 남았다. 그날 늦은 밤, 다른 프로젝트들에 대한 긴 회의가 끝난 뒤, 나는 잠들지 않은 채 누워 생각했다. 나는 몇십 년간 중국 농촌과 도시의 학습 격차를 줄이기 위해 노력해왔다. 내가 아주 중요한 부분을 놓친 것일까? 다른 일을 진행하면서도, 나는 주위 사람들에게 묻기 시작했고 온라인으로 정보를 찾아보았다. 사실 이 주제에 대해 최근 많은 연구가 있었고, 심지어 거기에는 많은 개발도상국도 포함되어 있었다. 하지만 나는 곧 중국 농촌의 아기들이 어떤 상태인지 알고 있는 사람이 없음을 확인했다. 이 연령대에 대한 연구는 그 어떤 것도 없었다. 정말 아무것도 없었다. 이에 대한 뉴스나 개인적인 견해조차 찾을 수 없었다.

2014년에서 2015년에, 우리 팀은 이에 대한 답을 얻기 위해 첫 번째 연구 프로젝트를 시작했다. 레이날도와 다른 심리학, 신경과학 전문가의 도움으로, 우리는 메이천을 포함해 100명의 대학원생과 박사후과정 학생들이 아이들을 대상으로 베일리 테스트를 시행하도록 훈련시켰다. 우리에게 분명한 의제는 없었다. 우리는 중국 농촌에서 실제로 이것이 문제인지도 알지 못했다. 그 결과는 나의 연구 인생 중 가장 충격적이었다.

첫째, 우리는 2014년 산시성 농촌에서 거의 2000여 가족을 조사했는데, 우리의 표본 가운데 53%의 아기가 베일리 테스트에서 실패했다. 우리의 표본 가운데 영유아의 절반이 인지적으로 뒤처 져 있다는 진단을 받았다. 진진처럼, 그들에게는 중요한 기초가 없었다. (그 표본 안 아기 중 한 명이었던) 진진처럼 그들은 대부분의 기 본 능력에서 뒤처져 있었다. 이는 사소한 뒤처짐이 아니었다. 이 아이들은 같은 연령대 아이들의 평균 이하 표준편차에 비해 훨씬 더 심한 점수를 기록했다. 일반적인 인구 분포에서 아이들의 16% 만이 이런 좋지 않은 점수를 기록한다. 즉, 이 농촌 아기들의 발달 문제는 그 범위와 수치 면에서 모두 충격적이었다. 믿기 어려운 결과였다.

우리는 이것이 전반적인 문제인지 알아내기 위해 중국의 다른 지역에서도 연구를 진행했다. 그 결과 다른 지역에서는 더 심각하 다는 것을 발견했다. 2015년에서 2016년에 허베이河北 농촌 지역 에서 진행한 두 번째 연구에서는 55%의 아기가 뒤처진 것으로 드 러났다. 허베이성은 부유하고 번영한 베이징에서 차로 두 시간 거 리에 있다. 점수가 가장 낮은 외진 윈난성에서는 60%가 넘는 아 기가 베일리 테스트에서 실패했다. 우리가 조사한 것은 빈곤 지역 가운데서도 가장 가난한 외딴 소수민족 마을이 아니었다. 우리가 조사한 아기들 대부분이 중국에서 가장 크고 부유한 민족인 한족 이었다. 이는 어쩌면 가장 빈곤한 공동체에서는 문제가 더 심각할 수도 있음을 의미한다.[3]

2017년에 우리는 연구를 농촌 후커우를 가진 주민으로 가득한 다른 공동체로 확대했다. 중국 중부 평원 지대의 농촌 마을, (베이징, 정저우, 시안 같은) 중국 대도시의 농촌 출신 이주자 공동체, 대규모 이주자 재정착 마을 등이었다. 모든 농촌 공동체 가운데 이들은 가장 부유하고 고향 너머에서 기회를 찾으려는 야망 있는 부모였으며, 세상 경험이 많은 도시 엘리트에 가까운 사람들이었다. 하지만 좀 더 성공적인 코스모폴리탄적 환경에서도 아이들은 여전히 뒤처져 있었다. 평균적으로, 50% 이상의 아이가 인지, 언어, 사회 정서 발달에서 뒤처져 있었다.[4]

이 문제는 중국의 농촌에만 국한된 것으로 보였다. 중국 곳곳의 도시에서 실시된 연구를 보면, 중국 도시의 아이들은 평균적인 범위 안에서 무난히 잘 해내고 있다. 특히 위에서 언급한 것처럼, 베일리 테스트는 평균적으로 건강한 인구 안에서도 16% 아이는 '낮은 발달' 범주에 들어가도록 설계되어 있다. 그런데 데이터를 보면 중국 도시 아이들은 평균보다 조금 더 높은 결과를 나타낸다. 연구에 따르면, 중국 도시 아기는 5~13%만이 낮은 발달 범주에 들어간다. 다시 기억하자면, 중국 농촌 아이들은 50% 이상이 이 범주에 들어가는데 말이다. 전반적으로, 이 연구는 중국 도시에서는 영유아기 발달 지체 문제가 없음을 보여준다. 이것은 근본적으로 농촌 지역의 문제다.[5]

이것이 중요하지 않다는 의미가 아니다. 오늘날 (농촌에 사는 아이들과 농촌에서 도시로 이주한 노동자의 아이들을 포함해) 중국 아이 가운데 70%가 농촌 후커우를 가지고 있음을 기억해야 한다. 나는 영유아기 발달 지체 문제가 사실상 전체 농촌 영유아 대부분에게 전형적인 상황이라고 생각한다. 모든 유효한 증거에 의하면, 영유아 발달 지체 문제는 중국 전반에 만연한 것으로 보인다.

이 연구 결과를 충분히 이해하기 시작하면서, 나는 이 문제의 규모에 압도되었다. 어떻게 이처럼 많은 아기가 뒤처질 수 있는가? 어떻게 그 누구도 이에 대해 모르고 있는가? 이 결과를 다른 분야 전문가들과 공유하고 심리학과 신경생물학에 대해 더 배우기 시작하면서 나의 고민은 더 깊어졌다. 레이날도 마르토렐이 나에게 몇 년 전 경고한 것처럼, 아기들의 발달은 중요한 문제다.

이는 몇 년 뒤 따라잡아 무난히 자라는 뒤늦게 성장하는 유형의 아이들을 말하는 것이 아니다. 여러 증거에 따르면, 당장 도움을 주지 않으면 진진과 그의 친구들은 평생 더 낮은 단계에서 살아가게 될 것이다.

초기 유아기의 중요성

———

대부분의 인간 역사에서, 육아는 과학이라기보다 예술에 가까웠다. 다른 종처럼, 우리는 모두 아이를 잘 키워내기 위해 최선을 다했으며, 우리의 본능과 우리 자신의 부모, 친척 그리고 이웃들의 사례를 합쳐 자기 나름의 방법을 만들어갔다. 인간 역사 대부분에서 그 방법은 꽤 잘 작동했다. 우리는 우리가 아는 기술을 아이들에게 가르쳤다. 스스로 먹고사는 방법, 생계를 유지하는 법, 질병이나 외부 위험에서 자신을 지킬 최선의 방법 등 말이다.

그런데 세상이 바뀌었다. 과학적 방법이 부상하면서, 우리는 복잡한 메커니즘 작동법을 감에 의존하지 않고 개별 변수들을 통해 확립된 사실에 근거해서 우리의 의견을 형성한다. 이런 방법으로 우리가 배운 위대한 것 중에는 목숨을 구하는 약들, 환경을 제어하는 새로운 방식들, 물질적 세계에서 우리를 나아가게 하는 새로운 방법들이 있다. 우리는 아이를 키우는 방식 가운데 특정 방법이 다른 것보다 더 좋은 결과를 가져오는 것도 알게 되었다. 특히 높은 지능과 사회적 요구가 필요한 현대 세계에서는 이것이 더욱 중요하다.

나는 이 부분을 과장하고 싶지 않다. 나 역시 아버지이고 이 분야 관찰자로서, 아이를 키울 때 드는 의문 중 많은 부분에 딱 맞는 정답이 없다는 것을 알고 있다. 완벽한 부모가 되는 방법은 없다. 여기에는 종합적인 가이드도, 단일한 과학적 공식도 없다. 하지만 생물학과 발달심리학의 엄밀한 연구는 아이들, 특히 영유아들이 인지, 언어, 운동신경, 사회적·정서적 발달을 이루는 데 꼭 필요한 특정한 기본 요소가 있다는 것을 추론을 넘어 확립된 사실로 증명했다. 이 자원이 없다면 아이들은 뒤처져 평생 부정적인 영향을 받을 것이다.

1960년대 이후 다른 가정환경에서 자란 아이들은 평균적으로 각각 다른 능력치를 가진 채 학교생활을 시작한다는 사실이 널리 인식되었다. 특히, 부유한 가정 출신 아이들은 평균적으로 가난한 집 아이들보다 더 나은 인지 능력과 언어 능력을 가진 채 유치원 생활을 시작한다. 몇십 년간 과학자들과 교육자들은 유전적 편견에 의문을 가지지 않고, 이 차이를 특정 집단의 유전학적 우월성의 증거로 해석했다. 선구적 이론가들은 특정 사회 계층, 혹은 특정 인종은 다른 계층이나 인종보다 유전적으로 '똑똑하거나 더 낫다'는 엉성한 과학에 기반을 두고 주장을 펼쳤다.[6]

하지만 더 객관적인 연구자들이 이 질문을 더 철저히 탐색하기 시작하면서, 낡은 주장들은 빠른 속도로 무너졌다. 증거들은 이제 평균적으로 모든 사람은 인종적 정체성이나 경제적 계층과 상관없이, 대부분 비슷한 인지 능력을 가진 채 태어난다는 것을 결론적으로 보여준다. 연구들은 가난한 아이들이 뒤처지는 이유 가운데 유전학적 차이보다 초기 환경이나 경험의 차이가 훨씬 중요함을 보여준다. 간단히 말해, 우리가 인생의 가장 초기에 어떤 식으로 키워지느냐가 사는 동안 배우고 발전하고 성공할 기회를 가지는 기본적인 능력에 엄청난 영향을 미친다.

왜냐하면 유아기 초기 환경은 우리의 삶에서 가장 중요한 요소, 바로 뇌에 심대한 영향을 주기 때문이다. 수정부터 다섯 살까지 우리의 뇌는 기본 구조를 만들고, 일생의 학습 및 사고 사회성과 관련해 기초를 마련한다. 이 나이 때 뇌는 매초 1000개의 시냅스를 만들어낸다. 일생 동안 우리가 생각하고, 배우고, (숫자 이해, 언어 능력, 부호나 상징을 이해하는 능력을 포함하는) 인지 능력을 개발할 수 있게 해주는 기본적인 뇌 네트워크에 대해, 가장 중요한 뇌의 성장은 세 살 이전에 일어난다. 이 정점을 지나면 기본 역량을 확보하기가 점점 더 어려워진다. 이 기술은 오랜 시간에 걸쳐 하나에 이어 또 다른 하나가 만들어지는 식이라서, 초기에 부족한 게 하

나 생기면 그것이 쌓여 평생에 걸쳐 문제를 남긴다.[7]

이는 어린아이가 핵심적인 인지와 사회 능력을 키울 기회의 창문이 유한하다는 뜻이다. 중국 농촌에서 진진과 다른 아이들처럼 인생 초기에 뒤처지면 (아주 높은 확률로) 평생에 걸쳐 더 적은 능력을 지닌 채 살아간다. 너무 오랫동안 중요한 자원이 없다면 기회의 창문은 닫혀버리고, 남은 인생을 더 낮은 능력만 가진 채 살아가게 된다. 그들이 자신의 이름을 말할 정도로 성장하기 전에, 더 낮은 IQ, 더 많은 행동 문제, 좋지 않은 학업 결과, 더 높은 범죄 행동 가능성, 평생 더 낮은 수입 궤도로 진입하게 한다.

그러면 중국 농촌에서 살아가는 진진과 다른 아이들은 오늘날 얼마나 좋지 못한 상황에 있는가? 우리의 조사 결과에 따르면, 중국 농촌 아이 중 절반은 인지 테스트에서 낮은 결과를 기록해 (당장 무언가 조치를 하지 않으면) 성인이 되어서도 IQ 90에 도달하지 못할 가능성이 높다. IQ가 90이나 그 이하를 기록한 아이는 평범한 인구 가운데 최하위 16%에 속하고 중국의 중학교 커리큘럼에서 가르치는 많은 기본 기술들을 배우지 못할 것이다. 미국에서 IQ 90 이하 학생은 특별 교육반에 보낸다. 중국 전역에 진진과 같은 아이가 2000만~3000만 명 있고, 매년 500만에서 1000만 명 정도 태어나는데, 아무런 조치도 하지 않는다면 이 아이들은 이 범주에 머물 것이다.

레이날도의 설득 덕분에, 나는 중국이 오늘날 마주하고 있는 단일한 최대 위기에 다다를 수 있었다. 그리고 이 문제는 취학 연령대 아동의 기생충이나 농촌 마을의 교정되지 않은 근시 문제보다 훨씬 더 진정으로 눈에 보이지 않았다.

뒤처지다

———

진진의 집이 위치한 골짜기에서 몇백 미터 위에는 진진의 집과 비슷한 또 다른 집이 있었다. 그 집은 진진의 집과 똑같이 하얀 페인트를 칠하고 똑같은 각도의 나무 지붕이었으며 똑같이 붉은색과 금색의 너덜너덜한 대련 종이가 문에 걸려 있었다. 이것은 몇 달 전 중국의 신년 축하 대련 종이의 일부분이었다. 이 집에 살고 있는 가족 역시 진진과 거의 비슷했다. 진진이 자라는 왕 씨 가족의 집처럼, 리 씨 가족 역시 열심히 일하는 부모와 사랑이 넘치는 조부모 그리고 아들 하나로 이루어져 있었다. 아들 리샤오페이는 진진과 똑같이 모래투성이 흙에서 기는 법을 배웠고, 진진이 자라면 다니게 될 학교에 다니고 있었다. 그런데 최근 샤오페이가 보이지 않았다.

어느 바람 부는 봄날, 시안 외곽의 버스 정류장에서 샤오페이를 만났다. 그의 고향에서 몇백 킬로미터 떨어진 곳이었다. 거리 너머에는 새로운 고급 아파트 단지가 들어서고 있었다. 하지만 샤오페이는 나를 반대 방향으로 이끌었다. 그곳에는 먼지 날리는 좁은 길을 따라 작은 면 요리 음식점과 플라스틱 튜브, 대걸레, 싸구려 장난감을 파는 가게 몇 군데가 있었다. 해진 작업용 부츠와 검은 바탕에 노란 얼룩이 섞인 인조 가죽 재킷을 입은 샤오페이는 다른 이주 노동자들과 비슷한 모습이었다. 얼굴만이 그의 나이를 짐작하게 했다. 그는 이제 막 열여섯 살이 되었다.

5년 전 샤오페이는 평범한 농촌 아이였고, 그를 사랑해주는 가족들과 함께 살았으며, 학교에서 성공해 그의 가족보다 훨씬 안정적인 삶을 살 수 있을 거라는 높은 기대를 안고 있었다. 매일 아침 샤오페이는 친구들과 함께 뛰어서 마을 초등학교에 갔으며, 열정적으로 도시에 가고 싶어 했다. 그는 성적이 꽤 좋았고, 학교를 좋아했다.

그런데 중학교에 입학하자 성적이 떨어지기 시작했다. 매주 그의 선생님은 모두가 볼 수 있게 칠판에 최근 시험 성적을 붙여놓았다. 몇 달간 그는 자기 이름이 명단 아래로 자꾸 내려가는 것을 지켜보았다. 10월 중순이 되자, 그의 성적은 하위권에 가 있었다. 그는 마음속 깊이 수치심을 느꼈다.

성적이 떨어지자 교사들은 점점 더 적대적으로 변했다. "교실에서 선생님은 칠판에 영어 단어를 적게 했어요." 샤오페이는 나와 함께 모퉁이의 한 가게에 앉아서 말했다. 우리는 국수 두 그릇을 주문했다. "그리고 제가 단어를 틀릴 때마다, 선생님은 제 머리를 치며 모두 앞에서 소리를 질렀어요. 끔찍한 장면이었죠." 다음해 봄이 되자, 이제 할 만큼 했다고 생각한 샤오페이는 부모님께 쪽지를 남기고 버스표를 샀다. 다음 날 그는 캔버스 백 하나와 직업 소개 전단지를 든 채 시안에 도착했다. 그때 그는 겨우 열세 살이었다.

농촌 아이가 학교를 그만두는 데는 수백만 가지 이유가 있다.

샤오페이 가족은 가난했고, 그는 중학교까지 통학하는 데 당장이라도 망가질 것 같은 불편한 밴을 타고 매일 두 시간을 갔다가 또 두 시간을 타고 와야 했다. 하지만 샤오페이의 마음속에서, 그가 학교를 떠난 이유는 명백했다. "저는 말 그대로 배울 수가 없었어요. 아무리 노력해도 알아들을 수가 없었어요. 그래서 그곳을 벗어나기 위해서라면 무엇이든 하겠다고 생각했죠."

샤오페이의 어머니는 아들의 쪽지를 발견한 뒤 그에게 한 달간 매일 전화를 걸어 제발 집으로 돌아오라고 빌었다. 그녀는 아들에게 더 나은 삶을 살 유일한 기회를 버리는 것이라고 경고했다. 그녀는 샤오페이에게, 다른 가족은 가질 수 없었던 대학, 안전하고 안정적인 일자리, 넓은 세계로 나갈 기회를 가질 수 있을 거라는 희망으로 얼마나 열심히 일해왔는지 다시 생각해보라고 했다.

하지만 샤오페이의 인내심은 한계에 다다랐다. 어쩌면 인내심이 아니라 희망이었는지도 모른다. "어떤 아이들은 우등생이지만 누구는 아니죠." 그는 국수 그릇을 응시하며 단호한 말투로 말했다. "저도 제가 전자라고 생각했지만, 이제는 제가 그렇지 않다는 걸 알아요. 아무리 노력하고 몇 시간 동안 공부해도 저는 그 무엇도 이해할 수가 없었어요. 제가 왜 이런 데 시간을 낭비해야 하는지 알 수가 없었어요."

샤오페이의 경우와 같은 이야기는 얼마나 흔한가? 2017년 가을 우리 연구팀은 몇 곳의 농촌 중학교에 갔다. 이 문제와 관련 없는 연구, 즉 학생의 학습에서 교사의 임금 제도가 얼마나 영향을 미치는지 연구하기 위해서였다. 하지만 우리가 중국의 여러 농촌 지역을 다니며 100곳이 넘는 중학교에서 연구를 진행했기 때문에, 우리는 농촌 학생들의 인지 능력이 어떤 상태인지 이해할 기회를 가질 수 있었다. 나는 테스트해보고 싶은 주제가 따로 있었다.

아기들에 대해 연구하며 발달 지체 문제를 발견했을 때부터, 아이가 자라면 이 문제가 어떤 식으로 영향을 미칠지 궁금했다. 발달 심리학자와 신경과학자들의 이론에 따르면, 농촌 지역 아이 중 절반이 영아기 때 인지발달 지체를 겪는다면(그리고 지난 10여 년 동안 상황이 더 악화되지 않았다면) 중학교에서도 같은 비율의 아이가 평균 이하 인지 능력을 가진다고 예상할 수 있다. 나는 또 이 인지발달 지체가 그들의 학교 교육에서 부정적 영향을 미치는지 알고 싶었다.

이 가설을 시험해보기 위해 우리 팀은 표본에 있던 100개의 중학교 중 한 곳의 1학년 학생 가운데 무작위로 선정한 500명에게 두 가지 다른 인지 테스트를 시행했다. 우리는 그룹 전체에서 40%가 낮은 아이큐를 가지고 있음을 발견했다. 그들에게, 샤오페이가 고전했던 표준화된 수학 시험지를 풀게 했다. 연관성은 충격적이었다. 낮은 인지 능력과 낮은 수학 성적은 비례했다. 평범한 수준의 인지 능력과 높은 수학 성적은 밀접한 관련이 있었다. 나는 마음속으로 이것이 아마 샤오페이의 문제였을 거라고 생각했다. 그는 배우고 싶어 했다. 그의 가족은 그가 배우길 원했다. 하지만 그는 그렇게 할 수가 없었다. 그는 어쩌면 진진의 15년 후 모습일지도 모른다. 만약 진진이 그 어떤 도움도 받지 못한다면 말이다.[8]

샤오페이는 어떻게 되었는가? 얼마 동안은 무난하게 해냈다. 하지만 중학교 졸업장이 없는 그에게 많은 일자리들은 평생 문을 열어주지 않을 것이다. 물론 처음에는 임금을 지급해주는 일자리를 찾기가 어렵지 않았다. 시안에 도착하고 며칠 뒤, 그는 건설 현장에서 일자리를 찾았다. 최소 열여섯 살은 되어야 했으나 이를 신경 쓰는 사람은 별로 없었다.

첫 2년 동안, 그는 시안의 높은 마천루 고층 주변에 설치된 대나무 비계에서 일했다. 이 일은 힘들었고 가끔은 위험했다. 그의 이야기를 들은 어머니는 그가 더 안전한 일자리를 찾기를 원했다. 하지만 그의 생각에 이 일을 몇 년 더 할 수 있을 것 같았고, 이 일자리는 그가 졸업장 없이 찾을 수 있는 어떤 일자리보다 많은 돈을 주었다. 하지만 2015년, 아무 경고도 없이 그가 일하던 건설 현장이 문을 닫았다. 얼마 동안 그는 지역 공장의 조립 라인에서 일하며 어떤 종류의 전자기기를 만들었다. 그는 그 기기가 어디에 쓰는 것인지 알지 못했다. 그리고 그 공장 역시 문을 닫았다. 그는 또 다른 일을 알아보았으나, 어디서도 새로 사람을 구하는 것 같지 않았다.

샤오페이는 지난 3개월 동안 어떤 일도 하지 못했다. 지금 그는 그동안 모아둔 돈으로 지내고 있었다. 부모님에게는 이 상황을 이야기하지 않았다. 최근 그는 건설 현장에서 알게 된 다른 친구 몇 명과 이야기하다 그중 한 명이 돈 벌 방법을 알아냈다고 했으나, 그 일자리가 위험해, 그 일을 해야 할지 확신이 서지 않는다고 말했다.

"무슨 일인데?" 내가 점심 식사를 마치며 물었다.

"아, 아마 별로 좋아하시지 않을 거예요." 그가 의자 위에서 꼼지락대며 말했다. 내가 시선을 피하지 않자, 그가 한숨을 쉬며 말을 이었다. "음, 그, 몇 달간 이 친구가 갱단 일을 했는데, 성도에서 여자애들을 납치해… 다른 성의 산악 지대에 사는 농부들한테 신부로 팔아넘긴대요."

내가 충격받은 표정을 최대한 숨기려 노력하는 동안, 샤오페이는 그릇 쪽으로 고개를 숙였다. "잘못된 일이라는 걸 알아요. 그런 일은 하고 싶지 않아요." 그는 마지막 남은 면을 건져 먹으며 말했다. "하지만 진짜 뭐라도 일자리를 찾아야 해요."

그 봄날 나는 우리가 먹은 점심값을 계산했고 샤오페이와 악수를 나누었다. 나는 그에게 시간을 내준 것에 감사를 표했고, 그가 잘 해내길 바란다고 말했다. 문밖으로 나가 붐비는 길거리를 향해 등을 돌릴 때, 그는 어깨가 구부정하고 손을 주머니에 깊이 찔러넣은 모습이었다. 질문 하나가 마음속에서 자꾸만 울려 퍼졌다. '어디서부터 이 모든 것이 잘못되었는가?'

21세기를 위한
육아

레이날도 같은 초기 발달 전문가들은 영아의 인지발달에 심각한 문제가 생기기 시작하면, 보통 두 개의 문제 중 하나가 원인이라고 말한다. 첫 번째는 영양실조이고, 두 번째는 부모와의 상호작용이다.

우리 팀은 중국 농촌의 문제 중 어느 부분은 확실히 영양실조가 원인이라는 증거를 발견했다. 어린아이들의 뇌 발달에 영구적인 영향을 끼치는 세 가지 영양실조 중 하나인 철분 부족으로 인한 빈혈이 '보이지 않는 중국'의 아이들 사이에 만연해 있다. 중국 11개 성의 아기들을 포함한 대규모 연구 결과 중국 농촌 지역의 평균 영아 빈혈 비율은 33%였다. 우리 팀은 독자적인 조사 연구에서 농촌 산악 마을의 빈혈 비율이 40%에서 70%까지 올라가는 것을 발견했다. 우리의 최근 연구에서는 빈혈이 베이징을 비롯한 다른 대도시 이주 노동자들의 어린아이들에게서도 아주 심각한 문제임을 밝혀냈다. 세계적으로 영아기의 빈혈은 장기적으로 낮은 IQ로 이어지고, 더 많은 정신 건강 문제와 학교 유급, 그리고 최소 19년 동안 벌어진 인지 및 학습 능력의 차이와도 관계가 있다.[9]

따라서 중국 농촌에 만연한 영아 빈혈 문제는 진진, 샤오페이와 같은 아이들의 발달을 방해한 원인일 것이다. 실제로, 우리는 아이들에게 시리얼과 함께 스프링클(중국어로 잉양바오)이라는 미량 영양소 파우더의 철분제를 매일 주어 영양을 개선시켰더니 베일리 테스트에서 크지는 않지만 즉각적인(통계상으로 의미 있는) 성적 향상이 나타나는 것을 발견했다. 이 프로그램은 비싸지도 위험하지도 않다. 연구에 따르면 이것이 더 널리 시행될 경우 현재 미량 영양소 부족을 겪고 있는 많은 아이에게 장기적이고 긍정적인 효과를 가져올 가능성이 높다. 이 연령대를 대상으로 한 우리의 연구는 학교 학생들과 함께했던 연구와 마찬가지로, 빈혈을 방지하고 치료하는 데는 많은 돈이 필요하지도 않으며 대단히 이롭다는 것을 보여주었다. 사실 2012년에 중국은 영유아가 있는 농촌 가정에 스프링클을 제공하려는 시범 프로그램을 선보였다. 정책 입안자들이 이런 프로그램의 이점을 깨닫기 시작했다는 점에서 좋은 징조지만, 이것을 최대한 많은 마을로 확대해야 한다.[10]

그러나 영양 프로그램을 통해 인지 능력의 차이를 만들어낼 수 있는 것은 아주 어린 아기들뿐이며, 발달 지체의 아주 작은 부분만 해결해준다는 것도 우리는 발견했다. 이미 12개월이 지난 아기는 영양 상태가 개선되더라도 인지 능력이 여전히 낮은 상태로 지속된다. 빈혈 문제를 해결하는 것은 (우리가 앞 장에서 본 것처럼) 여전히 학교 학생들의 학업 결과에 긍정적인 영향을 끼친다는 것을 기억해야 한다. 하지만 어린아이들에 대한 연구를 통해 알아낸 사실은 또 다른 요소가 발달 지체를 불러올 수도 있다는 것이다. 그것은 바로 부모 및 조부모와의 상호작용 방법이다.[11]

세계 어디든 대부분의 부모가 아기들을 다루는 방식은 거의 비슷하다. 보통 이런 식이다. 부모들은 아기를 안아 올리면서 웃고, 어르고, 아이가 웃게 한다. 주위에 있는 물건을 가리키기도 하고, 아이의 호기심을 자극할 만한 방식으로 설명하기도 한다. "이 푸른 하늘을 보렴! 구름은 무슨 색이니? 바로 하얀색이란다!" 그렇게 말하며 아이를 향해 고개를 끄덕이고 미소를 짓는다. 매일 밤 잠들기 전에, 부모들은 아이들에게 이야기책을 읽어주거나 자장가를 불러준다. 아이 주위에 밝은색과 움직이는 부분이 달려 있는 장난감을 둔다. 아이와 앉아서 놀아주고, 아기에게 장난감의 각 부분이 어떤 색인지 묻고, 새로운 방식으로 장난감을 움직여본다. 아이가 조금 더 성장하면 비틀거리며 첫걸음을 내디딜 때 손을 잡아주거나, 몇 걸음 떨어진 바닥에 앉아 팔을 넓게 펼치고 큰 소리로 아이를 응원한다. "이리 와, 할 수 있어! 나한테 걸어오렴!"

나는 30년 전 캘리포니아의 실리콘밸리에서 이런 방식으로 아들을 키웠다. 나의 어린 손녀도 오늘날 비슷한 방식으로 키워지고 있다. 지난 6월, 독일 시골을 지나는 기차 안에서 젊은 커플이 이런 방식으로 아이를 대하는 것을 보았다. 그들은 아이를 창문 위로 높이 들고 밖의 나무, 농장, 성을 가리키며 아이가 새로운 단어들을 반복해서 말할 때마다 웃고 응원의 말을 해주었다. 사실, 이는 노르웨이부터 캐나다와 호주에 이르기까지 모든 선진국의 규범에 가깝다.

이런 육아 방식은 부유한 국가에만 국한된 것이 아니다. 중국의 도시에서도 부모들은 이와 똑같은 방법으로 그들의 자녀와 소통한다. 12월 중국에서 국내선 비행기를 탔을 때 나는 베이징에서 온 젊은 여성이 트레이 테이블 위에 다양한 모양과 색깔의 블록으로 만든 플라스틱 탑 모양 장난감을 올려놓는 것을 보았다. 그녀는 무릎에 어린 아들을 앉히고 그 블록 중 하나를 들며 "이건 무슨 색이니?" 하고 물었다. "빨강!" 그녀의 아들이 행복하게 소리쳤다. "그럼 무슨 모양이니?" "네모!" "맞아!" 그녀가 활짝 웃으며 아들에게 말했다.

선진국의 부모와 중국 도시의 부모들에게는 이런 방식의 육아가 보편적인 것 같다. 이는 자연스러워 보인다. 아이들은 이런 방식을 좋아하며, 대부분의 부모는 이 방식 외에 다른 방식으로 아이들과 소통하는 것을 상상하지 못한다. '누구나 하는 거잖아. 어디에 의문이 드는 거지?' 당신은 이렇게 생각할 수도 있다. 하지만 중국 농촌에서는(그리고 다른 많은 개발도상국에서도) 매우 다른 광경이 펼쳐진다. 농촌 가족들도 아이를 사랑하지만, 이런 행동을 하지 않는다.

농촌 집들 사이를 승용차로 지나다 보면 종종 할머니가 등에 아이를 업은 채 조용히 밭에 일하러 나가는 모습을 볼 수 있다. 아이는 할머니에게 꼭 붙어서, 안전하고 따뜻하지만 고정되어 있고 몇 시간 동안 정신적 자극이나 사회적 상호작용 없이 할머니의 뒤통수만 쳐다보게 된다. 어머니는 아이를 등에 업고 길옆에 서서 이웃이나 다른 가족 구성원과 수다를 떨지만, 아기에게 말을 거는 모습은 보기 어렵다.

처음 진진과 그 가족의 집에 갔을 때, 나는 그의 어머니가 낮은 탁자에서 채소를 썰고 진진은 그 옆 의자에 누워 있는 모습을 보았다. 내가 그 집에 머물러 있던 60분이 넘는 동안 진진의 어머니는 한 번도 그와 놀아주거나 말을 걸지 않았다. 아기가 보채기 시작하자 그녀는 아기의 할아버지에게 넘겨주었고, 할아버지는 그를 조용히 무릎 위에 올려놓은 뒤 텔레비전을 보았다. 어머니와 할아버지 모두 진진을 사랑한다는 것을 표정에서 알 수 있었다. 진진의 할머니는 그가 대학에 갈 수 있기를 간절히 바란다고 말했다. 하지만 그들이 아이와 소통하는 방식은 다른 곳에서 흔히 볼 수 있는 방식과 확연히 달랐다. 믿기 어려울 수도 있지만, 이런 사소한 육아 방식의 차이가 바로 중국이 지금 마주한 위기의 중심에 놓여 있다.

연구에 따르면, 아이의 건강한 뇌를 발전시키기 위해서는 반드시 헌신적인 정신적·감정적 상호작용이 있어야 한다. 아이들은 어른들의 얼굴에서 그런 감정 표현을 보고 흉내 내지 않으면, 어떤 식으로 감정을 표현해야 하는지 배우지 못한다. 어른들이 시간을 내어 개념을 소개해주지 않으면 아기는 색깔 이름도 배우지 못하고, '하늘'과 '구름'의 개념도 이해하지 못한다. 아이들은 자신을 사랑해주는 어른이 일대일로 시간을 내어 꾸준히, 정신적으로 자극해주어야만 평생에 걸쳐 필요한 뇌 구조와 개인 자아 발달을 이루어낼 수 있다.[12]

정신적·감정적 자극이 중요하다는 첫 증거는 아이 방임의 가장 비극적인 사례들로 인해 알려졌다. 1950년대에 연구자들은 레바논의 매우 암울한 고아원에서 자란 아이들을 연구했다. 인생 초기 몇 년간 이 고아들은 거의 유아용 침대에 갇혀 지냈다. 아이들은 음식을 먹고 옷을 입었지만, 개인적 보살핌이나 주의를 거의 받지 못하거나 전혀 받지 못했다. 연구자들은 이 일대일 상호작용의 부재가 아이들의 정신 발달에 파괴적 영향을 끼친다는 것을 발견했다. 이 고아들은 이후 평생 극심한 발달 지체를 보였다. 이 발견은 한국과 루마니아의 고아원에 대한 연구에서도 똑같이 나타났다. 제때 치료하지 않으면, 초기 방임은 평생 고치지 못하는 증

상으로 이어질 수 있다.[13]

이 연구는 (시설에서 자란 고아들의 경우처럼) 가장 극단적인 경우의 방임은 아이들이 심각한 감정과 인지 능력 저하(최악의 경우 뇌의 극심한 수축)를 겪게 한다는 것을 보여준다. 하지만 그렇지 않은 평범하고 사랑하는 가족에서도, 예를 들면 진진의 가족처럼 아이가 아주 어릴 때 받는 자극의 종류에 따라 발달 정도가 현저히 다를 수 있다.[14]

예를 들면 아이에게 나타나는 심각한 차이는 아주 간단한 근원에서 비롯된다. 바로 부모가 어린 자녀에게 얼마나 말을 거느냐 하는 것이다. 미국에서 일하는 연구자들은 인생의 첫 3년간 부유한 집의 아이들은 가난한 집의 아이들보다 3000만 개의 단어를 더 듣는다는 것을 보여주었다. 세 살이 되었을 때 이 두 그룹의 단어 사용 차이는 그들이 집에서 듣는 단어 빈도에 거의 직접적으로 비례했다. 게다가 이 초기의 차이점은 장기적 성과의 차이로 이어졌고, 초기에 언어 능력이 지연되면 10년 후 더 낮은 인지 능력 점수와 더 좋지 못한 학업 성적으로 이어지는데, 이는 육아법의 아주 작은 차이에서 비롯된다.[15]

중국 농촌의 아이들은 그들에게 필요한 정신적 자극을 받지 못하는데, 이것은 구조적 문제다. 우리가 농촌 사람들에게 어린 자녀들에게 종종 말을 걸어주느냐고 물으면, 그들은 멍한 표정 또는 어안이 벙벙한 웃음으로 대응한다. "제가 왜 아기에게 말을 걸어야 하죠?" 한 젊은 어머니가 웃으며 손으로 얼굴을 가리고 대답했다. "아기는 대답을 할 수도 없잖아요!"

내 질문이 대단히 이상하다고 생각한 한 할머니는 이렇게 대답했다. "우리가 왜 아기에게 말을 걸어야 하죠? 얘는 아기일 뿐이잖아요!" 내가 바로 그 문장에 동의하지 않자, 그녀는 내가 말을 잘 이해하고 있는지 확인하기 위해 천천히 말했다. "당신도 알다시피, 아기들은 말을 못 알아들어요. 그 아기들은 '밖에 나가지 마'와 같은 기본적인 말도 못 알아들어요. 그러니 제가 이야기해줘봤자 어떻게 알아듣겠어요?" 그녀는 나의 터무니없는 질문에 고개를 흔들었다. 하지만 연구 결과는 분명 영아들에게 직접적으로 말을 거는 것은 그 아이들이 언어의 기본을 배우는 데 도움을 주고, 아기가 분명한 방식으로 답변할 나이가 되기 전에도 인지 능력을 발달시킨다는 것을 보여준다.

이 문제를 농촌 지역 밖의 사람들에게 설명하는 가장 좋은 방법은 다음과 같은 대화를 통해서다. 예를 들어 내가 상하이에서 강의할 때 청중을 예로 들어보자. 앞에서 말했듯, 우리 연구팀 중 한 명이 농촌 부모에게 아이들에게 책을 읽어주는지 물어보면, 가장 일반적인 반응은 바로 웃음이다. 그런데 내가 청중에게 금붕어나 거북을 키워본 적 있느냐고 물으면 항상 몇 명이 손을 든다. 그러면 나는 그들에게 일어나서 내 질문에 큰 소리로 대답해달라고 말한다. "그렇다면 당신은 매일 밤 당신의 거북에게 책을 읽어주셨습니까?" "그 금붕어에게 노래를 들려주었습니까?" 그들이 어떤 대답을 할까? 그들 역시 똑같이 웃는다. 사실, 청중 전체가 웃는다. 나는 그들이 마침내 이해했다고 생각한다. 농촌의 어머니나 할머니에게 그들이 아이들에게 책을 읽어주는지 묻는 것은 금붕어에게 이야기를 들려주거나 관엽식물이 잘 자라도록 노래를 불러주는 것만큼 어리석고 생각할 가치조차 없는 일인 것이다. 중국 농촌의 부모 대부분은 말 그대로 아이를 그렇게 대하는 것의 중요성을 상상할 수 없는 것이다.

아이를 현대적으로 양육하는 데 익숙한 사람들에게는 믿기 어려운 일일 수도 있다. 아이를 사랑하고 보살피는 데 왜 아이에게 말도 걸지 않고 표정도 지어주지 않으며 아이가 웃도록 노력하지 않을 수 있는가? 어쩌면 그렇게 차갑고 애정이 없을 수 있는가?

분명히 말하지만, 내가 묘사하는 중국 농촌의 상황은 사랑의 크기와 아무 관련이 없다. 이 마을의 가족들은 그 누구보다 자신의 아이를 사랑한다. 진진의 어머니는 요리하는 동안 아이가 끓는 기름에 데지 않도록 아이를 업고 꽉 동여맨다. 날씨가 추워질 때마다 그녀는 아기가 마시멜로처럼 보일 정도로 몇 겹씩 꽁꽁 싼다. 매일 그녀는 그가 먹을 수 있는 최대한의 음식을 먹인다. 아들이 굶는 것보다는 차라리 본인이 굶는 쪽을 택할 것이다. 샤오페이의 어머니처럼, 그녀는 아이에게 큰 기대를 하고 있다. 따라서 그 아이가 언젠가 대학에 진학하리라 믿으며 그렇게 되도록 무슨 일이든 할 거라고 결심했다.

하지만 중요한 부분이 남아 있다. 진진의 부모님은 아들과 장기적 성장을 촉진하는 것으로 증명된 방식의 소통을 하지 않고 있다. 이 문제는 '보이지 않는 중국'의 많은 곳에서 조직적인 문제로서 퍼져 있다. 우리가 처음으로 양육 방식에 대해 연구한 결과는 농촌 마을의 가정 중 5%만이 아이들에게 책을 읽어준다는 것을 보여준다. 10%만이 아이들에게 이야기를 들려주었다. 30%만이 장난감을 사용해 아이들과 놀아주거나 아이에게 노래를 불러주었다.[16]

게다가 우리는 이 육아 방식과 아이들의 베일리 테스트 점수 사이 명백한 연관성을 발견했다. 이런 유익한 행동을 하는 아주 소수의 가정에서 자란 아이들은 무난한 결과를 얻은 반면, 육아 방식이 부족한 가정에서는 아이들이 훨씬 뒤처졌다.[17]

부모들은 최선을 다했지만, 대부분의 농촌 가정은 아이들이 발전하는 데 필요한 것이 무엇인지 알지 못했다. 그들이 어떻게 알겠는가? 진진의 가족은 다른 나라 가정에서 아이와 어떤 방식으로 소통하는지 알 방법이 없다.

내가 아버지가 될 것임을 알았을 때, 나는 집 근처 서점에 가서 육아 관련 서적을 모두 샀다. 아내와 함께 라마즈 교실에 갔으며, 우리가 해야 하는 것과 하면 안 되는 것에 대해 약간 얼떨떨한 상태로 잔뜩 적어왔다. 의사를 만나러 갈 때마다 우리는 중요한 육아 기술을 어떻게 익혀야 하는지 새로운 팸플릿을 들고 왔다. 오늘날 현대 부모들은 그 모든 것과 심지어 더 많은 정보를 인터넷에서 얻을 수 있다.

하지만 진진의 부모는 그중 그 어떤 것도 가지고 있지 않다. 주위에 도서관이나 서점도 없고 인터넷에 접속할 수 있는 컴퓨터도 없다. 그들은 육아 책도 가지고 있지 않고 인터넷 커뮤니티에 접속하는 방법도 모른다. 그들이 살고 있는 마을 사람 중 그 누구도 육아에 대한 강의를 해주지 않는다. 그들은 진진을 마을 의사에게 두어 번 데려갔으나 그 의사는 분명 그들에게 육아 방법을 가르쳐 주지도 않았고, 집에 가져갈 책자를 주지도 않았을 것이다. 그들이 아는 사람 중 누구도 이런 것을 경험해보지 못했을 것이다.

따라서 진진의 가족을 포함해 이런 가정들은 전통적 지혜와 지금까지 해온 방식에 의존할 수밖에 없다. 진진의 어머니는 아들에게 어떻게 해줘야 할지 모를 때 시어머니에게 물어본다. 그녀의 시어머니는 평생 가난한 농부로서 밭에서 일해왔고, 단 하루도 학교에 가본 적이 없지만 그것은 큰 문제가 되지 않았다. 산골짜기 작은 농경지에 살면서, 그들의 조상이 몇 세대 동안 해온 것처럼 그들은 구시대적 방식으로 살며 육아를 한다.

변화하는 세계

———

이것이 새로운 문제인가? 내가 중국의 현재 영아 발달 문제를 고려할 때 생각하는 것 중 하나는 바로 이 문제가 중국의 농촌 마을에서 몇십 년간 지속되어왔다는 점이다. 확실히 우리가 중학교에서 진행한 IQ 테스트는 이 문제가 발생한 지 어느 정도 시간이 흘렀음을 암시한다. 만약 우리가 40년 전 농촌 마을에서 똑같은 베일리 테스트를 하고 중학교에서 똑같은 IQ 테스트를 했다면 성적이 더 심각했을 것이다. 하지만 오랜 기간 이것은 그렇게 중요한 문제가 아니었다.

40년 전에는 농부 중 절반이 평균 이하 IQ를 가지고 있어도 큰 문제가 되지 않았다. 어차피 그들은 평생 농사를 지으며 보낼 것이기 때문이었다. 심지어 20년 전만 해도, 인지 능력이 낮은 것은 농촌 마을 주민이 성공하는 데 문제가 되지 않았다. 우리가 본 것처럼, 지난 30년 동안 중국을 세계의 공장으로 만든 일자리인 공장 생산 라인이나 건설 현장에서도 노동자의 인지 능력을 그렇게 많이 요구하지 않았다. 샤오페이를 보면 알 수 있다. 그는 중학교의 학습 요구를 따라갈 수 없었지만, 건설 현장이나 조립 라인에서 매일 똑같은 일을 반복하는 데는 전혀 문제가 없었다.

하지만 이제는 문제가 꾸준히 늘고 있다. 중국 노동자의 임금이 오르면서 공장 조립 라인 일자리는 점점 줄어들 것이다. 저임금, 저숙련 일자리는 해외로 나가거나 자동화에 밀릴 것이다. 그것은 필연적이다. 언제 일어나느냐의 문제지, 일어나느냐 일어나지 않느냐의 문제가 아니다. 더 번영하고 안정적인 나라가 되려면, 중국은 더 광범위한 종류의 일을 해낼 수 있는 노동자들이 필요할 것이다. 오늘날 중국은 대학생이 되거나 적어도 고등학교에 진학해, 이후 변화하는 상황에 능숙하게 대처할 수 있는 아이들이 필요하다. 아이들이 고등학교에 진학했을 때 학습할 수 있는 기초 능력이 갖춰져 있지 않다면 고등학교 진학을 아무리 확대해도 의미가 없다.

현대적 육아는 로스앤젤레스에서 런던, 도쿄까지 너무 보편적이어서 대부분 사람에게는 자연스럽지만, 이는 분명 교육을 받아야 하는 부분이다. 이를 위해서는 느린 사회적 변화, 경제적 부의 증가, 교육의 확대, 육아에 도움이 될 최신 정보를 보급하려는 의 도적인 노력 등 몇 세대가 필요했다.

중국 농촌에서는 변화가 너무 빠르게 일어났다. 다른 지역에서 는 100년이 걸렸는데, 중국 농촌의 많은 지역에서는 한 세대 만에 삶의 질이 이와 비슷한 수준으로 향상되었다. 이것은 충격적인 속 도다. 오늘날 대부분의 서양 선진국에서는 이 정도 변화가 4~5세 대에 걸쳐 이루어졌다. 변화가 느린 속도로 이루어졌기 때문에 사 람들도 변화한 세계에서 어떻게 살아야 하는지 배울 수 있었고, 아이들에게 새로운 세계에서 살고 성공하는 데 필요한 것을 준비 시킬 수 있었다.[18]

오늘날 중국 농촌의 가정들을 생각해보자. 진진의 할머니가 진 진의 아버지를 키울 때는 중국이 여전히 가난했다. 그녀가 육아를 잘하더라도, 자식들이 농부가 될 정도 나이까지 생존하기를 바랄 뿐이었다. 농부에게 중국 농촌의 전통적인 영양 공급과 육아 방식 은 충분 그 이상이었다. 아이에게 대수학을 배우거나 외국어를 배 우는 데 필요한 영양과 육아 같은 것은 중요하지 않았다. 그들에 게는 어차피 그런 기회가 주어지지 않을 테니까.

하지만 그것은 더 이상 사실이 아니다. 농촌의 삶의 방식을 낭 만적으로 묘사하기는 쉽다. 아름다운 언덕과 단순한 일과, 그리고 21세기적 존재의 스트레스로부터 자유에 대해 시적으로 묘사하 는 것이다. 하지만 이 외딴 농촌 공동체에도 이미 변화가 시작되 었다. 부모의 과거 경험과 달리, 진진이 현대 세계에서 생존하려 면 21세기 과제를 해결할 인지 기술이 필요할 것이다. 우리는 유아기 초기의 경험이 평생의 역량에 얼마나 중요한 영향을 미치는지 안다. 진진도 다른 사람들과 마찬가지로 현대 과학이 밝혀낸 것들을 누릴 권리를 가지고 있다.

사실, 세계는 개발도상국에서 유아 발달 문제가 보편적이란 것을 발견하기 시작했다. 유명한 의학 저널 〈랜싯Lancet〉의 최근 특별호는 이 문제의 규모를 보여주었는데, 저소득 국가와 중진국 전반에 걸쳐 약 2억5000만 명의 5세 이하 아이가 장기적 발달 저하 위험에 처해 있다고 추산했다. 〈랜싯〉이 같은 시리즈 이전호에서 다룬 연구는 (불충분한 육아 방식으로 인한) 부족한 인지 자극은 세계적으로 유아기 초기 발달 지체 문제의 가장 중요한 요인 중 하나라고 결론 내렸다. 그 연구는 개발도상국 부모 가운데 11~33%만이 자녀들에게 인지적 자극을 주는 행동을 하고 있다고 평가했다. 그렇기에 이는 개발도상국 전반에 걸친 문제이며, 주요한 원인은 어린아이들의 필요를 따라가지 못하는 육아법이라고 볼 수 있다.[19]

우리가 앞선 장에서 '보이지 않는 건강 문제'를 살펴본 것처럼, 영아 발달 문제는 최빈국에 국한된 문제가 아니다. 많은 다른 중진국 역시 부족한 육아 방식에 의한 발달 지체 비율이 높은 편이다. 예를 들면 런던 대학교 연구팀이 콜롬비아의 96개 가난한 농촌 마을에서 1400명의 어머니와 아이들을 연구한 결과 발달 지체 비율이 우리 연구팀이 중국에서 얻어낸 결과와 비슷했다. 특히, 기준선에 있는 아기의 30~40%가 인지적으로 뒤처져 있었다. 빈혈 역시 아이들 사이에 만연해 있었다. 그들이 이어서 실시한 현장 실험RCT에서 (매주 부모 교육을 하고 장난감과 책을 제공하는 것으로) 육아법을 조금 조정해주자 엄청난 변화가 일어났다. 특히 연구가 진행된 18개월 동안 치료 그룹의 아이들은 언어와 인지발달에서 대조군보다 눈에 띄는 발전을 보여주었다. 확실히, 이 연구 결과는 문제가 얼마나 광범위하게 퍼져 있는지 정도와 연구 이전의 가정 내 육아 환경, 개입의 효과 등에서 우리 연구팀이 중국에서 조사한 결과와 매우 유사했다. 비슷한 연구가 자메이카에서도 이루어졌는데 그 결과 역시 비슷했다.[20]

다행스럽게도, 가장 위험한 상황에 있는 일부 국가에서 대응이 시작되었다. 오랫동안 간과되어온 이 문제가 마침내 라틴 아메리카, 남부 아프리카, 그리고 세계 다른 지역 개발도상국(중진국) 국가들의 경제발전에 관심 있는 정책 결정자, 학자, 발달 전문가들 사이에서 주목받기 시작했다. 미주개발은행IDB은 이 심각한 문제를 해결하기 위해 지방 농촌 관료들이 직접적으로 자원을 지원할 수 있도록 여러 대출 프로그램과 투자에 자금을 지원하고 있다.

가장 눈에 띄는 결과를 보인 것은 브라질이다. 마르셀라 테메르Marcela Temer 당시 브라질 영부인의 엄청난 지원과 함께, 신생아부터 세 살 사이 아이를 둔 부모에 대한 국가적 훈련 프로그램이 시행되었다. 이 프로그램은 처음 부모가 된 사람들을 교육할 강사 수천 명을 고용하고, 중진국 함정에서 벗어나기 위한 기초를 다지는 데 수억 달러를 투입했다. 2018년 자이르 보우소나루Jair Bolsonaro가 브라질 대통령으로 취임했을 때 그는 이 프로그램을 유지하기로 결정했다. 오늘날 전국적으로 수천 개 지방자치단체에서 300만 이상의 가정이 여기에 참여하고 있다.[21]

미주개발은행의 영향력 있는 학자가 쓴 책을 보면, 이 기구는 관할 구역 안의 많은 중진국을 위해 이 새로운 작업을 확대할 강한 의지와 높은 기대를 가지고 있다. 요컨대, 이 기구는 이런 상황이 부모의 잘못이 아니라고 말한다. 문제는 아이가 21세기에 맞게 자라려면 어떻게 해야 하는지 배울 시간이 없기 때문이라는 것이다. 부모가 이해할 수 있는 방식으로 정보를 주면, 그들이 배우고 적응해, 그들의 아이들이 눈에 띄게 발전할 수 있다. 즉, 이 캠페인은 내가 중국에서 비슷한 일을 하며 내린 결론과 완전히 같은 선상에 있다. 이 작업은 긴급하게 필요하며, 중진국 함정에 빠질 위기에 처한 나라들에는 더더욱 중요하다.[22]

극적인 변화에 대한 희망

———

메이천이 처음 진진의 마을을 찾은 지 몇 달 지난 한여름날, 나는 한 번 더 그곳에 찾아갔다. 진진은 이미 훨씬 좋아진 것 같았다. 진진과 그의 가족은 류셴쥐라는 손님과 함께 있었다. 서른 살 정도의 류셴쥐는 검정 후드티와 낡은 청바지를 입은 수수한 차림이었다. 그와 진진은 차 모임을 하고 있었다. 작은 플라스틱 찻잔을 들고 나무 벤치 양쪽 끝에 앉아 있었다. "차를 조금 따라줄게." 류셴쥐는 연극 조로 말하며, 아이 앞에 놓인 작은 잔 세트에 물을 부어주었다. "조심해, 뜨거우니까!" 그는 경고하면서 눈을 마치 만화처럼 크게 뜨고 진진의 표정을 바라봤다. "음, 맛있어!" 그는 그렇게 말하며 차를 홀짝거렸고, 아이도 웃으며 그것을 따라 했다. 그 뒤에 앉아 있던 진진의 어머니는 웃음을 참으려고 노력했다. 다음은 진진 차례였다.

겉모습과 달리, 류셴쥐는 중요한 일을 하기 위해 여기에 와 있었다. 몇 달 전, 류셴쥐는 우리 팀이 시안의 연구 센터에서 마련한 새로운 훈련 프로그램인 '부모 역할 훈련'을 졸업하기 위해 첫 강의에 참여했다. 이 프로그램의 일부로서, 류셴쥐는 우리가 아동 심리학 전문가의 도움을 받아 개발한 새로운 커리큘럼으로 훈련을 받았다. 이 커리큘럼은 아이의 언어 능력을 점진적으로 자극하고, 일반적인 인지 기능을 향상시키며, 운동 신경을 강화하고, 사회적 기술을 가르치기 위해 나이와 발달 단계에 맞춰 세심하게 설계된 일련의 활동들로 이루어져 있다. 이 프로그램의 목표는 농촌 부모들에게 아이들의 장기적 성장을 촉진하려면 어떤 식으로 돌봐야 하는지 가르치는 것이다.[23]

지난 몇 달 동안, 류셴쥐와 이들 훈련 파견대는 이 마을을 계속 오갔다. 류셴쥐는 매주 장난감 한 묶음과 그림책을 어깨에 메고 진진의 집을 찾아갔다. 방문할 때마다 그는 진진의 부모님에게 커리큘럼에서 배운 새로운 게임을 가르쳐주고, 부모가 어떤 식으로 아이와 소통하는지 관찰하고 조언과 격려를 했다.

이 차 모임 연습은 이번 주의 활동인데, 이것은 여러 부분에 영향을 준다. 이처럼 대화를 주고받으면 진진이 말을 시작하기 전부터 어휘를 발달시키는 데 도움을 준다. 차를 따르고 작은 찻잔을

들고 차를 홀짝이는 행동은 진진이 좋은 운동 신경을 기를 수 있게 해준다. 아기가 사교 행동을 따라 하는 것은 실제 상황의 상호작용을 탐색해보고 감정을 제어하는 능력을 기르도록 도와준다. 다른 날 활동에서는 이야기책 크게 읽기, 간단한 자장가 부르기, 의사놀이 하기, 블록 쌓기, 장난감 색깔 말하기 등을 진행했다. 이 활동들은 모두 아이의 현재 능력과 발달 단계를 세심하게 고려하고 있다.

이런 프로그램이 뒤처지는 아이들에게 기적과도 같은 효과를 가져다준다는 많은 증거가 있다. 점점 더 많은 연구가 어린아이들의 초기 인지발달 지체가 장기적 관점에서 얼마나 재앙적 영향을 미칠 수 있는지 발견한 것처럼, 다른 연구는 이 장애물을 극복하려는 행동을 취하는 것이 큰 효과를 낼 수 있음을 증명했다.

1960년대에서 1970년대, 미국에서 진행된 연구는 유아기 프로그램에 투자하는 것이 장기적으로 큰 효과가 있음을 보여주었다. 예를 들면 유명한 페리 유치원 연구Perry Preschool Study에서 인지발달과 영양 개선에 집중한 단기간의 데이케어 프로그램에 지원한 가난한 아이들은 인지와 사회적 능력에 즉각적인 개선이 나타나는 것을 보여주었다. 게다가 과학자들이 몇십 년 뒤 이 아이들을 찾아 프로그램에 참여하지 않았던 비슷한 대조군 아이들과 비교한 결과, 페리 유치원을 졸업한 아이들은 각 분야에서 더 나은 모습을 나타냈다. 그들은 더 많은 교육을 받았고, 고등학교에서도 더 나은 성적을 거두었다. 어른이 되어서도 그들은 더 많은 임금을 받고, 자기 집을 소유할 확률이 높았으며, 사회보장 프로그램을 신청하는 비율도 낮았다. 우리가 처음 중국 서부 지역의 영아 발달에 대해 이야기했을 때 레이날도가 주목한 것이 바로 이 연구였다.[24]

이 결과는 세계 다른 개발도상국에서도 비슷한 양상을 보인다. 2007년에 〈랜싯〉은 개발도상국 초기 유아 프로그램의 효과에 대한 세계적 증거들을 검토한 글을 발표했다. 작가는 기니, 케이프 베르데, 방글라데시, 미얀마, 네팔, 베트남, 콜롬비아, 아르헨티나, 자메이카, 터키 같은 다양한 국가들의 초기 유아 교육 프로그램, 부모 교육, 가정 방문에 대한 고품질 평가에서 나온 증거들을 검토했다. 중국에서 중앙 정부가 처음으로 초기 유아 교육을 지원하기 위한 논의를 시작하기는 했으나, 아직은 이런 프로그램이 없다.[25]

대부분 연구에서, 아이의 인지 능력과 비인지 능력에서 눈에 띄는 긍정적 효과를 발견했다. 예를 들면 미얀마에서 진행된 종적인 연구에서 나온 증거는 유아기 초기의 자극이 학교 성적에 장기적으로 눈에 띄는 영향을 미친다는 것을 보여주었다. 터키에서 진행된 부모 교육은 그것이 끝난 이후 7년 동안 학생의 교내 성과, 학교 성적, 시험 점수, 학교에 대한 태도, 가정과 사회에 대한 적응 능력에 긍정적이고 장기적인 영향을 끼치는 것을 확인해주었다.

아마도 가장 참고할 만한 것은 콜롬비아에서 우리가 중국에서 진행한 것과 비슷한 작업을 활용한 결과 인지 능력에 큰 영향을 끼쳤다는 점일 것이다. 대부분의 연구에서 유아기 초기의 자극 효과는 평범한 아이의 IQ를 2~3점 올리는 것(평균적으로도 이미 큰 효과다)과 비슷한 효과가 있었고, 발달이 지체된 아이들이 프로그램에 참가하고 부모가 활동을 함께하면 효과가 더 컸다. 많은 연구에서 인지 능력 향상이 몇 년간 지속되는 것을 확인했다. 한 연구에서는 이 효과가 17년 동안 이어지는 사례도 있었다.[26]

이 결과는 전문가들이 평생 성공의 원동력이 되고 세계 전반의 불평등을 줄이는 가장 효과적인 한 가지 방법은 바로 가장 어린 아이들을 대상으로 한 프로그램에 투자하는 것이라고 결론 내리게 했다. 가장 보수적인 수치를 사용하는 세계적 건강 전문가들은 이 순간에도 세계에서 최소 2억 명의 아이가 유전된 잠재 능력을 발휘하기 위해 필요한 최소한의 영양과 정신적 자극을 받지 못한 채 자라고 있다고 추산한다. 이는 어쩌면 우리가 세계적으로 고통받는 사람의 수를 줄일 가장 큰 단일한 기회일지도 모른다.[27]

이 프로그램의 인도주의적 효과에 더해, 노벨 경제학상 수상자인 경제학자 제임스 헤크먼James Heckman은 초기 아동기 프로그램에 투자하는 것은 순전히 '경제적' 관점에서만 보아도 최선의 선택이라고 주장했다. 어린 시절 좋은 성과를 보인 사람들이 이후 인생에서도 좋은 성과를 내기 때문에, 아동기 초기 프로그램에 투자하는 것에 대한 경제적 보상은 천문학적이다. 헤크먼은 페리 유치원 연구의 경제적 보상은 매년 10%에 이른다고 추산한다. 다른 방식으로 추정해보면, 이는 매년 이런 프로그램에 1달러를 투자할 경우 그 아이가 서른 살이 되었을 때 17달러씩 보상을 돌려받는다는 뜻이다. 이는 투자 가치로 보면 17배의 보상이다. 아직 어릴 때 도움을 주면, 나중에 이 같은 격차를 줄이기 위해 돈은 더 많

이 들이고 효과는 더 낮은 다른 프로그램을 실시할 필요가 없다.[28]

이런 프로그램은 중국 농촌에서도 효과를 내고 있다. 2015년 우리 팀은 중국 농촌에서 무작위로 선택한 집단을 대상으로 부모 교육 시범 프로그램을 실시했다. 무작위로 300명의 신생아를 골라 이들의 가족이 6개월 동안 부모 교육 프로그램에 참여하도록 했다. 류센쥐가 진진의 집에서 진행한 작업도 이 프로그램의 일부였다. 동일한 300명의 아이가 어떤 개입도 하지 않는 대조군으로 선택되었다. 6개월 뒤 육아 교육을 받은 그룹 아이들과 대조군 아이들을 비교한 결과, 우리는 부모 교육이 얼마나 도움이 되는 일인지 알 수 있었다.

진진은 이미 대단한 진전을 이뤘다. 류센쥐가 처음 방문했을 때, 진진은 어머니 다리 뒤에 숨어 크고 겁먹은 눈으로 류센쥐를 곁눈질했다. 류센쥐와 진진의 어머니가 아이에게 찰흙 놀이를 하도록 했을 때도 혼자서 조용히 그것을 가지고 놀 뿐이었다. 한동안 그는 무슨 말인지 알아듣기 어려운 문장을 중얼거렸다. 그리고 3개월 뒤, 나는 류센쥐가 진진의 집에 가는 길에 동행했는데, 아이의 변화가 극적이었다. 류센쥐를 본 진진은 웃으면서 손을 흔들고 크게 소리쳤다. "아저씨, 아저씨!" 그는 류센쥐가 어떤 새로운 장난감을 가져왔는지 궁금해했다. 진진의 시험 성적 역시 발전을 보여주었다. 한 달 전에는 낙제점을 받았으나, 이제는 그 연령대 아이들의 평균 범위에 거의 가까운 결과를 보이고 있었다.

우리가 세심하게 평가한 결과, 이 프로그램이 많은 아이에게 효과를 보이고 있었다. 6개월 뒤, 우리의 부모 역할 훈련에 참여한 대부분 어머니가 돌본 아이들의 베일리 테스트 점수가 평균적으로 향상된 것을 발견했다. 이는 아이들이 성인이 되었을 때 IQ가 5~7 정도 상승하는 결과로 이어질 것이다. 이것만으로도 이 아이들이 평범한 발전의 경로로 되돌아가는 것이 가능하다. 이런 결과는 이 분야에서 육아 방식을 개선하는 것이 얼마나 중요한 일인지 증명해준다.[29]

친링산맥 지역에서 얻어낸 이 결과는 우리가 발견한 것들의 일부일 뿐이다. 우리 팀은 세이브더칠드런Save the Children이 허베이와 윈난성에서 시행한 비슷한 프로그램을 살펴보았다. 어머니에게 아이들과 어떤 방식으로 소통하며 육아를 해야 하는지 교육하자, 아이의 인지 능력과 언어 능력이 비슷하게 긍정적 효과를 보였다는 결과가 나왔다. 우리는 다른 환경에서도 이런 프로그램을 실시해 아이들이 어떤 식으로 발전하는지 그 결과를 지켜보고 있다.

중국 농촌 아이들은 세계의 다른 가난한 아이들보다 많은 이점을 가지고 있다. 진진처럼 그들 대부분은 안전한 집을 가지고 있다. 대부분은 그를 사랑하는 두 명의 부모와 네 명의 조부모가 있다. 그들은 심각한 가난에 시달리지도 않는다. 그들의 영양 상태 또한 아주 좋지는 않지만 심각하지도 않다. 그들은 굶주리는 고아가 아니다. 그들은 궁핍한 난민이 아니다. 그들은 극빈한 슬럼 거주자가 아니다. 그들에게 필요한 것은 단지 인지적 자극이다. 자극만 준다면 그들은 베이징이나 런던, 샌프란시스코의 아이들처럼 잘 자랄 수 있을 것이다.

최고 지도자들의 노력으로, 초기 유아 교육은 마침내 국가의 주요 의제에 올랐지만, 이 프로그램을 확장하는 것이 앞으로 10년간 정부의 최우선 정책 중 하나가 되어야 한다고 생각한다. 여기에는 너무나 많은 것이 달려 있다. 매년 중국에서 태어나는 1500만~2000만 명의 아기 가운데 500만 명은 평생 발전 지체를 겪을 위험에 처해 있다. 만약 이 프로그램이 모든 가정에 닿는다면 이것은 앞으로 10년간 어린이 5000만 명의 삶을 바꿀 수 있을 것이다. 겨우 10년 동안에 말이다. 국가적 인적 자원 관점에서 보면, 이것은 이후 10년간 중국이 지속적인 번영을 보장해줄 생산성 높은 국민 5000만 명을 더 가지게 된다는 의미다. 그렇게 하지 못한다면, 그 대가는 엄청날 것이다.

INVISIBLE CHINA

도시-농촌 간 거대한 불평등은
세계 많은 나라들에 존재하지만,
중국은 이 불평등을 법으로 유지하고
강화하는 유일한 나라다.
외부 사람들은 제대로 깨닫지
못하지만, 중국의 후커우는
국가가 후원하는 카스트 제도 같다.

앞으로 몇 년 동안 중국은 일부 사람들의 예측대로 필연적인 초강대국임을 증명하며 발전 게임판 꼭대기에 도달하거나, 아니면 이 책에서 설명한 필연적인 도전 과제들에 굴복해 경제적 하락세를 겪거나 정체 또는 붕괴에 이를 수도 있다.

　지금으로선 중국몽中國夢(중국의 꿈)이 실패할 거라고 상상하기 어렵다. 그러나 경기둔화 예측은 언제나 어렵다는 것이 거시경제학에서 가장 흔한 말이다. 1960년대 서방 세계에서 그토록 큰 공포를 일으킨 거대한 조직을 가진 소련 경제가 20년 뒤 붕괴할 것이라고 예상한 사람은 아무도 없었다. 1970년대에는 모든 사람이 브라질을 무한한 잠재력을 가진 신흥 벼락부자로 여겼다. 50년 뒤에도 브라질이 중진국 지위에 머물러 있을 것으로 상상한 사람은 극소수였다. 1980년대 세계는 일본 경제에 대해 확신을 가졌다. 많은 나라가 일본어를 배우는 프로그램을 개설했고, 일본을 중심으로 한 세계를 상상했다. 그러나 오늘날 일본은 30년 넘게 거의

제로 성장 상태다. 그리고 1990년대 초 '제2의 대만'으로 기대를 모았던 멕시코가 오늘날과 같은 상황이 될 것으로 예상한 사람은 아무도 없었다.[1]

중국이 비슷한 상황으로 향할 수 있음을 보여주는 많은 근거가 있다. 중국은 소련이나 브라질, 일본이나 멕시코가 아니지만, 중진국 함정은 여전히 다가오고 있다. 정부와 많은 관찰자의 낙관론에도 불구하고 중국이 흔들리거나 실패하지 않을 것이라는 보장은 없다. 지난 70년 동안 이 지점에 도달했던 국가 대부분이 정확히 그렇게 되었다.

그러나 중국은 여러 가지 면에서 독특하다. 관찰자들은 지난 40여 년 동안 재난이 임박했다고 예상해왔지만, 중국은 회의론자들이 틀렸음을 거듭 증명했다. 1980년대에는 빈사 상태였던 농업 경제를 탈집산화하는 데 성공해 그것을 강력한 성장 동력으로 변화시킴으로써 급진적인 전환을 이루었고, 1990년대에는 모든 전문가가 불가능하다고 판단했던 국유기업 개혁을 해냈다. 수십 년 동안 세계와 단절되었던 중국은 최소한의 무역 보호 장치만 가진 상태로 세계무역기구WTO에 가입했다. 그리고 세계 시장에 통합되어 전 세계 무역에서 비중을 늘려가는 데 성공해 세계를 놀라게 했다. 이제 중국은 미국보다 더 많은 무역 상대국을 가지고 있다.

매번 중국은 문제를 해결해나가면서 불가능해 보였던 전환을 이뤄내고, 어려움을 이겨내면서 지속적으로 성장하고 번영해왔다. 중국은 또 한 번의 충격적인 성공을 거둘 수 있을까? 이렇게 낮은 인적 자원으로 중진국에서 고소득 국가 지위로 올라서는 첫 번째 국가가 될 수 있을까?

나는 중국이 어려움을 이겨내기를 희망한다. 앞서 주장한 것처럼, 중국이 번영해야 전 세계가 훨씬 더 좋아질 수 있다. 그러나 실패할 위험이 매우 크다. 최선의 시나리오로도 중국과 중국에 의존하고 있는 우리 모두가 상당한 경기 하락을 겪을 위험이 있다. 오늘날 중국에서 벌어지고 있는 일이 이런 위험을 가져오는지 알고, 이 같은 문제가 미끄럼틀과 사다리 게임의 보드 판에서 위로 올라가고자 하는 다른 국가들에 어떤 영향을 미칠지 깊이 이해하는 것이 중요하다.

중국의 독특한
구조적 장애물들

———

정치 시스템 내부의 몇 가지 구조적 문제가 중국이 다른 중간소득 국가들보다 인적 자본 위기에 더 취약하도록 만들어온 것 같다. 현재 위기의 원천 가운데 한 가지는 특히 중국만의 문제다. 바로 후커우 시스템이다. 후커우가 중국의 도시와 농촌 주민 사이에 거의 뚫고 들어갈 수 없는 장벽을 만들었다는 것을 기억해보자. 도시-농촌 간 거대한 불평등은 세계 많은 나라에 존재하지만, 중국은 이 불평등을 법으로 유지하고 강화하는 유일한 나라다. 외부 사람들은 제대로 깨닫지 못하지만, 중국의 후커우는 국가가 후원하는 카스트 제도 같다.

후커우 제도의 기원은 1950년대 국가 계획 시대로 거슬러 올라가는데, 지금도 중국 인구를 두 개의 필수적인 범주, 즉 도시 신분을 가지고 특권을 누리는 소수의 사람(오늘날 인구의 약 36%)과 농촌 신분을 가지고 특권에서 배제된 훨씬 많은 다수의 인구(64%)로 나누고 있다. 이 신분은 출생과 함께 부여되며, 부모의 신분에 따라 결정된다. 도시의 부모를 가진 아이는 도시 후커우를 가지고 농촌 부모를 가진 아이는 농촌 후커우를 가지게 된다. 수십 년 동안 도시와 농촌 사람들은 완전하게 분리된 경제 시스템 안에서 살아왔다. 후커우가 등록된 지역에서만 생활하고, 일하고, 정부가 주는 혜택을 받을 수 있었다. 현 안에서 이동할 때도 마치 비자처럼 서류가 필요했다. 1980년대 개혁으로 농촌 주민들도 도시로 가서 일할 수 있게 허용되었다. 이 변화로 농촌에서 도시로 대규모 이주가 일어났고, 이것이 기록적인 성장률의 핵심 역할을 했다. 오늘날에도 전국적으로 사회적 서비스는 후커우에 기반을 두고 할당되는데, 이것이 불평등과 인적 자본 축적에 심각한 영향을 주고 있다.[2]

중국이 두 개의 분리된 국가라고 생각하면 이 분열의 깊이를 이해하기 쉽다. 농촌 사람들은 '농촌 중국 공화국'의 주민이고 도시 사람들은 '도시 중국 공화국'의 주민이다. 1980년대 개혁 이후 상황은 마치 두 공화국 사이에 물자와 사람들이 세관 비용이나 보안 검색 없이 경계를 넘어다닐 수 있는 자유무역협정이 체결된 것과 같았다. 그러나 의료보험, 교육, 주택, 실업급여, 사회보장 등 사회복지 면에서는 여전히 별개의 국가처럼 운영되었다. 농촌 어린이들은 농촌 지역에서만 사회적 서비스를 받을 수 있다. 아이들이 부모를 따라 '도시 공화국'에 가도, 극소수의 예외를 제외하고는 도시의 서비스를 이용할 수 없다. 인력 자본과 관련해 가장 중요한 것은 교육과 의료 서비스가 거의 완전히 후커우에 따라 정해진다는 점이다. 농촌의 부모가 일하기 위해 도시로 이동하더라도, 그들은 법적으로 아이들을 도시의 공립 학교에 보내거나 (감당할 수 없을 정도로 높은 비용을 내지 않는다면) 도시의 공공 병원에서 치료받게 할 자격이 없다. 실제로는 중국에서 3억 명 이상이 이런 상태다. 농촌 후커우를 가진 아이들은 그들의 고향과 농촌 마을에서만 공립 학교에 갈 수 있고 공공 의료 시설을 이용할 수 있다.[3]

농촌 출신 부모들은 이 때문에 세 가지 전혀 원하지 않는 선택지 가운데 엄청나게 파괴적인 선택을 할 수밖에 없다. 첫 번째 선택지는 그들이 자녀들과 함께 고향 농촌 마을에 남는 것이다. 그러면 가족이 함께 제대로 생활할 수 있고 아이들은 적당한 학교에 갈 것이다. 그러나 평균적인 농지가 너무 작고 마을에서 다른 일자리를 찾기가 너무 어렵기 때문에 상대적 빈곤 속에서 살아갈 수밖에 없다. 아이들은 농촌의 공립 학교에 다니지만, 부모는 집이나 보건, 아이들이 더 나은 삶을 살도록 더 나은 기회를 줄 여러 가지 일에 투자할 돈이 거의 없다.[4]

두 번째 선택지는 농촌의 부모들이 아이들을 마을에 남겨두고 도시로 가서 일하는 것이다. 그들이 돈을 벌어 집으로 보내면 아이들을 돌보는 데 도움이 되지만 아이들은 오랜 세월 친척들 손에서 자라게 될 것이다. 이것이 부모가 도시의 이주 노동자로 일하는 동안 중국 전역의 농촌에서 수많은 '남겨진 아이들留守兒童'이 겪고 있는 현실이다.

현재 중국에서 부모 가운데 적어도 한 명이 도시로 일하러 가서 농촌에 남겨진 아이들은 6000만 명이 넘는 것으로 추산된다. 일부 가난한 지역에서는 마을 어린이의 절반 이상이 '남겨진 아이들'이다. 일부 통계에 따르면 200만 명 정도의 '남겨진 아이들'은 그들을 돌봐줄 친척도 없이 완전히 혼자 힘으로 살아가고 있다. 이 아이들은 마을에 있는 공립 학교에 다니고, 부모가 번영하는 도시에서 일하기 때문에 일반적으로 부모가 마을에 남아 있는 아이들보다 금전적으로 더 큰 자원을 가지고 있다. 그러나 가족이 오랜 기간 떨어져 사는 것은 사회적으로나 감정적으로나 큰 대가를 치르게 만든다. 실제로 연구들에 따르면, 남겨진 아이들이 겪는 심리적 영향은 심각하며 오래 지속된다.[5]

마지막 선택지는 농촌 부모가 어려움에 부딪힐 각오를 하고 아이들을 도시로 데려가는 것이다. 운이 좋고 부유하고 의지할 만한 연줄이 있는 가족이라면 아이들을 도시의 공립 학교에 보낼 방법을 찾을 수도 있을 것이다. 하지만 극소수 이주자만이 성공한다. 그러지 않으면 이주자들을 받아주는 사립학교에 많은 돈을 내고 아이를 보낼 수밖에 없다.

이런 학교들은 대부분 규제 밖에 있고, 교육의 질에 많은 문제가 있다. 우리 팀이 조사한 바로는, 이주 노동자 자녀들을 받는 사립학교들은 도시 공립 학교보다 학생 대 교사의 비율이 높고, 교사의 질이 낮으며, 교사의 이직률이 높다. 무엇보다 이런 학교들은 열악한 서비스에 비해 훨씬 비싼 수업료를 종종 부과한다. 우리 연구팀의 또 다른 조사를 보면 이주민 자녀들이 다니는 학교는 평균적으로 농촌 학교에 비해서도 학력이 2~3년 뒤처지고 심리적 문제도 심각하다. 게다가 아이들이 이주민 학교에 오래 다닐수록 실력이 일반적인 농촌 학교에 있을 때보다도 더 떨어진다.

이런 학교들은 정부에 등록되어 있지도 않기 때문에 언제든 문 닫을 수 있다. 2011년 베이징시는 24곳의 이주 노동자 자녀 학교를 개학 며칠 전에 폐쇄해, 4만 명의 어린이가 갈 곳을 잃었다. 한마디로 이런 선택을 한 가족은 함께 생활할 수는 있지만, 아이들이 질 낮은 교육을 받게 되어 장기적으로 성공할 희망이 낮다.[6]

후커우 정책은 전국적으로 개인이나 가족들에게 이처럼 불필요한 고통을 안겨준다. 중국의 현재 발전 단계에서는 모든 어린이가 가능한 한 최선의 교육과 영양, 의료 서비스를 받는 것이 모두에게 이익이다. 그런데 정부는 미래 노동력의 대다수를 차지하는 농촌 어린이들의 이런 서비스 이용을 훨씬 어렵게 만드는 장벽을 유지하고 있다. 이것은 심각한 전략적 실수다.

후커우 제도는 또한 매우 비효율적이다. 우리가 살펴본 것처럼, 중국은 농촌 학교의 상황을 향상시키는 데 많은 자원을 투입해왔다. 시설을 업그레이드하고, 자격을 갖춘 교사를 초빙하기 위해 추가 임금을 지불하며, 커리큘럼을 표준화했다. 이것은 진전이다. 그러나 여기에는 매우 큰 비용이 든다. 그리고 이런 투자에도 불구하고, 농촌 학생들은 도시 학생들보다 여전히 훨씬 뒤처져 있다.

농촌 아이들을 위해서도, 국가를 위해서도 더 많은 농촌 아이들이 도시의 공립 학교에서 공부할 수 있도록 하는 것이 훨씬 분명한 해답이다. 이렇게 하는 것이 비용 대비 효과가 좋고 더 성공적일 것이다. 도시 학교들은 이미 좋은 시설을 갖추고 좋은 학습 결과를 내고 있다. 또한 좋은 교사들이 머나먼 시골 지역보다 대도시에 살면서 일하고 싶어 한다는 것은 말할 필요도 없다. 국가가 광범위한 인적 자원을 성장시켜 얻을 수 있는 충분한 혜택을 이해한다면, 결론은 자명할 것이다.

실제로, 대부분의 나라에서는 학생들이 학교에 다니려고 도시 지역으로 오는 것을 막지 않으며, 국가는 더 많은 학생이 도시로 나오도록 인센티브를 제공한다. 이것은 한국과 대만의 중요한 정책 성과 가운데 하나다.

1970년대 말 대만 교육부는 노동자와 가족들이 수도인 타이베이로 오도록 적극적인 프로그램을 시작했다. 그들은 자유롭게 집을 사거나 세를 얻을 수 있었고, 공공 병원을 이용할 수 있었으며, (어디에서 왔든) 모든 사람이 보조금을 받는 같은 가격으로 도시의 버스 이용권을 살 수 있었다. 가장 중요한 것은 모든 어린이가 타이베이의 공립 학교에 전적으로 환영받으며 입학할 수 있었다는 점이다. 중국에서 도시의 정부들이 노동자 가족이 아이를 도시로 데려오지 못하도록 가혹한 정책을 실시하는 것과 달리, 대만에서는 농촌 어린이들이 환영받으며 도시 학교에 입학할 수 있었다. 따라서 타이베이에서 어린이들은 더 좋은 시설에서 더 좋은 교사들로부터 더 적은 비용으로 더 양질의 교육을 받을 수 있었다.

중국은 오늘날 이 정책을 채택할 필요가 있다. 농촌 학생들이 도시 학교에 다니지 못하게 여러 정책을 취할 것이 아니라, 모든 어린이가 무조건 더 양질의 교육을 받을 수 있도록 해야 한다. 이 부분은 인적 자원의 위기를 고조시켜온 핵심적인 정책 실패다. 전 세계 어느 나라도 이런 시스템을 가지고 있지 않다.

중국의 농촌 교육과 보건 문제에 영향을 미친 또 다른 구조적 요소는 재정 시스템fiscal system이다. 한마디로, 교육을 비롯한 중국의 사회 서비스는 거의 완전히 지방분권화(탈중앙화)되어, 지방의 수준 특히 빈곤한 지역에서 교육과 보건에 대한 광범위한 투자 부족 문제를 영속화시키고 있다. 우리는 일당 국가이자 공식적으로 공산주의 국가인 중국이 국가의 모든 기능을 중앙집권화할 것으로 가정하지만, 일부 분야에서는 매우 역설적으로 정확히 그 반대 상황이다.

지방분권화는 지방 수준에서 근본적인 인센티브 문제를 일으키기 때문에, 인적 자원을 축적하는 데 방해가 된다. 어린이를 교육하려면 많은 비용이 든다. 아이 한 명을 유치원부터 고등학교까지 교육시키려면 많은 노력과 돈이 필요하다. 분명 교육은 중국 농촌 지역에서 가장 많은 비용이 지출되는 영역 중 하나이고, 가용 예산 가운데 많은 부분을 차지할 것이다. 지방분권의 문제는, 교육을 위한 높은 비용을 대부분 지방 지도자들이 부담해야 하지만, 어린이를 교육시켜서 나타나는 이익은 지방이 아니라 전국적 수준에서 축적되는 광범위한 사회적 외부 효과를 가지게 된다는 점에 있다.

모든 어린이에게 적절한 보건, 영양, 교육을 제공하는 것은 중국 전체 경제의 지속적인 건전성을 위해 매우 중요하다. 그러나 지방 지도자들에게는 별다른 이익이 없다. 농촌 교육 시스템이 성공적이어서 아이들이 고등학교를 졸업하면 고향에서 멀리 떠나 더 나은 기회를 찾으려 할 것이다. 고등학교나 그 이상의 교육을 받은 학생 가운데 가난한 고향 마을에 남아 일하려는 이는 극소수일 것이다. 지방 지도자 관점에서는, 부족한 재정 자원을 지역 학생들에게 썼는데 지방 경제에는 별로 이익이 없고, 그들이 나이든 부모를 부양하는 것 외에는 지역사회에 기여하는 바도 매우 적다고 생각할 것이다.[7]

분권화된 재정 시스템 아래서 교육, 보건, 영양에 얼마나 많은 예산을 사용할 것인지를 중앙 정부가 아닌 지방 관리들이 결정하기 때문에, 근본적인 인센티브 문제가 발생한다. 비용은 지방에 축적되지만, 지방 단위는 이익을 거의 얻지 못한다. 반면, 전국 단위로는 큰 이익이 축적되는데도, 국가 지도자들은 자금 사용에 대한 궁극적인 결정을 하지 않는다. 그 결과, 특히 빈곤한 농촌 지역에서는 교육, 보건에 대한 구조적인 투자 부족이 일어난다.[8]

지방분권은 이처럼 중국의 인적 자본 문제에서 두 번째로 주요한 원인이다. 물론 중국만이 사회 서비스에 대한 지방분권 시스템을 가지고 있는 것은 아니다. 지리적으로 광범위하고, 인구가 많으며, 재정적 압박이 있는 국가에서는 지방분권이 필연적일 수밖에 없다. 중국이 빈곤했을 때를 돌아봐도, 중앙 정부는 재정 자원 가운데 아주 작은 부분만 통제하면서 지리적으로 광범위한 지역의 많은 인구를 위한 교육에 재정 지원을 하고 관리할 필요가 있었다. 당시에는 편리하고 비용도 저렴한 현대적 통신과 운송 기술이 없어 지방 지도자들에게 권한을 위임하기가 더 쉬웠다(또는 선택할 수 있는 유일한 방법이었다).

대규모 영토를 가진 다른 개발도상국들도 비슷한 이유에서, 각기 정도는 다르지만 이 문제로 어려움을 겪는다. 실제로 제2차 세계대전 이후 시기에는 미국도 지방분권화된 교육 시스템을 운영했고, 마찬가지로 인센티브가 제대로 배정되지 않았다. 미국의 농촌 청년들을 교육함으로써 얻어지는 이익은 미국 전체 경제에 축적되었지만, 지역의 학교 시스템은 비용을 부담하고도 얻는 것이 적었다. 그 결과는 교육에 대한 투자 부족으로 나타났다. 이것이 마이클 해링턴의《다른 미국》이 주는 메시지 가운데 하나다. 따라서 후커우 제도와 달리 지방분권은 많은 나라가 고심해야 할 문제임을 알 수 있다.

중국 역사상 어느 시점에서는 지방분권이 필요했겠지만, 이제는 더 이상 그렇지 않다. 오늘날 중국은 모든 이에게 교육을 보장할 수 있는 충분한 정부 세수를 가지고 있다. 비용을 절약해주는 즉각적인 통신과 편리한 교통 시설도 갖추고 있다. 따라서 지방분권은 중국 지도자들이 변화시킬 힘을 충분히 가지고 있는 정치적 행정의 문제다.

미국도 같은 문제에 직면했으나 잘 극복했다. 1960년대 존 F. 케네디 대통령과 린든 존슨 대통령은 국가 차원에서 빈곤과의 전쟁을 실행했다. 가장 유명하고 결과적으로 성공적이었던 정책은 농촌 교육에 자금을 지원하고 관리할 중요한 역할을 연방 정부에 주기로 한 결정이었다. 중국도 비슷하게 재정 시스템을 조정해 농촌 교육에 대한 재정 지원을 완전히 중앙집권화해야 한다. 이것은 빠르면 빠를수록 좋다.

후커우 제도와 지방분권에 이어 중국의 잠재적 위기에 영향을 미쳐온 세 번째 구조적 요인은 단기적 성장에 과도하게 집중하는 것이다. 과거 수십 년 동안, 중국 관리들의 최우선 사안은 어떤 대가를 치르더라도 성장을 촉진하는 것이었다. 이러한 방법은 시스템 내부의 모든 수준에서 굳어졌다. 적어도 최근까지 지도자들이 평가받는 가장 중요한 세 개의 기준은 성장, 빠른 성장, 더욱 빠른 성장이었다. 성장이 일어나야 지도자들은 승진하고, 더 많은 직원과 더 큰 집무실을 가질 수 있으며, 중국의 기적에 성공적으로 기여했다고 인정받았다. 지방의 지도자들은 한곳에 오래 머물지 않는다. 단기간에 성공을 거둔 이들은 승진한다. 중국의 관료 제도는 관할 지역 안에서 여러 부서, 향촌, 현, 시, 성/자치구의 여러 직위를 두루 경험하며 순환하도록 설계되어 있다. 모든 면에서 중국의 정치 시스템은 즉각적인 보상을 강조한다. 단기적 사고가 보상받는 상황이어서, 장기적 사고는 잘 하지 않는다.

시간이 흐르면서, 성장만 중시하는 이런 태도는 약화되기 시작했다. 21세기 들어 중국은 정책 관련 수사의 더 많은 부분을 성장 외 사회 안정을 강화하는 데 두기 시작했다. 지난 5년 동안 국가는 환경 문제 해결과 빈곤 탈피 캠페인을 더 많이 강조하기 시작했다. 이러한 새로운 우선순위는 앞으로도 더 많은 관심을 끌 것으로 보인다. 그러나 정부 최고위원회에서 설정하는 성장 목표는 매우 야심 차며, 오늘날에도 정부의 모든 수준에서 강조된다. 지역별로 부의 창출은 최우선 순위로 남아 있다. 경제성장이 느려지고, 외부 세력들이 중국의 성장을 막으려 한다는 시각이 있을 때는 특히 더 그렇다. 상대적으로 단기적 성공을 거두는 관리들에게 보상이 누적된다는 것은 거의 기정사실이다.

단기적 성장에 초점을 두는 것은 인적 자본이 여전히 간과되는 또 하나의 원인이다. 인적 자본에 대한 투자는 경제성장에서 가시적 성과를 보이기까지 오랜 시간이 걸린다. 순수하게 재정적 기준으로 단기적 성과를 보일 때 보상받을 가능성이 훨씬 높은 상황에서, 관할 지역 초등교육이나 건강과 시력 검사, 부모 교육과 영양 프로그램에 대한 투자 확대를 거부하는 관리들을 누가 비난할 수 있겠는가?

초등학교에서 아이들에게 안경을 맞춰주면 아이들의 성적이 나아지는 데 도움이 될 것이다. 하지만 이 아이들이 노동 연령의 전성기를 맞으려면 2045년까지 기다려야 한다. 어린이들의 인지 능력 향상에 투자해도 2050년까지는 성과가 나타나지 않는다. 하지만 대부분의 현직 지도자들은 2040년 이전에 은퇴할 것이다. 그때까지 현직에 있는 이들도 다른 부서나 관할 지역으로 이동할 것이다. 현행 시스템에서는 이런 일을 한 것에 대해 그들이 보상받지 못할 것이다.

단기적 성장에만 초점을 맞추는 것은 많은 국가가 숙고해야 하는 문제다. 예를 들면 미국에서도 이민 문제, 사회보장, 보건, 마약, 경찰 보호 같은 이슈에 비해 교육은 종종 정치적·사회적 우선순위에서 밀려 있다. 여기에서도 단기적 인센티브가 문제의 중요한 부분이다. 대통령은 최대 8년 동안 집무를 한다. 하원 의원들은 2년 임기에 맞춰 일한다. 시장과 주지사들도 유권자들로부터 단기적 평가를 받는다.

중요한 결정을 내린 사람들에 대한 장기적 인센티브가 없기 때문에, 이렇게 교육에 대한 투자는 전 세계 많은 나라에서 문제에 직면해 있다. 인적 자본을 성장시키려면, 모든 나라가 (정도는 다르지만) 같은 문제를 극복해야 한다. 그런데 중국은 이런 단기 성장에 대한 초점을 전 세계 무대에서 보기 드문 수준까지 높여놓았다. 그것이 현재 극적인 인력 자본 위기에 직면한 원인 중 하나일 것이다.

중진국 상태에 내재된
위기 요소들

———

후커우 제도, 교육과 보건에 대한 지방분권적 자금 지원, 지방 지도자들에 대한 단기 성장 인센티브라는 세 가지 구조적 문제는 중국의 정치 제도와 결합되어 있다. 농촌의 인적 자원을 높이는 데 진전을 이루려면 이 문제를 해결해야만 한다. 이 이슈들은 중국의 고유한 문제이거나 적어도 특히 중국에서 더 심각한 문제다. 하지만 중국의 현재 위기를 만들어낸 많은 중요한 문제는 다른 모든(또는 최소한 많은) 중진국 국가에도 존재한다. 따라서 많은 국가가 비슷한 위기에 빠질 위험에 처해 있어, 중국의 사례를 연구함으로써 이익을 얻을 수 있을 것이다.

우리가 앞서 살펴본 것처럼, 중국 위기의 가장 근본적 이유는 인적 자본의 이익과 인적 자본에 대한 수요 사이 시간적 불일치다. 발전의 다른 단계에는 (다른 시기에 따라) 다른 인적 자원이 필요하다. 부유한 국가의 기본적인 경제 건전성은 노동력 가운데 많은 부분을 차지하는 (교육, 보건, 영양 측면에서) 높은 수준의 인적 자본에 의존하고 있다. 그러나 빈곤국이나 중진국에서는 이런 광범위한 인적 자본이 덜 중요하다. 광범위한 인적 자원은 그것이 필요해지기 훨씬 전에, 실제로는 적어도 40년 앞서 생산되고 강화되어야 하는 자원이다. 이러한 차이가 시간적 불일치를 만들어낸다.

국가(그리고 개인)는 단기적으로 얼마나 많은 교육을 받아야 할 것인지 합리적 결정을 내릴지 몰라도, 이런 결정은 경제적 변화 수요에 따라 장기적으로 지속되지 않는다. 즉, 빈곤국 또는 중진국 단계에서 고등학교 이하 보편적 교육 수준은 경제를 무난하게 운영하는 데 제약이 되지 않는다. 그러나 그 배후에 있는 인구의 충분히 많은 부분이 교육 수준을 강화하지 않으면 빈곤한 인력 자본은 결국 성장과 번영에 주요한 걸림돌이 되고, 고임금 상태로 전환하는 데 방해가 될 것이다. 이 문제는 이 발전 단계에서 고유한 것이며, 종종 간과되지만, 중진국 함정에 기여하는 핵심 요인이라고 할 수 있다.

이러한 시간적 불일치는 더 강해지고 있다. 세계화된 세상에서는 중진국이 이전보다 훨씬 더 급속하게 성장할 수 있기 때문이다. 저숙련 제조업의 사다리를 성공적으로 올라온 국가들은 그 과정에서 인적 자본에 거의 투자하지 않고도 매우 급속하게 거대한 경제적 성장을 이룰 수 있다. 하지만 그 경제성장이 인적 자본을 높이려는 정부의 강력한 노력과 동행하지 않으면, (이때까지 낮은 임금을 주면서 저숙련 노동자를 고용하는 데 만족하고 있을) 시장이 요구하기 전에 그런 노력을 하지 않으면, 이 국가는 곧 저숙련 제조업이 돌아오게 하기에는 임금이 너무 높고, 고부가가치 일자리를 끌어오기에는 기술 수준이 너무 낮은 매우 어려운 상황에 처할 것이다. 즉, 급속한 성장 때문에 경제적 성장이 인적 자본의 축적을 앞서가고, 인구가 더 높은 기술의 일자리에서 일할 준비가 되기 전에 국가가 전환점에 이를 가능성이 더 높아질 것이다.

국가들은 뒤처질 가능성이 더 커졌다. 이 발전 단계에서 빠른 인적 자본의 축적을 저해하는 문제들이 대부분 눈에 보이지 않기 때문이다. 광범위한 인적 자본에 대한 투자는 경제에 중요한 요소로 쉽게 인식되지 않을 것이다. 이제는 경제학자들과 발전을 연구하는 사람들 사이에서 인적 자본 강화가 한 국가의 장기적 성장에 중요하다는 것이 잘 알려져 있다. 그러나 학계를 넘어서면, 인적 자본의 중요성이 종종 제대로 평가되지 않는다. 나라가 교육 강화를 최우선으로 삼더라도 중진국들에서 인적 자본을 강화하는 데서 마주하는 심각한 많은 장벽은 제대로 이해되지 못하고 감지하기도 어렵다. 이 때문에 국가는 전환이 시작되기 전에 인적 자본을 갖추어야 하는 어려운 경주에서 이미 귀중한 시간을 잃게 된다.

예를 들어 (중국을 비롯해) 많은 중진국 국가에서 장기적 성장과 안정을 이루는 데 가장 큰 장애물은 영유아들의 인지 능력, 언어 발달, 사회적·정서적 기술 발달 지체의 광범위한 확산이다. 이 문제들은 발견하기가 어렵다. 실제로 이 문제들은 완전히 눈에 띄지 않기 때문에 과학계에서조차 최근에야 좀 더 이해되기 시작했다. 하지만 이 문제들은 평생의 결과물들에 심대한 영향을 준다. 마찬가지로 중진국에서 학령기 아이들 사이에 빈혈이 광범위하게 퍼져 있다. 이 문제가 아이들의 학습 능력에 심각한 영향을 미치는데도 알아내기 어려워 '감춰진 기아'로 언급되고 있다. 인적 자본 축적을 저해하는 이런 장벽들은 최선의 환경에서도 발견하기 어려운데, 제대로 교육받지 못하고 사회적 연대도 단절된 농촌 부모들에게는 더욱 심각한 문제다.

앞 장들에서 언급한 것처럼, 나는 이런 보이지 않는 성장의 방해물들이 중진국 함정에서 간과된 요소라고 생각한다. 빈곤국들은 잘 보이는 인적 성취의 장벽들에 맞닥뜨린 반면, 중진국들은 인적 자본 축적과 기본적인 건강 문제에서 심각한 '보이지 않는 장벽'들과 마주해야 한다. 이것은 빈곤국에서 눈에 잘 보이는 자원 소모나 어린이들의 기아에서 중진국의 감춰진 기아로의 전환이다. 또는 빈곤국의 치명적 질병 유행에서 중진국의 회충 감염 등으로 인한 느리고 지속적인 생산성 하락으로의 전환이기도 하다.

이런 문제들은 감지하기 어렵게 미묘하지만, 절실하게 필요한 인적 자본의 축적을 막기 때문에 발전의 중간소득 단계에서 성장에 중요한 방해물이 된다. 이런 것들이 보이지 않는다는 것은 문제의 큰 부분이며, 보이지 않게 미묘하다는 점이 문제 해결을 어렵게 만든다.

물론 덫이 있다고 모든 나라가 덫에 걸릴 운명이라는 뜻은 아니다. 우리가 살펴본 것처럼 중국의 몇 가지 정책(후커우, 지방분권, 단기 성장 인센티브 제공)이 이 나라가 이 문제에 굴복할 가능성을 높이고 있다. 또 다른 몇 가지 요소 때문에 중국은 다른 나라들보다 인적 자본 위기에 빠질 가능성이 더욱 높아진 것 같다. 예를 들면 중국은 통상적인 국가들보다 훨씬 급속히 성장했기 때문에 너무 늦기 전에 인적 자본을 축적하려는 경쟁에서 더 뒤처지게 되었을 것이다.

중국이 물리적 인프라 건설을 강조해온 것도 고려해보자. 중국은 도로 건설에 수십억 달러를 투자했지만, 농촌 교육에는 충분히 투자하지 않았다. 학교 교육을 희생시키면서 물리적 인프라에 집중한 것이 역효과를 냈을 수 있다. 도로를 덜 건설했다면 발전 속도가 조금 더 느렸겠지만, 현재 위기에 도달하기 전에 인적 자본을 구축할 더 많은 시간을 가질 수 있었을 것이다.

장기집권한 소수의 지도자가 인적 자본 축적을 최우선 과제로 하지 않았다는 점에서 중국은 운이 나빴다. 2000년 무렵부터 몇몇 정부가 광범위한 인적 자본의 중요성을 인식하고 전국적으로 취학률을 높이려는 긴급한 작업을 시작했지만, 중국의 현재 노동력 가운데 대부분은 광범위한, 현대적 교육의 중요성을 덜 중시한 정부들 아래에서 성년이 되었다.

274

중국의 조타수로서 마오쩌둥은 장기 집권기 동안 공산주의자 교육을 수학, 중국어, 영어보다 중시하고, 국가를 그의 문화대혁명에 종속시켰다. 그것은 전 세계가 경험한 적 없는 대규모의 고의적인 인적 자원 파괴였다. 마오쩌둥 사망 후 중국의 새로운 지도자가 된 덩샤오핑은 유명한 개혁가였다. 그는 엘리트 교육 확대를 포함해 경제를 향상시키기 위해 많은 일을 했다. 중국은 경제적 기적을 조율한 것에 대해 높은 평가를 받을 자격이 있다. 그러나 (문자 해독과 산수 이상의) 대중 교육은 그의 거대 계획에 포함되지 않아, 중국이 꾸준히 더 높은 수준의 인적 자본을 축적했어야 하는 수십 년이 낭비되었다.

현재 노동력의 낮은 교육 수준은 오래전에 사망한 이 두 지도자의 책임이 크다. 실제로 현재 중국 노동력의 대부분(약 65%)은 마오쩌둥과 덩샤오핑의 교육 체제 아래에서 성년이 되었다. 이 시스템에서는 고등학교 교육과 현대적인, 선진국 경제에서 활약하기 위해 필요한 일반적인 기술 교육을 중시하지 않는다.[9]

나는 중국의 최근 정부들이 전국적으로 좀 더 높은 질의 교육을 받을 수 있도록 강력하고 성공적인 조치를 한 것은 다행이라고 생각한다. 또한 중국의 최고 지도자들이 이 책의 기본적인 전제를 이해하고 있다고 믿는다. 즉, 중국이 거대한 인적 자본 문제에 직면하고 있다는 사실 말이다. 지난 20여 년 동안 중국 정부는 진정으로 놀랄 만한 확장을 이루어, 최초로 9년간 의무교육을 무료로 받을 수 있도록 했으며, 대학 정원을 4배로 늘렸다. 또한 대규모 직업 고등학교 시스템을 만들고, 오늘날 농촌 어린이 가운데 고등학교 취학률을 약 50%에서 80%로 높였다. 이러한 노력은 계속되고 있다. 정책 담당자들은 5년 안에 고등학교 의무교육 실시를 원하고 있다.

그러나 이런 노력으로도 충분하지 않다. 최고 지도자들이 수십 년 동안 교육에 제대로 투자하지 않은 문제가 없더라도, 시간적 불일치 때문에 고소득 단계로의 전환은 언제나 쉽지 않을 것이다. 중국은 지금 훨씬 뒤처져 있다. (최근 정부와 현재 정부가 이런 모든 노력을 했지만) 오늘날에도 중국은 중진국 국가 가운데 인적 자본 수준이 가장 낮다는 것을 기억하자. 중국을 위험에서 구해내려는 최근의 부분적 진전에도 불구하고, 중국의 노동력은 정말 너무 많고, 역사적으로 교육 수준은 너무 낮다.

그래서 우리는 인적 자본 위기가 현대 세계의 모든 중진국 국가에서 일어날 가능성이 실제로 존재하고, 중국은 이런 인적 자본의 공백이 결국 벌어질 가능성을 더 높게 만드는 추가적인 위험 요소를 가지고 있다고 본다. 그러나 이런 위험 요소들은 다른 나라에도 존재한다. 중국과 마찬가지로, 많은 중진국에서 (여러 가지 이유, 종종 순전히 이성적인 이유로) 가까운 과거에 인적 자본을 최우선으로 하지 않았거나 현재 하지 않는 지도자가 있다. 그럼에도 불구하고 후커우 제도는 중국의 독특한 문제이며, 농촌 교육과 다른 서비스를 제공하는 데 특히 높은 장벽이 되고 있다.

다른 많은 나라에서도 농촌과 도시 인구 사이에 격차(허물어지고 있는 빈민가, 불평등한 토지 임대, 사회적 서비스 부족)가 벌어지며, 미래 성장을 위해 농촌의 빈곤한 이들이 중요하다는 것을 제대로 인식하

276

지 못하고 있다. 실제로 중진국들은 발전 게임판 위 다른 구간에 있는 국가들보다 더 큰 불평등으로 어려움을 겪는다.

그러므로 전반적으로 중국을 이 지점으로 이끌어온 많은 핵심 요소는 중국만의 특별한 것이 아니다. 그런 요소들은 많은 중진국에서 비슷하게 진행될 수 있다(그리고 진행된다). 모든 중진국은 고소득 상태로 전환하기 전에 인적 자본 축적의 시간적 불일치 문제에 직면해 있다. 많은 중진국에서 성장이 매우 빠를 수 있기 때문에(오늘날 전 세계적으로 성장률이 가속화되고 있다), 시간적 불일치는 더욱 긴급해졌다. 모든 중진국에서 성장을 유지하는 데 가장 중요한 이런 문제들은 '보이지 않는다'. 인구가 가장 많은 중진국에서, 적어도 교육 시스템이 초기에 확장될 때는 지방분권이 거의 필연적으로 보상책을 왜곡시키고, 모든 어린이가 미래를 위한 준비를 하기가 더 어렵다.

다른 나라들도 중국이 오늘날 직면한 바로 그 위기에 취약할 수 있다는 진정한 위험을 안고 있다. 중국이 여기에 왔다면, 다른 많은 나라도 그렇게 될 수 있다. 우리가 알고 있는 것처럼 중진국까지 온 대부분의 나라는 다른 쪽으로 나아가지 못했다. 한국, 아일랜드, 대만을 제외한 많은 나라가 갇혀버렸다. 중진국의 함정에 갇히는 것은 예외가 아니라 규칙이다. 그리고 나는 인적 자본 위기가 이 방정식의 중요한 부분이라고 믿는다. 따라서 중국의 선택지들(그리고 위기들)을 고려하는 것은 다른 나라들에 교훈이 될 것이다.

다른 나라들을 위한
교훈

———

중국의 위기에 대한 나의 분석에서 가장 명백한 교훈은 모든 나라가 인구 가운데 최대한 많은 이에게, 가능한 빨리 인적 자본을 강화해야 한다는 것이다. 21세기 모든 나라 정부는 인적 자본이 장기적 경제 건전성을 위한 가장 기초적인 구성 요소라는 사실을 인식해야 한다. 자동화가 진전되고 숙련 기술에 기반을 둔 기술적 변화가 계속되면서 인적 자본은 점점 더 중요해질 것이다.

이 책은 또한 인적 자본 강화를 열망하지만 어떻게 할지 모르는 나라들을 위한 교훈도 담고 있다. 특히 중진국들에 가장 중요한 임무는 (임시적으로 비숙련 노동 임금률을 높이 유지하는 형식으로) 가족들이 교육에 계속 투자하는 것을 차단하고 아이들이 장기적으로 알아야 할 내용을 배우기 전에 학업을 중단하게 만드는 기회비용을 해결하는 것임을 살펴보았다. 많은 나라가 이 교훈을 배운 듯 보인다. 학비를 전반적으로 없애고, 조건부로 현금을 나눠주면서 모든 어린이가 학교를 계속 다니도록 권장하는 것에서 이를 분명히 볼 수 있다.

다른 중요한 점은 모든 아이에게서 교육에 대한 장벽을 제거해야 한다는 것이다. 부유층이나 중산층 아이만이 아니라, 가난한 아이들에게도 장벽을 없애야 한다. 여전히 많은 나라에서 도시와 농촌 간 교육 접근성 문제에서 거대한 불평등이 광범위하게 퍼져 있다. 분명 다른 나라들은 중국의 후커우 제도와 같은 농촌 교육에 대한 명백한 구조적 장벽을 피하려 할 것이다. 그러나 그것을 넘어 한국, 아일랜드, 대만(그리고 다른 '졸업자'들)의 사례를 배워 공적인 양질의 학교 교육을 농촌과 이주자 공동체의 모든 사람이 받을 수 있도록 해야 한다.

또 하나의 교훈은 인적 자본이란 우리가 보통 교육의 영역으로 생각하는 것을 훨씬 넘어 움직이지 않고는 구축할 수 없다는 것이다. 학교 시설과 양질의 교사도 중요하지만, 영양과 건강을 비롯해 교육에 영향을 미치는 보이지 않는 요소들도 중요하다. 그런데 이것들은 제대로 관심을 받지 못할 가능성이 높다. 학교는 건강 상태와 치료 상황 등을 확인하기에 매우 효과적인 장소다. 장기적으로 성장률을 유지하려는 나라들은 인생의 아주 초기 단계인 영유아 단계에서 발생하는, 인적 자본 축적에 대한 장벽들을 제거하는 데 최우선적으로 관심을 두어야 한다. 이런 장벽들은 아주 좁은 기회의 창 안에서만 해결할 수 있다. 해결하지 않은 채 그대로 두면 그 비용이 매우 커지고 장기적으로 계속될 것이다. 이 보이지 않는 문제들을 정책의 중심에 두고 다루지 않으면 어떤 교육(또는 실제로는 성장) 정책도 완전히 성공할 수 없을 것이다.

마지막으로, 나는 이 책의 가장 중요한 교훈은 아마도 이런 정책적 노력의 타이밍과 관련되어 있다고 믿는다. 각 나라들은 인적 자본에 대해 대규모로 투자해야 하고, 시장에서 그것이 필요하기 '전에(임금이 인상되어 기업들이 더 숙련된 기술을 갖춘 노동자들을 요구하기 전에)' 미리 숙고해야 한다. 이것은 빈곤한 국가들과 특히 중진국 국가들이 더 열심히 이것을 추진해야 한다는 의미다. 각 나라들은 중상 소득 수준에 도달할 때까지 기다릴 여유가 없다. 오늘날과 같은 세계에서 그때가 되면, 너무 늦어진다. 더 일찍 시작하지 않으면, 이미 중진국 함정에 빠져버린 상황을 발견하게 될 것이다.

누구에게 이런 조언이 필요할까? 분명 모든 중진국 국가가 이 조언에서 이익을 얻을 것이다. 우리가 살펴본 것처럼 많은 이가 중진국 함정에 갇힐 위험을 줄이기 위해 필요한 학업 성취보다 훨씬 낮은 상황에 머물러 있다. 그뿐 아니라, 많은 중진국이 가능한 한 빠르고 효과적인 인적 자본 향상을 방해하는 보이지 않는 건강과 영양 문제라는 부담을 지고 있다. 쉽게 치료할 수 있는데도 학습에 큰 피해를 주고 영유아의 인지 능력 발전을 지체시키는 빈혈을 비롯한 여러 건강 문제가 심각한 나라는 학업 성취율을 높이기 어렵다. 일부 국가는 적어도 이 문제를 심각하게 고려하기 시작했고, 영유아기 발달에 대규모로 투자하고 있다. 예를 들면 라틴 아메리카에서 (출생부터 3세까지) 영유아 발달에 역점을 두는 강력한 흐름이 나타나고 있다.

이것은 좋은 시작이다. 그러나 우리가 앞서 살펴본 것처럼, 타이밍 때문에 이 문제는 아직 중진국에 도달하지 못한 국가(또는 중진국 초기 단계 국가)들에서 더 심각하다. 각 나라들이 중상 소득 수준을 달성할 때까지 기다려 영유아의 인지발달이나 학습을 저해하는 보이지 않는 건강 문제, 아이들을 학교에 취학시키는 문제에 초점을 맞추기 시작하면, 너무 늦어 이미 덫에 빠진 상황이 될 것이다. 이 책에서 살펴본 교훈들은 이제 막 중진국 상황으로 이동하기 시작한 나라들에 가장 중요하다.

인도는 중요한 사례다. 오늘날 인도의 1인당 GDP(PPP 기준)는 약 7000달러로 중진국 가운데 딱 중간이다. 인도는 1년에 약 7%씩 성장하고 있다. 이 성장률은 물론 다음 10여 년간 인도가 중상 소득 수준으로 이동하고 고소득을 바라보면서 조금 낮아질 것이다. 인도가 상당히 성공을 거둘 것으로 가정한다면(물론 이것은 교육과 보건 정책 외에도 많은 요소에 달려 있다) 20여 년 안에 중상 소득이나 고소득 하단 정도에 도달할 것이다. 만약 그 지점까지 간다면 인도는 계속 성장해 선진국이 될 수 있을까, 아니면 이 나라 노동력의 열악한 인적 자본이 성장을 저해해 정체나 붕괴로 이어질까?[10]

현재 교육에 대한 투자 수준에 근거해 이야기하면, 인도는 문제를 겪을 것이다. 오늘날 전체 인도 노동력 가운데 약 20%가 고등학교 교육을 받은 상태다. 세계은행에 따르면 인도 청소년의 약 40%가 고등학교에 다니고 있다. 따라서 인도가 계속 이 정도로만 성과를 낸다면, 인도 노동력의 교육 수준은 덫에 걸린 국가들의 평균(약 40%)에 근접할 것이다. 인도가 2040년까지 선진국들과 비슷한 교육 수준(50~70%)에 도달하려는 목표를 세운다면, 지금 교육 수준을 극적으로 증가시켜야 한다. 2020년대에 청소년의 60~70%가 고등학교에 진학하고, 2030년대에는 70~80% 이상이 진학해야 한다.[11]

인도가 이 이정표들에 도달하려면, 지금 대규모 투자가 필요하다. 급성장하는 다른 많은 개발도상국처럼 인도도 재정적 제한이 있다는 점을 고려하면, 어려운 선택을 해야 할 것이다. 중국의 예를 그대로 따라 교통, 통신, 농업 분야에 거액을 투자하는 것은 최선의 선택지가 아니다. 물론 이 분야에 대한 투자도 필요하다. 그것은 국가 성장 전략의 중요한 부분이다. 그러나 중국의 사례는 인도가 멈추지는 않으면서 친성장 투자 속도를 늦춰 국가의 성장이 노동력에서 인적 자본의 축적보다 너무 앞서나가지 않도록 해야 한다는 것을 보여준다. 경제성장의 중요성을 경시하려는 것이 아니다. 개발도상국들이 장기적 경제성장의 이익을 완전히 누리기를 바란다. 그러려면 그 과정에서 인적 자본을 증가시킬 필요가 있다. 인적 자본에 일찍 주의를 기울이는 것은 더 훌륭한 장기적 성장과 안정에 도달하는 유일한 방법이다.

오늘날 가장 안정적이고 소득이 높은 국가, 즉 서유럽, 북미, 호주는 훨씬 긴 시기에 걸쳐 훨씬 천천히 성장했다. 아마도 느리지만 안정적인 성장이 물질적 투자와 인적 자본 투자의 균형을 이루게 했을 것이다. 이것이 장기적 성장과 안정의 핵심 요소다.

인도와 비슷한 다른 국가들(페루, 에콰도르, 에티오피아, 베트남 등)이 가장 어린 아이들에게 주목하면서 지금 새로운 방향을 취하지 않으면 오늘날 중국이 처한 상황을 피하기 어려울 것이다. 중국은 이미 너무 늦었을지도 모른다.

중국에 남은
성공으로 가는 길

———

최악의 시나리오를 피하려면 중국은 무엇을 해야 할까? 우선, 가장 중요한 것은 갓난아기부터 다섯 살까지 모든 어린이에게 평생을 위한 건강한 인지 능력 발전에 필요한 모든 것을 반드시 제공해야 한다. 오늘날 중국에서 6초마다 한 명의 어린이에 대한 기회의 창이 닫히고 있다. 이것은 인간의 잠재력을 비극적으로 낭비하고 경제를 정체시킨다. 중국은 지금 가만히 있을 때가 아니다. 유아기 발달에 대한 투자는 장기적인 인적 자본을 강화하는 가장 효과적인 방법이고, 전반적으로 고소득 상태를 달성하기 위한 비용 대비 효과가 가장 큰 방법이다. 다행히 가까운 곳에 해결책이 있다. 우리 연구팀이 시범적으로 실시한 부모 훈련과 영양 보충 프로그램은 좋은 결과를 보여주고 있다. 중국의 다른 그룹들도 비슷한 프로그램을 실시하고 있는데, 그들의 노력도 성공적인 것으로 보인다.[12]

이 프로그램을 효과적으로 좀 더 광범위하게 추진할 구체적인 자원이 이미 갖춰져 있다. 지난 35년 동안, 중국은 한 자녀 정책을 추진하기 위해 전국적으로 모든 마을에 가족 계획 감독관을 고용해왔다. 2015년에 이 정책이 끝났다. 우리 연구팀(REAP팀)과 국가위생계획생육위원회NHFPC의 새로운 협력으로, 한때 공포의 대상이던 관료기구는 좀 더 호소력 있는 목표를 추진하고 있다. 즉, 농촌 부모들이 아이를 더 잘 양육할 수 있도록 훈련하는 것이다. 지난 10년 동안 이 프로그램은 어린이 5000만 명의 삶을 잠재적으로 바꿔왔다. 그렇게 중국의 가혹한 한 자녀 정책은 온화하고 매우 효과적인 '5000만 어린이 정책'으로 전환될 수 있었다. 이 정책은 양이 아닌 질에 초점을 맞춰 어린이가 21세기에 맞는 준비를 갖출 수 있도록 설계되어 있다. 나는 이것이 중국이 미래를 준비해야 하는 가장 중요한 한 가지라고 굳게 믿는다.[13]

둘째, 중국은 모든 농촌 어린이가 의료 서비스와 학습을 위해 필요한 영양을 갖출 수 있도록 보장해야 한다. 농촌의 학교에서 보이지 않는 건강 문제는 농촌과 도시의 지속적인 학습 격차를 만들어내는 매우 중요한 요소다. 아이들이 질병을 앓고 있다면, 농촌 학교에 아무리 투자해도(또는 교육에 대한 접근을 확대해도) 소용 없을 것이다. 우선, 어린 시기의 영양과 만연한 빈혈 문제를 인식하고 해결해야 한다. 효과적이고 비용도 절감하면서 변화를 일으킬 방법이 있다. 장내 회충 문제도 해결해야 한다. 과거에(1970년대부터 1980년대, 심지어 1990년대에도) 중국 정부는 학교에 다니는 학생들에게 대량으로 회충약을 보급해 회충 감염을 줄이거나 박멸하는 데 훌륭하게 성공했다. 모든 어린이가 매일 한곳에 모이기 때문에, 이것은 많은 아이가 저렴하고 효과적으로 치료받을 수 있는 방법이다. 특히 중국 남부의 열대 기후에서 여전히 농촌 어린이들에게 영향을 끼치는 높은 수준의 회충 감염을 고려하면, 이런 식의 회충 박멸 프로그램을 전 지역에서 다시 실시해야 한다. 또한 농촌 학교 학생들의 시력 문제를 검사해 필요한 안경을 맞춰줘야 한다. 이런 정책을 실행하면 사회 전반적으로 이익이 매우 크기 때문에, 중앙 정부는 좀 더 일치된 행동을 당장 취해야 한다.[14]

셋째, 중국은 특히 농촌 지역에서 질 낮은 직업 고등학교라는 만연한 문제를 극복하기 위해 나서야 한다. 적극적인 규제와 감독

시스템을 갖추어야 한다. 물론 훌륭한 직업 고등학교도 많다. 중앙 정부와 성급, 지방의 교육 관리들은 모든 학교가 이 기준까지 올라가도록 하고, 특히 농촌 지역에 신경을 많이 써야 한다. 이것은 학생 개인을 위한 것이자, 중국 경제의 기본적인 건전성을 위한 것이기도 하다. 아울러 모든 학생이 특정한 직업 기술뿐 아니라 평생 학습할 수 있는 능력을 갖추기 위한 전반적인 학습 능력도 배울 수 있도록 커리큘럼을 조정해야 한다.

넷째, 중국은 12년 동안 보편적인(그리고 학비가 무료인) 교육을 제공해야 한다. 지금은 1학년에서 9학년까지만 무료로 의무교육을 제공한다. 중국이 21세기에 미끄럼틀과 사다리 게임판에서 위로 올라가길 바란다면 이것은 결코 바람직하지 않다. 모든 아이가 적절한 12년의 교육을 받으면 모든 사람에게 이익이 된다. 중국은 빈곤 계층 아이들이 교육받는 것을 막고 있는 인문계 고등학교의 비싼 학비를 비롯해 모든 장벽을 없애는 데 자원을 적극적으로 투입해야 한다. 실제로 정부는 지금 이 방향으로 빠르게 움직이고 있다. 고등학교 교육의 보편화를 정책적 목표로 삼으려는 움직임을 전적으로 지지하며, 중국 정부가 고등학교 무상교육뿐 아니라 빈곤한 농촌 지역 출신 학생들(그리고 그 가족들)의 고등학교 입학을 적극적으로 고려하도록 설득할 창의적인 방법도 마련하기를 희망한다.[15]

다섯째, 중국은 농촌 어린이들이 최상의 학교에 가는 것을 막고 있는 인위적이고 정치적인 장벽들을 제거해야 한다. 어린이들이 출생 등록지(고향 마을)에서만 공립 학교에 갈 수 있도록 하는 후커우 제도를 폐지해 모든 어린이가 가능한 한 최상의 교육을 받을 수 있어야 한다. 이렇게 하면 결과도 좋아지고, 정부의 비용도 줄어든다. 한국과 대만에서처럼, 이것은 중국에도 윈윈win-win 효과를 가져다줄 것이다. 물론 이 정책적 조처가 단기간에 실현되기는 어렵다. 지난 10여 년 동안 후커우 제도 완화를 향한 점진적인 움직임이 있었다는 것도 알고 있다. 이런 자유화를 계속 추진하려는 모든 노력을 지지한다.

마지막으로, 구조적 수준에서 중국은 1학년부터 12학년까지 교육에 대한 투자를 중앙집권화해 과도한 교육 격차를 줄이고 모든 학생이 어디서 태어났든 상관없이 좋은 교육을 받을 수 있도록 해야 한다. 문제는, 현재 지방 정부는 자금도 없고 농촌 학생들에게 양질의 교육을 제공할 동기도 없다는 것이다. 새로 교육받은 청년이 그 지역을 떠나 돌아오지 않으면 지방 정부는 그 이익을 완전히 누릴 수 없기 때문이다. 한편, 중앙 정부는 더 큰 세수를 가지고 있고 모든 중국인이 더 높은 인적 자본을 가질 때 그로 인한 이익을 누릴 수 있다. 미국은 1960년대 이런 정책을 추진해 큰 성공을 거뒀다. 가장 적극적으로 추진할 정책 전환 과제 하나를 골라야 한다면, 나는 이것을 선택할 것이다.

이런 일들을 추진하려면 비용이 많이 들 것이다. 중국은 이것을 시행할 여유가 있을까? 당연하다. 중국은 인적 자본 위기의 심각성을 인식하고 투자 우선 사안을 재조정해야 한다. 실제로, 잠재적 비용을 계산하면 이러한 조처들은 최악의 결과를 막는 보험이 될 수 있다.[16]

세 가지
시나리오

────

중국의 미래는 어떨까? 활용 가능한 증거들에 근거해, 나는 세 가지 가능한 시나리오를 그려본다. 최선의 시나리오는 중국이 메시지를 이해하고 인적 자본 수준을 빠르고 과감하게 향상시키는 데 모든 능력과 자원을 투입하는 것이다. 예를 들어 2020년대 초까지 정말로 모든 어린이가 고등학교에 진학할 수 있게 하고, 모든 고등학교에서 양질의 교육을 제공하며, 농촌 어린이들의 건강 악화와 발달 지체로 인한 문제들을 실질적으로 줄인다면, 중국은 중진국 함정에서 탈출할 기회를 가질 수 있을 것이다.

이 시나리오가 너무 낙관적으로 보일 수도 있다. 결국, 농촌 학생의 약 절반이 인지 능력이 저하된 상태에서 성장하고 있다. 내일 당장 모든 아기가 필요한 지원을 받는다 해도, 많은 어린이가 이미 유전적 잠재력을 완전히 발휘할 기회의 창을 지나쳐버려 인문계 고등학교에서 공부할 능력이 없을 수도 있다. 더 많은 학교를 짓는 것으로는 이 잠재된 문제를 해결할 수 없을 것이다. 현재 갓난아기들이 고등학교에 들어가기 전에 중국의 인적 자본을 위한 진정한 변화를 만들기는 어렵다. 최선의 시나리오에서도 모든 어린이가 고등학교에서 성공할 진정한 기회를 가지려면 15년은 걸린다.

그러나 이 시나리오는 아직 가능하다. 중국이 곧 중요한 경제적 전환에 직면할 것은 분명하다. 임금이 상승하면서 높은 수준의 기술에 대한 수요가 커지고 있다. 그러나 내가 예상한 것보다 경제적 전환을 좀 더 서서히 진행하는 것은 가능하다. 임금이 경제학자들이 예상한 것보다 좀 더 천천히 오르거나 기업들이 좀 더 서서히 해외로 옮겨갈 수도 있다. 자동화하는 데 시간이 좀 더 오래 걸리거나, 건설 붐이 지속되어 비숙련 노동자들에게 계속 일자리를 제공할 수도 있다. 상황이 얼마나 빠르게 악화될지는 예상하기 어렵고, 여러 요인이 인적 자본을 구축하려는 경주에서 중국에 시간을 벌어줄 수도 있다. 이런 몇 가지 요소가 결합되어 최선의 시나리오가 실제로 가능해질 수도 있다.

그러나 최선의 시나리오에서도 출발점이 낮기 때문에, 중국 노동력의 평균 고등학교 취학률이 42%에 도달하려면 2035년은 되어야 할 것이다. 어떤 나라도 고등학교 취학률 50% 미만에서 중진국 함정을 피한 적이 없음을 기억하자. 따라서 최선의 상황에서도 성장률이 하락하고 많은 인구가 오랫동안 공식적 일자리를 찾기 어려워질 가능성이 여전히 있다. 모든 일이 최선의 방향으로 진행되더라도, 경기침체와 중진국 함정은 배제할 수 없다.

다음 단계는 내가 좀 더 나쁜 시나리오worse-case scenario라고 부르는 것이다. 이 수준에서 어린아이들을 질 좋은 고등학교에 보내려는 중국의 노력은 많은 성공을 거두지 못할 것이다. 아마도 12년 무상 교육으로 전환하는 데는 시간이 좀 더 걸릴 것이다. 또는 중국 최고 지도부가 중국 농촌의 보이지 않는 문제에 대한 메시지를 주목하지 않아 교육과 보건에 대한 투자가 지체될 것이다. 이런 일이 일어나면, 고소득 수준으로 올라가기 위한 경쟁에서 인적 자본은 더욱 큰 문제가 될 것이다. 모든 청소년이 고등학교에 등록한다고 해도 교육 방법이 적절치 않아 교육의 질이 나쁘거나, 건강 혹은 영양, 발육이 좋지 않아 제대로 공부할 상황이 아니라면 이런 상황은 현실이 될 것이다.

이 가운데 어떤 경우로 가든, 성장은 급속히 둔화되고 실업률은 빠르게 증가하며 사회적 문제들은 더욱 심각해질 것이다. 중국 지도자들은 이 2차 문제들을 완화하기 위해 자원과 관심을 돌릴 수밖에 없을 것이고, 성장은 더욱 둔화할 것이다. 그때 중국은 아래를 향한 악순환의 입구에 와버렸음을 알게 될 것이다. '버텨내지 못하고' 심각한 붕괴를 겪거나 장기 침체에 빠질 가능성이 높아질 것이다. 아마도 가능성은 50대 50일 것이다. 그래도 아직 희망은 있다. 어떤 기적이 일어나 중국이 인적 자본 수준을 바로잡기 위해 애쓰는 동안 버틸 수 있을지도 모른다. 그러나 매우 힘겨운 싸움이 될 것이다.

세 번째로 가능한 결과는, 내가 재앙적 시나리오라고 부르는 상황, 즉 중국이 현재 수준에서 인적 자본을 전혀 증가시키지 못하는 상황이다. 상황이 급속하게 통제를 벗어날 것이다. 중국은 경제 급락을 겪을 것이다. 실업률이 어마어마하게 올라가고 경제의 부정적인 파급 효과가 전 세계 시장으로 확산되며, 세계 경제의 하락으로 매우 부정적인 반응이 나오면서 중국의 성장과 노동 시장에 미치는 압박이 더욱 커질 것이다. 이것은 충격의 속도와 깊이가 더해진 최악의 시나리오다.

이 모든 시나리오가 가능성 있다. 그리고 그중 어느 것도 좋지 않다. 모든 나라가 오늘날 중국의 상황이 되기 전에 인적 자본을 최대한 향상시키기 위해 모든 노력을 해야 하는 이유다. 실제로 중진국 함정을 벗어난 국가들(한국, 대만, 아일랜드)은 모두 현재 중국 수준에 도달하기 전에 전환을 이루어냈다. 그러나 중국의 경우는, 국가가 인적 자본을 다른 선진국과 비슷한 수준까지 향상시키는 데 성공한다 해도, 고소득에 도달하는 데 성공할 거라는 보장이 없다. 사실, '좀 더 나쁜' 시나리오와 '재앙적' 시나리오는 인적 자본 위기와 다른 어떤 것으로 촉발될 수도 있다. 통화 또는 금융위기나 좀 더 전통적인 경제위기가 원인이 될 수도 있다.

그중 어느 것도 가능성이 있다. 직접적인 원인이 무엇이든 성장률이 (초기 위기로 인해) 급격히 떨어지면 실업률이 오를 것이다. 위기가 심각하다면, 위기로 인한 문제를 해결하는 데 필요한 세수도 급격하게 감소할 것이다. 이 시나리오에서 경제가 더욱 악화되고 사회적 혼란이 일어날 위험이 실제로 있다. 재정 예비비는 원래의 위기를 피하기 위해 사용될 것이다. 고용이 줄고 고용보험도 없는 상황에서 해고된 노동자들이 생계를 유지하려 애쓰면서 비공식 경제가 급격히 증가할 것이다. 한꺼번에 너무 많은 사람이 새로 진입하면서 임금(또는 소상공인의 수입)이 낮아져, 사람들의 생활이 어려워질 것이다. 사람들이 어려움을 극복하도록 도와줄 사회보장제도도 없다. 멕시코의 역사에서 배워야 할 교훈은 낮은 성장(또는 구조적 전환)이 오래 계속되면 비공식 경제가 공식 경제를 넘어서기 시작한다는 것이다.

상황이 더욱 나빠질 수도 있다. (수억 명은 아니더라도) 수천만 명의 신규 실업자가 미래에 대한 희망을 잃기 시작하면, 교차로에서 자동차의 창문을 닦거나 도로변에서 양꼬치를 파는 데 만족하지 않을 것이다. 사람들이 미래를 위해 아무리 노력해도 상황이 나아지지 않을 거라고 여기면, 범죄 위험까지 감수하려 할 뿐만 아니라, 범죄조직이 만들어지기 시작할 것이다. 그리고 4000만 명의 결혼하지 못하는 남성(아마도 더 많을 것이다)이 적당한 일자리 없이 도시를 배회하면 정말로 불길한 상황이 벌어질 것이다. 이들 젊고, 대부분 제대로 교육받지 못한 독신 남성들은 범죄에 의지한다고 해도 잃을 게 거의 없다. 이들은 억눌린 에너지와 좌절, 분노를 더욱 위험한 것으로 분출할 가능성이 매우 높다.

이 시점에서는(그 이전은 아니더라도) 위기가 더 이상 중국에 국한되지 않을 것이다. 이것이 중국인이 아닌 사람들이 이해하기 가장 어려운 부분 중 하나다. 중국 밖에서 이런 내용을 발표할 때 나는 종종 같은 질문을 받는다. 즉, 당신은 미국 어린이들의 교육에 대해 더 걱정해야 하는 것 아닌가요? 캘리포니아에도 당신의 관심이 필요한 아이들이 있지 않나요? 누가 중국에 신경이나 쓰나요? 나는 이 시점에서 답이 명확하기를 바란다. 이것은 멀리 떨어진 문제가 아니다. 오늘날 중국의 농촌에 만연한 이런 문제들은 우리 모두에게 엄청나게 중요하다.

중국의 성장률이 가파르게 떨어지면 중국 안팎에 큰 영향을 끼칠 것이다. 중국 경제가 정체되면, 중국 내에서 인도주의적 위기를 일으킬 것이다. 그러나 이것은 또한 예를 들면 수입에 대한 수요에 영향을 미쳐, 중국의 모든 무역 상대국에 매우 큰 영향을 준다. 중국은 세계 최대 무역 상대국이기 때문에 거의 모든 사람이 영향을 받을 것이다. 세계 시장에서 주요한 수출국(그리고 점점 더 주요한 수입국)인 중국의 압도적인 중요성을 고려하면, 이런 상황은 전 세계에서 가격을 끌어올리고 거의 순식간에 생활 수준을 떨어뜨릴 것이다. 다시 한번 강조하자면, 중국의 경기둔화나 경기침체는 전 세계를 경기후퇴에 빠뜨릴 것이다. 그에 따른 세계 경제성장의 하락은 물론 더욱 부정적인 반응을 일으켜 세계적으로 파괴적인 상황을 만들 수도 있다. 물론 중국의 경제성장 하락은 정치적 불안정을 고조시켜 세계 무대에서 더욱 파괴적 영향을 끼칠 수 있다.

간단히 말하면, 중국이 계속 성장하고 안정을 유지하며 번영하는 것이 우리 모두에게 최선의 이익이다. 서구 언론에서 중국에 대한 담론은 동양과 서양의 경쟁 같은 구도로, 중국의 힘과 명성이 커지는 것은 모두 미국의 이익을 희생시키는 것이고, 현재의 세계질서에 심각한 위험이 될 것이라고 가정한다. 그러나 나는 중국이 성장하고 번영하는 것이 전 세계에 이익이라고 믿는다. 곤경에 처한 중국은 훨씬 더 위험할 것이기 때문이다.

왜 내가
틀릴 수도 있을까?

———

언제나 그렇듯 질문은 남는다. 내가 모든 것에 대해 생각해보았나? 내 전망이 틀릴 수도 있나? 세계는 복잡하고, 거시경제의 흐름을 예측하기란 대부분의 일보다 더 어렵다. 내가 회의나 학술적 발표에서 이 주장을 내놓을 때면 내가 빼놓았을지도 모르는 요소들에 대해 비슷한 질문을 받곤 한다.

자주 등장하는 질문 중 하나는, 중국의 전체 노동력이 유급으로 고용될 필요성이 실제로 있느냐 하는 것이다. 거대한 나라 중국의 최상위 수준에는 잘 교육받은 엘리트 노동자들이 있는데, 그렇게 많은 덜 교육받은 노동자가 필요한가? 중국이 수백만 명의 엘리트 노동자의 근면함에 기반을 두고 경제를 부양할 수는 없는가? 그들이 나머지를 끌고 갈 수는 없는가?

나는 이런 주장이 설득력 없다고 생각한다. 앞의 장들에서 자세히 설명한 것처럼 불충분한 교육 때문에 대규모 노동자(약 3억 명)가 중국 경제의 다음 단계에서 뒤처질 수 있다. 이 사람들도 어떤 식으로든 가족을 부양해야 한다. 중국의 교육받은 엘리트의 생산성이 아무리 높다고 하더라도 그들이 모든 이를 위해 경제를 끌고 갈 수는 없을 것이다. 그뿐만 아니라, 우리가 살펴본 것처럼 노동 양극화는 매우 분열적인 사회적 힘이다. 사람들은 월급을 받아 필요한 물건을 사기 위해서만 직업에 의존하는 것이 아니라, 의미와 존중, 공동체에 대한 소속감을 느끼기 위해 일하기도 한다. 일자리를 빼앗기면 많은 이가 상실감에 빠질 것이다. 교육을 제대로 받지 않은 사람들에겐 괜찮은 대안이 거의 없다. 비공식 부문이 한 가지 선택지가 될 수도 있지만 그런 일자리는 존중감이나 안정감을 거의 주지 못한다. 내일은 삶이 더 나아질 것이고, 나의 아이는 더 밝은 미래에서 살아갈 거라는 믿음과 희망의 상실은 더욱 파괴적 힘을 지닌다. 너무 많은 이가 실망에 빠지면 범죄율이 오를 것이다. 범죄율 급상승은 의문의 여지 없이 경제에 추가적 압박을 주고, 치안 유지와 규제에 더 많은 비용을 지출하게 하며, 투자자들에게 중국의 매력을 떨어뜨리고, 잠재적으로는 매우 숙련된 엘리트들의 해외 이주를 가속화할 것이다. 간단히 말해, 중국은 노동력의 대부분을 방치할 여유가 없다.

중국이 보편적 기본소득을 선택할 수 있다면 상황은 달라질 것이다. 이 정책 아이디어는 최근 몇 년 동안 불평등의 해법으로 많은 주목을 받았다. 이것은 사회 구성원 전원에게 빈곤 가정의 기본적 수요를 충족하고, 국가의 사회 구조를 유지하는 데 도움이 될 만한 충분한 소득을 제공함으로써 구조적 실업에 대처할 것을 제안한다. 이런 정책 아이디어가 효과 있는 것으로 증명될 수도 있다. 상대적으로 부유한 몇몇 선진국에서는 곧 이를 실험해보려는 정치적 동력이 마련되어왔고, 큰 성공을 거둘 수도 있다. 그러나 중국에는 이것이 선택지가 아니다. 중국 경제가 세계 2위라고 해도, 1인당 소득을 기준으로 하면 현재 세계 228개국 가운데 약 106위로 여전히 빈곤한 국가다. 중국의 엘리트들이 아무리 잘하더라도, 앞으로 몇십 년 내에 중국이 인구의 대부분을 공적 지원금으로 지탱할 충분한 세수를 가질 수는 없을 것이다. 양극화된 노동력으로 인한 미래의 불안정이 쉽게 해결될 수는 없기 때문이다.[17]

일부 사람들이 중국이 현재 맞이한 도전에 대한 잠재적 해법으로 꺼내는 또 다른 유행어는 일대일로 一帶一路다. 이것은 중국의 투자 자본과 물질, 노동력으로 다른 나라의 인프라 건설을 지원하려는, 전 세계 개발도상국을 대상으로 한 대규모 프로젝트다. 이 프로그램은 중국과 외국의 관계에 요긴하고, 중국 국내 경제를 부양하는 데도 좋은 방법으로 각광받아왔다. 중국이 지난 수십 년의 기념비적 성장에 필요한 다리와 도로, 마천루들을 모두 건설해버렸다 해도, 건설 노동자들이 (광부와 건설 산업을 지탱해온 모든 다른 산업이) 해외에서는 일할 수 있다.

다시 한번 말하지만, 나는 이런 방법으로는 중국이 인적 자본 문제를 피할 수 없다고 본다. 일대일로는 이미 많은 심각한 장애물에 부딪혔고, 몇 년 안에 규모를 축소해야 한다는 논의가 진행되고 있다. 많은 개발도상국은 자국 노동자들도 쉽게 할 수 있는 일들을 (대부분 비숙련인) 중국인 노동자들이 대규모로 들어와서 하는 것을 원치 않는다.

하지만 중국이 내가 앞서 제시한 세 가지 시나리오와 다른 결과에 직면할 수 있는 몇 가지 요소가 있다. 이 책의 많은 부분에서 나는 중국과 중진국 함정에 빠진 다른 나라들을 비교했다. 물론 중국은 멕시코, 브라질과 많은 면에서 다르고, 이 차이가 실제로 중요한 것으로 드러날 수도 있다. 예를 들면 중국은 대부분의 다른 나라보다 훨씬 잘 조직되어 있다. 중국공산당은 법과 질서를 적용할 때 일반적으로 매우 체계적인 방법을 활용한다. 새로운 기술과 최고위원회 단계에서 통제력을 유지하려는 의지로 중국은 이미 전 세계 어느 나라에서도 본 적 없는 강력한 감시 시스템을 구축했다. 미래의 기술적 돌파구와 투자는 이런 시도를 더욱 효과적으로 만들 것이다. 법과 질서를 유지하려는 이런 힘은 중국이 최악의 혼란에 빠져드는 것을 막기에 충분할 수도 있다. 경제가 둔화되고 일자리가 사라지더라도 범죄조직에 대한 처벌이 엄청 가혹해 사람들이 그런 선택을 하는 것을 막을 수도 있다.

또한 중국은 법과 질서, 국가적 단합을 사회의 여러 수준(학교, 직장, 동네)에서 강화하는 엄청난 선전기구를 가지고 있다. 다른 나라들에서는 불가능한, 이런 목적이 있는 메시지 방식은 많은 인구가 인내심을 가지고 어려움을 견디도록 설득하면서 시간을 벌 수 있다. 경제의 다른 부분은 계속 성장할 것이고, 이렇게 구조적으로 배제된 노동자들은 상황이 개선되기를 기다릴 것이다. 그동안 중국 경제가 충분히 성장해 위기를 피할 수도 있다.

어떤 독자들은 또한 내가 '졸업자'들, 즉 한국과 아일랜드 등과 비교하는 것에 반론을 제기할 것이다. 이 나라들과 중국은 명백하게 큰 차이가 있는데, 어떻게 이 나라들을 살펴볼 수 있는가? 이 나라들은 중국보다 훨씬 작은데? 내가 중국과 비교한 대부분의 성공적인 국가는 중국보다 인구가 훨씬 적은 것이 사실이다. 문제는 큰 국가 중 그 어떤 국가도 최근 몇십 년 동안 중진국 함정에서 빠져나오지 못했다는 것이다. 그래서 중국처럼 큰 나라에서 경기 둔화와 실업 대응에 대한 나의 분석이 틀릴 수도 있다. 한편, 큰 나라들이 중진국 함정에 더 취약할 수도 있다. 멕시코와 브라질은 적절한 비교 대상이 될 수 있다. 어떤 식으로든 나라가 클수록, 문제가 더욱 복잡하게 얽히는 것처럼 보인다.

그리고 물론 세계 경제가 누구도 예측하지 못한 방향으로 변화할 가능성은 언제나 있다. 경제사는 높은 실업에 대한 잘못된 예측들로 가득 차 있다. 1차 산업혁명이 일어나 농업에서 산업으로 전환했을 때, 사람들은 엄청난 실업에 직면할 것으로 생각했다. 그러나 그들이 틀렸다. 생활 수준은 올라갔고, 수요 증가로 새로운 직업 기회들이 나타나 새롭게 형성된 노동력의 많은 부분을 흡수했다. 2차 산업혁명에서도 같은 형태가 나타났다. 많은 사람이 실업이 늘어날 것으로 우려했지만, 많은 국가에서 시스템이 스스로 문제를 해결했다. 국가들이 성장하고 도시화되고 산업화되면서, 농업에서 나온 노동력이 새로운 경제 분야에 완전히 흡수되었다. 모두가 인공지능의 새로운 경계에 주목하는 가운데 우리가 마주할 더 좋은 기술들이 또 다른 변화의 원천이 되어 중국과 다른 많은 나라가 재앙적 실업을 겪지 않고 적응하도록 만들 수도 있다.

이런 요소들은 내가 중국이 직면하고 있다고 생각하는 많은 문제를 경감시키고, 앞으로 수십 년 동안 제대로 교육받지 못한 노동력이 있는 상황에서도 중국을 회복시킬 수 있다. 시간이 말해줄 것이다. 지금 나는 이 나라의 인적 자원의 간극을 이해하고 중국 안팎에서 이 위험을 심각하게 여기도록 하는 데 초점을 맞출 것이다.

재앙적 시나리오의 가능성은 어느 정도인가? 보이지 않는 도전이 심각하지만, 내가 보기에는 가능성이 높지 않다. 하지만 누가 미국의 주택 위기와 막대한 비용, 그로 인해 벌어진, 간신히 피한 재난을 예측했는가? 우리가 최근에 배운 것처럼, 가능하지 않을 것 같은 재난에 대해서도 주의를 기울일 필요가 있다. 이 도전 과제들이 중국과 세계 경제의 나머지 부분에 미칠 엄청난 잠재적 파괴 규모를 고려하면 이 문제에 주의와 자원을 쏟는 것이 특히 중요해 보인다. 무시무시한 결과가 벌어질 가능성이 낮다고 해도, 당신은 만일의 경우에 대비해 보험을 들지 않는가?

중국은 세계를 뒤흔들 위기에 직면할 수도 있다. 그 나라 지도자들이 그에 대비해 보험에 들지 않을 여유가 없다고 내가 생각하는 이유가 이것이다. 이 경우에 대한 보험 정책은 이 나라 모든 어린이를 위해 인적 자본을 가능한 한 빨리 강화하는 것밖에 없다. 축적된 인적 자본이 낮을수록 경제는 새롭게 등장하는 문제들에 더욱 취약해진다. 노동력이 더 잘 교육받을수록 더 유능하게 반응하고 적응할 수 있다. 내가 밤새워 고민하는 위기가 일어나지 않는다고 하더라도, 적어도 중국은 수백만 명의 어린이에게 더 건강하고 더 번영하는 삶을 위한 기회를 제공해야 할 것이다.

중국인 협력자들의 열정과 지치지 않는 노력이 없었다면, 이 책은 존재하지 못할 것이다. 중국의 여러 기구에서 모인 REAP의 재능 많고 미래를 내다보는 중요한 연구 담당자들은 이 조직의 핵심이다. 그들은 사려 깊게 조사 연구를 설계하고, 자료를 수집하고, 프로젝트를 실행하고, 분석하고 조사 결과를 출간하는 모든 과정에서 타의 추종을 불허하는 능력을 보여주었다. 이들 연구자 그룹은 동료보다 가족처럼 느껴졌다.

수백 명의 대학원생이 조사원들을 이끌고 현장으로 가서, 연구 프로젝트 과정에서 어쩔 수 없이 발생하는 문제들을 해결하면서 데이터를 정리하고 분석하는 것을 도왔으며, 직접 훌륭한 문서를 작성했다. 말 그대로 수만 명의 학부생이 자기 시간을 내어 자료 수집 작업에 나서주었다. 이들은 종종 농촌 마을에서 몇 주 동안 지내면서 각각의 문제에 대한 진상을 조사하기도 했다. 이 조직과 이 팀(그들의 70% 이상이 중국 농촌 출신이다)이 보여준 수없이 많은 시간과 헌신이 이 책이 세상에 나올 수 있도록 했다. 따라서 이 책은 그들의 책이기도 하다.

감사하다는 말로는 부족한 특별한 여섯 명이 있다. 우리는 친구이자 동료이고, 종종 공동 저자이며, REAP의 파트너인 맷 보즈웰, 프래션트 로열카, 알렉시스 머디나, 숀 실비아, 왕후안, 쉐잉자오에게 특히 깊은 감사를 표한다. 당신들이 없었다면, REAP는 없었을 것이고 이 책도 없었을 것이다.

우리는 또한 이 책에 들어간 작업을 지원해준 스탠퍼드 대학교의 동료들에게도 감사를 표한다. 그들은 행정적 지원부터 시작해 함께 글을 작성하고 우정도 나눠주었다. 스탠퍼드 대학교 동료들에게 특히 감사한다. 칩 블래커, 벨린다 번, 마틴 카노이, 제임스 추, 퀴터리 콜리뇽, 게리 다름슈타트, 알베르토 디아즈카예로스, 마르셀 파샹, 윌리 팰컨, 스티브 펠트, 톰 핀거, 데이비드 플래시, 에릭 하누셰크, 젠 리, 홍빈 리, 수재나 러브, 스티브 러비, 유에 마, 베아트리즈 마갈로니, 마이크 맥폴, 로리 맥베이, 그랜트 밀러, 디모, 로즈 네일러, 진 오이, 존 오픈쇼, 닐 페닉, 리타 로빈슨, 신기욱, 스콧 스미스, 스콧 수기라, 미셸 타운센드, 앤드루 월더, 왕후안, 앤 웨버, 캐런 양 등이다. 스탠퍼드 대학교 외에도 감사할 이들이 또 있다. 오라지오 아타나시오, 네이선 콩돈, 제임스 쿡, 도리언 에머스, 로버트 팔리, 샐리 그랜섬 맥그레거, 짐 헤크먼, 존 케네디, 베릴 리치, 헨드릭 리, 레이 마토렐, 앨바트 파크, 요한 스위넌, 마르코 베라 헤르난데스, 넬레 바리니어, 하워드 화이트, 마이크 우드, 메리 영, 그리고 배리 저커먼과 팜 저커먼이다.

REAP팀은 종종 중국 농촌의 가장 먼 곳까지 가서 조사 연구를 했다. 이 조사와 우리 프로젝트의 실행을 위한 자금 지원은 매우 광범위한 지지자들이 해주었는데, 여기서 모든 이름을 언급하는 것은 불가능하다. 우리는 운 좋게도 이토록 광범위한 후원을 받을 수 있었다. 큰 규모든 작은 규모든, REAP팀의 조사 연구에 공헌해주고 프로젝트를 진행할 수 있도록 도움을 준 분들께 감사드린다.

하지만 꼭 이름을 거론해야 할 몇 사람이 있다. 그들은 특별한 단체이고, 그들 가운데 많은 이가 나의 벗이 되었다. 톰과 브리지 바킷 가족, 리타 챈과 빈센트 챈, 게이츠 재단, 가오 광셩, 스위스은행/옵티머스 중국 팀, 기브2아시아, 하오바이넨 재단, 혜 진, 존슨 가족, 로런스 켐프, 빅터 구와 가족, 저우구이와 주칭의 가족, 보위와 크리스틴 리의 가족, 브라이스 리, 크리산타 데구츠먼과 그 가족, 데이비드와 조애나 리 가족, 에릭 리와 가족, 리장왕, 리난과 리앙촨, 제임스와 캐서린 량, 야보와 메이 린 가족, C. K. 류 부부, 킹즐리와 글로리아 류, 류신, 모 가족, 세이브더칠드런, 조지 핀 쇼, 에릭 셴 가족, 다이앤과 스티브 스트랜버그 가족, 데이비드 수 가족, 제임스와 리사 선, 엘리와 위니 타이, 탕중인과 탕 재단, 더크 투이웬과 UCBUnion chimique belge의 동료들, 하워드 화이트와 3ie 팀, 에릭 수, 커스턴 수, 샤 예와 그 가족, 이베트 예, 지안밍 유와 케이트 리와 그 가족, 그리고 청 가족—특히 헬렌 리다. 여러 기업의 사회공헌팀과 그 담당자들에게도 큰 감사를 전한다. 알리바바, 애플, 브라이언 홀든 비전 연구소, 시트립, 캐터필러, CLSA, 델(특히 렙 바워, 제인 마, 제러미 포드), 에실로, 글로벌 제네바, 메이트리트러스트, 원사이트(특히 제이슨 싱과 모니 이예르), 산 이 등이다.

에릭 헤멀에 대해서는 특별히 지면을 할애하고 싶다. 에릭은 스콧이 그의 사무실과 연구 조교 한 명이 있는 칸막이 사무실로 스탠퍼드 대학교에서 REAP를 시작했을 때 우리를 발견했다. 에릭은 중국에 와서 우리의 작업 현장을 여섯 차례 방문했다. 그는 우리의 가장 처음 단계 프로젝트에 투자를 했다. ("나를 가장 새롭고 위험부담도 있어서 다른 누구도 투자하지 않을 프로젝트에 소규모 투자를 하는 주변의 투자자로 생각해달라"고 말하면서) 그는 스콧에게 초기부터 계속 조언을 해왔는데, 언제나 쉬운 조언은 아니었다. 그는 우리가 언론에 활동을 알리고 스탠퍼드 동문회와 교류하고, 우리의 웹사이트를 확장하고, 더 많은 관리를 하도록 했다. 에릭은 또한 처음으로 이 책을 제안하고 지지해준 사람이다. 그 과정에서 그는 대부분 장의 여러 초고를 읽고 신중한 의견을 내주었으며, 그것이 이 책을 더 좋게 만들었다. 우리는 그의 확고한 의지, 지지 그리고 우정에 감사한다. 에릭과 그의 아내 바버라에게 큰 감사를 표한다.

우리에게 낯선 분야인 출판 과정 동안 첫날부터 우아하고 훌륭한 유머로 우리를 안내해준 우리의 작가 대리인 제시카 파핀에게도 감사한다. 출판 과정에서 우리가 문제에 부딪힐 때마다 제시카는 그것을 극복하도록 도움을 주었다. 제시카가 없었다면 우리는 어찌해야 할지 몰랐을 것이다. 그녀가 우리 곁에 있어주어 더없이 운이 좋았다. 우리에게 충실하게 대해주고 시카고 대학교 출판부에서 완벽한 집을 찾아준 데 대해서도 감사한다.

우리의 첫 대화에서 이 책을 이해하고 받아들여주었으며, 시

302

카고 대학교 출판부에서 우리를 따뜻하게 환대해준 우리의 편집자 프리야 넬슨에게 큰 감사를 전한다. 편집 과정 내내 그녀의 격려와 섬세한 시선은 우리가 이 책을 다음 단계로 밀고 나갈 수 있도록 도움을 주었다. 우리는 시카고 대학교 출판부의 지치지 않는 노력에 감사한다.

또한 왕후안과 제니 자오가 이 책의 중국어판 번역과 편집을 지휘해준 데 감사한다. 이를 통해 이 책이 잠재적 위기를 피할 가장 큰 힘과 관심을 가지고 있는 청중에게 다가갈 수 있었다.

이 프로젝트의 완벽한 연구 조교 로라 존슨과 톰 케네디에게 특히 감사한다. REAP 인턴십 프로그램의 인기 많은 졸업생인 두 사람은 여러 해 여름을 중국 농촌 현장 연구의 최일선에서 보냈고, 그들이 맡은 모든 일에서 대단한 열정과 헌신, 재능을 보여주었다. 우리는 이 책을 쓰는 과정에서 중요한 순간마다 그들의 도움에 감사했다. 초기의 편집 조언을 해준 데 대해 댄 거슬에게도 감사한다.

스콧은 또한 로스앤젤레스 서부와 킹스턴, 뉴욕에 살고 있는 아들들과 그들의 가족을 비롯해 가족들이 보내준 지지에 감사한다. 나의 캐비에게 언제나 나를 지지해주어 깊이 감사한다.

내털리는 오랜 기간 멘토 역할을 해주고, 이 책을 함께 쓸 놀라운 기회를 주고, 그녀를 이 일의 완전한 파트너로 만들기 위해 헌신해준 스콧에게 진심으로 감사한다. REAP팀 전체가 다년간 보여준 지도와 우정에도 감사한다. 또한 그녀는 에릭 헤멀이 처음으로 이 프로젝트를 제안해준 것에 특별한 감사를 표한다.

마지막으로, 책을 쓰는 내내 큰 지지와 용기를 준 가족과 친구, 남편 맥스에게 감사한다. 그녀가 필요한 바로 그때 그녀의 삶으로 와준 강아지 대시에게도 고마움을 전한다.

REAP팀

이 책은 우리 연구팀인 농촌교육행동프로그램Rural Education Action Program, REAP(http://reap.fsi.stanford.edu/)이 수십 년 동안 해온 작업의 정점이다.

2006년에 설립된 REAP는 스탠퍼드 대학교와 중국의 여러 파트너 기관을 기반으로 한 연구 조직이다. REAP는 중국 농촌 빈곤 문제의 원인을 찾아내고 모든 아이가 가난에서 탈출해 중국의 성장하는 경제에 공헌하는 데 도움을 줄 교육, 건강, 영양 관련 정책에 단순하고 효과적인 해법을 발견하기 위해 헌신해왔다.

REAP의 연구는 네 가지 핵심 분야에 초점을 두고 있다.

- **건강, 영양, 교육**: 아이들이 아프거나 제대로 영양소를 섭취하지 못하면 학업에 지장을 겪는다. REAP는 아이들이 잠재력을 모두 발휘할 수 있도록 질병을 방지하고 영양 상태를 개선하는 데 목표를 둔다.

- **아이들의 지속적인 교육**: 농촌 학교들은 교육의 질이 낮고 교육비가 비싸며, 아이들과 학부모에게 학교에 다닐 만한 인센티브를 거의 주지 않을 수 있다. REAP는 농촌 지역 학교와 관련해 가장 심각한 '비용'과 '교육의 질' 문제를 정확히 인식하고 해법을 찾아 농촌 아이들이 적절한 질의 교육을 받을 수 있게 하려는 목표를 가지고 있다.
- **기술과 인적 자본**: REAP는 기술을 활용해 학교 교육과 건강 상태 개선 방법을 연구하고, 학교 안팎에서 아이들에게 추가적인 도움을 제공하며, 다가가기 힘든 외딴 지역의 부모 교육 방법을 활용한다.
- **1000일 계획**: 개인의 인지, 언어, 사회적·정서적 기술의 기반은 세 살이 되기 전에 대부분 형성된다. "뇌는 만들어지는 것이지 가지고 태어나는 것이 아니다"라는 말을 신뢰하면서, REAP는 영유아 양육자들에게 아이들의 발달을 향상시키고 아이가 인생에서 성공할 기회를 가질 수 있도록 양질의 영양과 육아 기술(혹은 자극)에 대한 지식과 자원을 제공하려 노력한다.

REAP의 핵심 멤버는 스탠퍼드 대학교 프리먼 스포글리 국제학연구소의 연구자들과 전문가들, 그리고 중국 전역과 세계 곳곳에 위치한 뛰어난 학술 센터의 핵심 파트너들로 이루어져 있다. 이 방식을 통해 REAP는 이 글로벌 네트워크 내부의 자원들을 최대한 활용해 작업의 범위, 효율 및 효과를 확대할 수 있다. 우리는 또 중국 전역 10개 성이 넘는 곳에 있는 여러 대학과 교류를 맺고 이 지역에서 현지 조사를 시행했다.

여기에 나온 연구(특히 책 후반부의 연구)는 모두 이 팀에 의해 축적된 것이다. 데이터를 모으는 것은 쉬운 일이 아니었다. 각 연구 프로젝트는 몇 달에 걸친 세심한 연구 설계, 물류와 이동 준비, 현지 관계자들과의 교류, 실제 상황에서의 모든 조사 형식 시행 및 연구 자료 개발을 포함한다. 우리는 대학원생 리더의 지시에 따라 연구를 진행할 수 있도록 (대부분 중국 대학 학부생인) 자원봉사팀을 여러 시간 교육한다. 우리는 지역을 선택해 그 지역 안에 있는 모든 현의 명단을 확보하고, 그 현 안에서 무작위로 가정을 고른다. 그런 다음 좁은 밴 안에 몸을 싣고 산악 지대도 가고, 강도 건너며, 명단에 있는 모든 가족에게 도달할 때까지 비포장도로를 달린다. 그러고는 표준화된 질문을 던지고, 전체 표본의 모든 답변을 확인할 때까지 결론을 내리지 않는다. 일반적으로 도달하기 가장 어려운 지역에 가난이 계속 남아 있기 때문에 이런 헌신적인 노력을 통해서만 오늘날 중국에서 어떤 일이 일어나고 있는지 진정으로 이해할 수 있다. 이 정도 품질의 데이터를 모을 수 있는 조직은 아마도 극소수일 것이다.

**연구 방법론 탐색:
효과에 집중하라**

————

REAP를 독특하게 만드는 또 다른 특징 중 하나는 바로 REAP의 목표가 문제를 진단하는 데 그치지 않고 실제로 적용할 수 있고 측정 가능하며 지속 가능한 해법을 찾아내는 것을 목표로 한다는 것이다. 세계 많은 정부 기구, 비영리 단체, 연구 그룹, 사회적 기업이 취약 인구의 교육을 개선하기 위해 필사적으로 노력하고 있다. 하지만 문제는 그들이 해결하려던 문제가 계속되고 있다는 것이다. 아주 적은 수의 단체만이 그들의 프로그램에 대한 근본적인 질문에 설득력 있는 답변을 제시한다. 즉, 이것이 실제로 효과 있느냐는 것이다. 이 간단한 질문이 REAP 업무의 기반이며, 모든 연구의 기초다. 2006년 REAP가 처음 구상되었을 때, 우리는 이 질문에 설득력 있는 응답을 하려면 자연과학 연구처럼 탄탄하고 다른 곳에도 적용할 수 있는 방법론이 필요하다는 것을 깨달았다. 우리의 답은 바로 '영향 평가'였다.

영향 평가는 모든 프로젝트가 그 결과로서 목표를 얼마나 달성했는지 세심하고 과학적으로 평가하려는 목표를 가지고 있다. 자연과학의 전통적 도구를 적용해 검증 가능한 결과 변수에 기반해 프로젝트의 효과를 평가하는데, 이 방법론은 우연한 효과를 명확하게 묘사하고 우연한 메커니즘을 구별해, 과학적 지식의 세심한 축적에서 핵심적 요소가 된다는 점에서 중요하다.

그리고 더 중요한 것은, 영향 평가가 실제 상황의 문제에서 증거에 입각한 변화를 만들어내는 데 특히 적합하다는 점이다. 왜냐하면 영향 평가는 실제와 비슷한 상황과 규모에서 그 일에 개입할 경우의 종합적 효과를 평가할 수 있게 해주기 때문이다. 따라서 영향 평가는 정책 결정자들과 인도주의 기구들이 한정된 자원으로 효과를 극대화하는 것으로 증명된 프로젝트에 투입할 수 있게 해준다.

REAP는 오늘날 중국에서 대규모 영향 평가를 시행하는 소수의 조직 중 하나다. 2005년부터 2016년까지, REAP의 학자들은 세계적 학술 저널에 실린 중국의 교육 관련 영향 평가 연구의 절반 이상을 작성했다. 중국에는 (사하라 남부 아프리카의 전체 인구보다 많은 아이를 포함해) 세계 인구 5분의 1이 살고 있고, 여전히 교육과 관련된 심각하고 만연한 장애물로 인해 어려움을 겪고 있다는 점을 고려하면, REAP는 매우 중요한 간극을 메우는 중이다.

근거에 기반을 둔
정책 변화

———

REAP 연구자들이 정기적으로 양질의 학술적 성과를 내기는 하지만, REAP의 '우선적 목표'는 수백만 중국 아이가 혜택을 볼 수 있도록 효과가 지속적으로 이어지고, 수혜자에게 잘 전달될 수 있는 정책의 변화를 가져오는 것이다.

REAP가 연구 계획을 끝낼 때마다 우리는 문제의 본질을 설명하고 우리의 조사 연구가 발견한 것과 구체적인 제안을 적은 정책 브리핑을 작성한다. 그런 다음 이 브리핑을 중국의 최고위 정책 결정 기구인 국무원으로 직접 보낸다. 2006년부터 REAP는 중국 중앙 정부에 27개의 정책 브리핑을 보냈다. 그중 23개는 '공식적으로 승인되어' 정책이 되었다. 근거에 기반을 두고 효과와 해법에 초점을 맞춘 이 브리핑은 정부 최고위층에서 우선순위에 극적인 변화를 일으켰다.

REAP는 또 성이나 현 단위 정책 변화를 이끌어내기 위해 지역이나 현지 파트너와 관계를 맺는다. 종종 이런 지역에서의 성공을 입증하는 것이 더 큰 규모의 변화로 이어지는 첫 단계다.

이런 전국적·지역적 개입, 현지 파트너와 REAP의 활발한 업무, 그리고 과학적으로 탄탄하고 해법을 만들어내려는 연구의 조합은 매우 중요하며, 주목할 만한 성과를 거두었다. 그중 몇 가지 사례는 이 책에서 자세히 설명했다. 그중 핵심적인 몇 가지는 다음과 같다.

• **연구에서 200억 달러 규모의 국가 영양 프로그램으로**: 중국 서부와 중부 농촌 7개 성에서 약 6만 명의 초등학생이 참여한 7개의 대규모 연구 프로젝트 과정에서 REAP는 중국 농촌 초등학교 학생들의 철분 부족으로 인한 빈혈(불충분한 영양 섭취로 인한 건강 악화) 비율이 30%가 넘는 것을 발견했다. 누구도 이것이 중국에서 여전히 문제인지 모르고 있었지만, REAP는 연구를 통해 그에 대한 해법을 제공할 수 있었다. 바로 간단하게 영양적 도움을 주는 것으로 빈혈을 극적으로 줄일 수 있고(중국 정부는 이 발견에 상당한 관심을 보였다), 이를 통해 학생들의 학업 성과도 높일 수 있다는 것이다(이 부분은 최고 정책 결정자들의 관심을 '완전히' 사로잡았다). REAP가 중국 최고 지

도자들에게 제출한 일련의 정책 브리핑에 이어, 지역과 성의 교육 담당 관리들의 수많은 회의를 통해, 중국 중앙 정부는 2011년 200억 달러 규모로 10년에 걸친 전국 학교 영양 프로그램을 시작했고, 이것은 2500만 명의 가난한 학생에게 매일 무료로 학교에서 점심을 제공하는 내용을 담고 있다.

- **연구에서 어린아이들의 IQ 발달 촉진으로:** (앞에서 살펴본) 영유아기에 대한 첫 번째 프로젝트 이후, REAP는 우리가 발견한 내용을 정책 결정자들에게 직접 가지고 갔다. 첫 번째 연구를 완료한 지 석 달도 안 되어 REAP는 중국의 국가위생계획생육위원회NHFPC의 열렬한 지지와 지속적인 관여, 그리고 산시성 계획생육위원회의 지원을 받아 새로운 프로그램을 시작했다. 중국의 계획생육감독관 대표단은 REAP의 육아 커리큘럼 훈련을 받았다. 우리는 현재 아이들과 부모들이 와서 함께 놀고 배울 수 있도록 여러 농촌 마을에 육아센터를 만들고 있다. 만약 이 계획이 모든 마을에 도입된다면 이후 10년간 이 혁신적인 파트너십은 (스페인이나 한국의 인구와 맞먹는) 5000만 명의 삶을 바꿔놓을 것이다.

- **보는 것이 학습이다:** 2011년부터 REAP는 중국 농촌 지역 학교에서 근시가 교정되지 않은 상황을 기록하는 일련의 연구를 시작했다. 중국 농촌의 3학년에서 6학년 학생 중 거의 3분의 1이 학습을 방해할 정도로 시력이 좋지 않은데 누구도 안경을 가지고 있지 않았다. 대부분의 아이는 자신이 근시인 것도 알지 못했다. 게다가 일련의 대규모 무작위 대조 실험

에서, REAP는 근시인 아이들에게 안경을 제공하면 그들의 학습이 곧바로 그리고 극적으로 개선되며 학습에 대한 불안도 줄어든다는 것을 발견했다. 안경을 제공하는 것만으로 농촌과 도시 학생들의 성과 격차를 단 1년 만에 절반으로 줄일 수 있다. 시력 검사와 안경 제공 등 간단해 보이는 해법이 사실은 접근권, 문화적 규범, 부모들의 오해, 비용이라는 다양한 요소로 인해 상당히 복잡하다.

이러한 문제에 대한 REAP의 이해와 '올바른' 파트너를 식별할 수 있는 능력은 이러한 연구 결과를 농촌 비전 서비스의 중요한 격차를 채우기 시작하는 새로운 사회적 기업으로 전환하도록 이끌었다. 교사들이 교실에서 시력 문제가 있는 아이를 찾아낼 수 있도록 훈련하고, 아이들에게 필요한 안경을 맞춰주며, 낼 수 있는 만큼의 금액만 내게 하는 것이다. 지역 교육 당국, 현 병원, 민간 안경업체, 저명한 학계 전문가들 간 4자 협력은 '스마트포커스SmartFocus'로 알려져 있다. 2020년까지 스마트포커스의 목표는 40개 시력 센터를 마련해 수백만 명의 농촌 학생과 가족들이 이용하게 하는 것이다. 우리는 스마트포커스가 시력 교정 기회를 향상시키는 데 가장 큰 도움이 될 수 있는 기업과 혁신에 수여하는 2016년 제1회 클리어리 비전 대상Cleary Vision Prize에서 2위를 했음을 기쁘게 알리고 싶다.

이 다면적인 정책의 궁극적인 목표는 최대한 많은 어린이에게 변화를 일으키는 것이다. 중국에서 정부는 기적을 달성할 의지와 능력을 보여주었다. 우리는 효과적인 것으로 입증된 해법들을 이용해 가장 중요한 문제들이 변화하는 데 도움을 주려는 것이다.

멘토와 장기적
지속성

———

REAP 성공의 핵심은 스탠퍼드 대학교를 중심으로 한 핵심 연구자팀과 미국, 유럽, 중국 내부 여러 기관의 장기적이고 상호 이익이 되는 협력이다. 이에 더해, REAP는 중국 거의 모든 성에서 활동하는 현장 연구자들과 중국 전역을 비롯해 미국, 유럽 주요 대학들의 전문가들을 새롭게 연결하고 헌신적인 파트너십을 가능하게 한 플랫폼이다.

이 협력은 모든 참가자에게 이익이 된다. 세계 최고 사회과학자들은 학문적 이론의 추상적 세계에서 나온 이론적 혁신을 숙련된 현지 조사원들과 함께 현장에서 테스트할 기회를 얻는다. 동시에 이 플랫폼은 중국 내 젊은 학생들에게 세계적으로 유명한 전문가들과 협력하고 그들의 성공에 도움이 되는 능력을 배울 기회를 준다. REAP는 이런 종류의 팀에서는 드물게 합의를 이루어, 연구기관에서 온 모든 REAP 연구자가 이 활동에서 얻은 결과물을 공평하게 공유하기로 했다. 따라서 모든 데이터를 완전하게 이용할 수 있고, 이 데이터를 이용해 작성한 모든 기록물의 공동 저자가 된다.

REAP팀의 젊은 학생들은 훌륭한 멘토와 함께할 기회를 가질 수 있었다. REAP의 중국 쪽 파트너로서 참여한 거의 모든 연구 담당자들은 스탠퍼드 대학교나 미국 내 다른 파트너 기관에서 방문 학자가 되어, 논문 작성에 대해 매주 지도를 받고, 스탠퍼드 대학교의 강의를 들으며, 선임 연구자들로부터 멘토링받을 기회를 가졌다. 이 파트너십은 REAP의 젊은 연구자들이 이 분야와 관련한 자신의 연구 결과를 세계적으로 가장 널리 출간한 학자가 되는 데 도움을 주었다.

앞으로 이 운동을 이끌어나갈 젊은 학생들에게 멘토링을 해주는 것 외에도, REAP는 이 중요한 일들을 맡도록 준비할 기회를 주었다. REAP는 매년 중국 각지에서 온 100명 이상의 대학원생에게 영향 평가에 대한 집중 교육을 했다. 이 과정에서 가장 유망한 학생들은 선임 REAP 연구자들과 공동 저자가 되어 논문을 국제 학술 저널에 발표했다. REAP는 여러 명의 헌신적인 글쓰기 강사를 고용해 1년 동안 대학원생들과 함께하면서 학생들이 영어로 학술적인 글을 쓰는 능력을 향상시키고 제1저자로서 논문을 쓰도록 지원했다.

이 학생들은 강의실에서뿐만 아니라 현장의 자원활동가로서도 배울 수 있었다. REAP는 중국 대학들과 협력해 수만 명의 학생을 현장으로 보내, 최첨단 사회과학 연구에 참여해 질 좋은 데이터를 어떻게 수집할 수 있는지 배우게 했다. 여러 프로젝트에 참여한 학생들은 이 작업에서 소규모 학생 그룹을 이끌면서 그들이 지도자가 되는 데 필요한 리더십을 키우는 기회도 가졌다. 이 기회는 중국 밖으로 나가 인턴을 하는 것으로 이어졌다. 매년 REAP는 세계 최고 프로그램에서 좋은 성과를 낸 고등학교와 대학교 학생들을 중국으로 데려가 현지 조사를 하게 했다. 이 학생들은 연구 방법을 배울 뿐 아니라, 흙먼지 나는 시골길을 달려가 지방의 교사들과 대화하고, 농촌 학생들을 알게 되며, 종종 현대적인 중국의 삶으로부터 뒤처져 있는 이들 공동체를 지원할 방법을 배운다.

REAP의 작업은 학생들이 최고 수준의 학문에 입문할 수 있도록 하거나 중국의 빈곤한 농촌 지역에 대한 깊은 이해와 제대로 지원받지 못하는 공동체들을 향상시키려는 의지를 지니고 기업이나 공공 부문에 참여할 수 있도록 한다. 미래의 우선 사항들을 설정하는 것은 바로 이 열정적이고 숙련된 차세대 시민들이다.

REAP는 이 차세대 연구자들과 학자, 사회 지도자들을 발전시킬 수 있다. REAP의 지도자들과 그들이 훈련시킨 학생들이 빈곤한 농촌 공동체의 중요한 수요를 깊이 이해하고 공감하고 있기 때문이다. 그들 자신이 이 공동체 출신이기도 하다. 현재 REAP의 박사 과정과 석사 과정 학생 가운데 70% 이상이 농촌 출신이다. REAP의 많은 최고 지도자가 농촌에서 성장했다. 이러한 배경은 이들 현재와 미래의 전문가들이 연구자들로서 더 나은 작업을 하도록 도와준다. 그들은 자신이 돕고자 하는 장소들을 친밀하게 이해하고 있으며, 이들 지역 가족들의 삶을 계속 향상시키기 위해 지치지 않고 일할 동기를 가지고 있다. 이것은 진정으로 지속가능한 변화의 모습이다.

　이 조직과 팀이 보여준 셀 수 없이 많은 시간의 헌신이 있었기 때문에 이 책이 출간될 수 있었다. 따라서 이 책은 그들의 책이기도 하다.

2022년 1월 말, 중국 장쑤성 쉬저우 펑현의 농촌 마을에서 목이 쇠사슬로 묶여 헛간에 감금된 한 여성을 찍은 동영상이 중국을 뒤흔들었다. 그녀는 8명의 아이를 출산한 것으로 드러났다. 그녀의 비참한 모습에 충격을 받은 네티즌들은 진실을 요구하고 나섰다. 현지 지방 정부는 그녀가 '남편'과 정상적인 혼인관계라며 문제없다고 해명했고, 베이징 동계 올림픽을 앞둔 중앙 정부도 이 사건이 확산되는 것을 막으려 했다.

하지만 올림픽의 애국주의 열기 속에서도 많은 중국인은 '쇠사슬 여성' '펑현 여덟 아이 엄마' 등으로 불린 이 여성을 잊지 않았다. 시민기자들은 정부의 해명에 의문을 제기하면서 취재를 시도했고, 페미니스트들은 책 전시회 등으로 중국 여성들의 현실을 알리려 했으며, 대학생들은 진상 규명을 요구하는 성명을 발표했다. 결국 현지 지방 정부는 이 여성이 인신매매 피해자임을 인정하고, '강제 결혼'을 통해 그녀를 상대로 온갖 폭행을 저질러온 남성을 체포했다.

하지만 이 사건은 이것으로 끝이 아니었다. 중국의 많은 농촌 지역에서 여성들이 인신매매를 통해 '강제 결혼'을 당해왔고, 한 자녀 정책으로 성비 불균형이 극심한 현실에서 남성들이 이런 폭력적 방식으로 '성적 욕망 해소와 대 잇기'를 해왔으며, 지방 정부들은 이를 묵인하거나 은폐해온 것이 드러났다. 그 배경에 있는 중국 농촌의 빈곤과 힘겨운 삶, 그로 인한 폭력과 비극도 널리 알려졌다. 외국인들은 물론 대도시 중국인들에게도 중국 농촌의 현실은 가려지고 은폐되어 있으며, 때로 충격적인 모습을 드러낸다는 것을 깨닫게 했다.

《보이지 않는 중국》은 이렇게 좀처럼 외부에 제 모습을 드러내지 않는 중국 농촌 안으로 들어가려는 시도로서, 지난 40년 동안 중국의 농촌 현장을 직접 찾아다니며 연구해온 스탠퍼드 대학교 스콧 로젤 교수와 그의 동료 연구자이자 작가인 내털리 헬이 함께 쓴 책이다. 이 책은 또한 로젤 교수가 이끌고 미국과 중국 대학의 경제학자, 교육 전문가, 공중보건 연구자, 관련 전공 대학생과 대학원생들이 참여하고 있는 농촌교육행동프로그램REAP팀이 중국 26개 성·자치구에서 50만 명 이상을 조사한 자료에 근거해서 쓰였다.

중국이 국가 주도로 경제발전을 추진하는 동안 농촌과 농민은 지속적으로 희생을 강요받아왔다. 마오쩌둥 통치 시기인 1956년부터 후커우 제도를 통해 도시와 농촌을 분리하고 도시에 자원과 혜택을 집중한 반면, 농산물 가격을 낮게 유지하고, 농촌과 농민은 투자와 복지에서 소외되었다. 덩샤오핑 시대에는 전 세계에서 투자를 유치하기 위해 농민들을 도시의 공장과 건설 현장으로 데려와 저임금 노동력으로 활용했다. 이런 상황에 대해서는 2000년대 이후 3농(농업, 농촌, 농민) 문제라는 이름으로 문제 제기가 이뤄졌고, 도시에 와서 일하는 약 3억 명의 농민공이 겪는 차별, '사회주의'를 표방하는 중국의 극심한 불평등을 해결해야 한다는 목소리도 커졌다.

이런 배경 속에서, 이 책의 저자들은 교육과 인적 자본 문제라는 확대경을 들고 중국 농촌의 현실 속으로 우리를 안내한다. 2015년 기준 중국의 노동인구 가운데 고등학교 이상 교육을 받은 이는 30%, 대학 교육을 받은 이는 12.5%에 불과하다. 중국 경제는 너무도 급속하게 성장했지만, 중국 당국은 그에 맞춰 중국 인구의 대다수(후커우를 기준으로 전체 인구의 64%)를 차지하는 농촌 사람들에 대해 교육과 보건을 비롯한 인적 자본 투자를 제대로 하지 않았다. 이런 상황에서 세계 2위 경제대국이 된 중국은 더 이상 저임금 노동력에 의지하는 제조업과 건설 투자를 동력 삼아서는 성장할 수 없는 전환점에 다다랐으며, 농촌 인구에 대한 교육과 보건 수준을 향상시켜 인적 자본의 질을 높이지 않고는 경제성장과 사회 안정마저 위기에 빠질 수 있는 경계선에 서 있음을 이 책은 여러 사례와 통계를 통해 보여준다.

저자들은 "그 어떤 국가도 고등학교 취학률 50% 이하로는 고소득 국가에 도달하지 못했다. 현재 중국의 고등학교 취학률 30%로는 심각한 문제가 생길 수 있다"고 경고한다. 이 책은 저숙련 노동에 의존해서 출발한 국가들 가운데 고소득 국가가 되는 데 성공한 매우 드문 사례인 한국, 대만, 아일랜드를 중국과 비교하면서, 한국과 대만은 저소득 국가 단계에서부터 국가가 일찍이 교육 확대에 많은 자원을 투자했고, 저숙련 제조업에서 탈피하는 전환을 시작할 무렵 노동력 가운데 4분의 3이 고등학교를 졸업한 상태였다고 강조한다. 이에 비해, "중국 정부는 가장 중요한 자산, 즉 인민에 대한 투자에 실패했다"고 평가한다.

물론 최근 중국 정부도 이런 '경고음'을 인식하면서 2006년부터 초등학교와 중학교 무료 의무교육을 시작했고, 2015년에는 고등학교 진학률을 80% 이상으로 높였다. 역사상 가장 빠른 고등학교 교육 확대다. 하지만 여전히 많은 문제가 남아 있다고 저자들은 지적한다. 25~64세 전체 노동력의 평균 교육 수준은 여전히 낮고, 평균적인 교육 수준이 상승하려면 많은 시간이 필요하다. 농촌 지역에서 고등학교 진학률을 높이기 위해 직업 고등학교를 급속히 늘렸지만 교육의 질 측면에서 심각한 문제들이 드러나고 있다.

이 책은 이런 문제의 근본 원인인 후커우 제도를 개혁하지 않으면 문제가 해결되기 어렵다고 강조한다. 저자들은 개발도상국이라면 어디든 도시와 농촌의 격차가 크지만, 도시와 농촌의 구분을 공식 정책으로 실행하고 법으로 명시한 나라는 중국뿐이라며, 후커우 제도를 "국가가 후원하는 카스트 제도"라고 비판한다. 세 살 미만 어린이의 75%가 농촌 후커우를 가지고 있고, 농민공으로 도시에서 일하는 부모들이 아이를 도시에 데려가 공립 학교에서 교육시키는 것은 원칙적으로 불가능한 제도 때문에, 부모와 분리된 채 시골에서 조부모 등 친척들에게 맡겨져 자라는 '남겨진 아이들留守兒童'이 6000만 명이 넘는다. 이에 대해 저자들은 "중국은 후커우 제도를 통해 농촌 인구를 분리하는 장벽을 쌓음으로써, 미래 노동력의 대다수를 가장 접근하기 어렵고 가장 가난하며 부모의 교육 수준도 가장 낮고 바깥 세계와 상호작용이 가장 적은 곳에 가둬두는 방법을 선택했다"고 우려한다.

이들은 중국이 전 세계 주요 대학에서 좋은 성적을 거두고 해외여행과 쇼핑을 즐기고, 급성장하는 세계 2위 경제대국의 성과를 뽐내는 '도시 중국 공화국'과 중국 내륙의 외딴 마을들에 갇힌 이들의 '농촌 중국 공화국'이라는 두 개의 완전히 다른 세계로 나뉘어 있다며, 도시 중국 공화국만 봐서는 중국의 현실을 제대로 이해할 수 없다고 강조한다. 심지어 도시의 중국인들도 이 또 다른 중국을 제대로 알지 못하는데, 버스와 완행열차를 타고 농촌을 살펴볼 수 있었던 과거와 달리 지금은 고속철도와 비행기로 이동하게 되어 도시의 중국인들은 '보이지 않는 중국'으로부터 더욱 멀어졌다.

저자들은 2015년 무렵부터 중국 농촌에서 이미 '이상 징후'를 발견하기 시작했다. 이전까지 중국 농촌에서 건강한 젊은이들은 모두 도시로 나가 일자리를 찾고 돈을 벌었지만, 2016년 봄부터 중국 농촌에는 도시에서 일자리를 잃고 돌아온 젊은이들이 늘어났다. 저숙련 노동자의 임금이 빠른 속도로 오르자, 자본은 '더 값싼 노동력'을 찾아 다른 나라로 옮겨 가거나 자동화에 나섰다. 매달 수만 명의 노동자가 중국의 핵심 산업 분야에서 해고되고, 건설 경기는 급속도로 하락하고 있다. 중국의 경제 구조가 이미 변화했고, 노동인구 감소가 시작되었으며, 출산율 하락과 고령화가 급속도로 진행되고 있어, 중국이 과거처럼 저임금 노동에 의존해 성장할 수 있는 시대는 막을 내렸다.

중국에 교육받은 엘리트들이 많기는 하지만, 이들의 생산성에만 의존해서는 중국 전체의 경제를 계속 끌고 나갈 수 없고, 해외에서 새로운 시장과 성장 동력을 찾으려는 일대일로 정책도 근본적 해법이 될 수는 없다. 결국 후커우 제도를 개혁하고 농촌의 교육과 사람에 대한 투자를 대폭 늘려 이런 상황을 제대로 해결하지 못한다면, 중국은 경제적 쇠퇴에 빠질 것이라는 게 이 책의 핵심 주장이다. 저자들은 현재 수준에서 인적 자본을 전혀 증가시키지 못한다면 공식 노동력 가운데 2억~3억 이상이 실업자가 되고, 성장률이 급락하며, 사회가 혼란에 빠지는 재앙적 시나리오의 가능성도 배제할 수 없다고 경고한다.

이들은 최근 미-중 경쟁이 격화하고 '중국 위협론'이 확산되고 있지만, 중국의 성장률이 가파르게 하락하고 중국 사회가 혼란을 겪게 된다면, 전 세계 경제도 큰 위기에 빠질 수밖에 없다고 말한다. 특히 중국 노동인구의 다수가 구조적 실업 사태에 빠진다면, 중국 당국은 민족주의와 애국주의에 점점 더 의존하면서 궁극적으로는 대만 무력 통일 등 군사행동에 나설 가능성이 있다는 우려를 무겁게 받아들일 필요가 있다.

이 책의 번역을 제안받았을 때 외부에서 알기 어려운 중국 농촌의 현장을 오랜 기간 직접 조사하고 연구한 결과라는 점이 무엇보다 반가웠다. 특파원으로 중국의 여러 지역을 다니며 취재를 했지만, 외부인이 중국 농촌 안으로 깊숙이 들어가기란 매우 어렵다. 중국 친구들마저 중국 농촌은 도시와 완전히 다른 세계라고 이야기하곤 한다. 그래서 저자들이 중국 오지까지 찾아다니며, 인상 비평이 아닌 구체적인 사례 조사와 분석으로 중국 농촌이 처한 어려움을 파악하고, 실제로 변화를 만들어내기 위한 대안들을 제시하려 했다는 점에서 이 책의 의미가 더욱 크다고 생각한다.

번역을 하면서 느낀 아쉬운 점도 없지는 않다. 교육과 보건 문제를 중심으로 심층적 분석을 한 것은 이 책의 장점이지만, 한편으로는 최근 중국에서 벌어지고 있는 정치·사회적 변화들을 조금 더 비중 있게 함께 다뤘다면 중국 농촌의 현실을 한층 입체적으로 드러낼 수 있었을 것이라는 생각이 든다. 저자들이 지적하고 있는 것처럼 농촌 출신 저소득층에게 기회의 창이 점점 닫혀가고 불평등이 더욱 심각해지는 상황에서, 중국 정부가 억압적 통제를 강화하면서 아래로부터 변화를 요구할 정치·사회적 통로를 억누르고 있는 문제 등도 함께 살펴볼 필요가 있다. 시진핑 시대 들어 중국 당국은 '탈빈곤' '공동부유共同富裕' 구호를 내걸고, 농촌 지역의 빈곤 문제 해결과 불평등 완화를 강조했지만, 농민공들이나 노동운동가, 학생운동가들이 자발적으로 문제를 해결하려는 시도는 오히려 철저하게 탄압하고 있다. 저자들이 지적하는 문제들이 해결되려면, 중국 정부의 정책적 변화가 위로부터 시혜처럼 주어지기를 기대하는 것만으로는 부족하다. 아래로부터의 변화 요구와 위에서의 정책적 변화가 맞물리고 소통할 수 있어야 한다.

후커우 제도를 비롯한 중국의 구조적 차별로 농민들이 교육을 충분히 받지 못하고, 열악한 환경으로 인한 보건 위생 문제 등을 겪고 있지만, 중국 농민들이 결코 수동적인 피해자에만 머물지 않는다는 점도 함께 보았으면 한다. 2011년 부패한 지방 정부 관리들이 팔아넘긴 마을 토지를 되찾고 민주적 선거로 마을 대표를 선출하기 위해 단결해서 시위에 나섰던 광둥성 우칸 마을 농민들이 있었고, 지금도 공장에서, 건설 현장에서, 배달노동 현장에서 노동조건과 임금 체불에 항의하는 농민공들의 시위가 계속되고 있다. 농민들을 후커우 제도와 차별적인 성장 모델의 수동적 피해자나 성장률이 하락할 경우 혼란의 요소로만 보지 말고, 장기적으로 긍정적 변화를 요구하고 만들어나갈 적극적인 변화의 동력으로도 주목해볼 필요가 있다.

이 책이 드러낸 중국 인적 자본의 위기와 불평등, 노동인구 감소와 급격한 고령화 등이 갑작스러운 성장률 하락과 실업률 급증, 사회적 혼란의 '재앙적 시나리오'로 폭발할 가능성은 당분간 높지 않다고 생각한다. 저자들도 결론에서 언급하고 있는 것처럼, 이런 상황에 선제적으로 대비해 중국 당국은 IT 첨단기술을 활용해 전 세계 어느 나라보다 강력하고 정교한 감시 시스템을 구축했고, 애국주의적 선전도 강화했다. 중국공산당은 그동안 축적해온 부富와 기술적 능력, 디지털 감시와 관료기구의 능력으로 위기를 관리하고 미국을 추월할 것으로 자신하고 있다.

그럼에도 불구하고, 장기적으로 인구의 대다수를 차지하는 농민과 농민공들의 상황을 획기적으로 개선하지 못하고, 인적 자본 문제도 해결하지 않는다면, 미-중 경쟁 및 대외환경 악화와 맞물리면서 중국이 점진적 쇠퇴와 불안정에 직면할 가능성을 배제할 수 없을 것이다. 중국 권력자들이 '중화민족의 위대한 부흥'을 소리 높여 외치면서도 불안을 떨치지 못하는 '위대함과 위태로움의 역설'에 빠져 있는 이유이다. 또한 우리가 중국 당국의 자신감에 찬 주장과 화려한 발전의 성과와 함께, 이 책이 드러낸 '보이지 않는 중국'을 반드시 주목해야만 하는 이유이기도 하다.

_2022년 3월

주석

서문

1 대학교, 전문대학과 고등학교 학업 수준에 대한 데이터는 Hongbin Li, Prashant Loyalka, Scott Rozelle과 BInzhen Wu의 "Huamn Capital and China's future growth", *Journal of Economic perspectives* 31, no.1(2017) 25~48쪽에서 인용했다. 중국의 고등학교 학업에 대한 그림은 2015년의 소규모 인구조사에서 인용했다. 이 인구조사와 관련한 정보는 Lei Wang, Mengjie Li, Cody Abbey, 그리고 Scott Rozelle의 "How Many of China's Youth Are Going to High School?", *Developing Economies* 56. no.2 (2018) 82~103쪽에서 인용했다. 다음 장들에서 살펴볼 것처럼, 노동력 가운데 3차(tertiary) 교육을 받은 비율이 낮은 것은 최근 중국 지도부의 실수가 아니다. 실제로 1990년대 말 이후 중국은 세계에서 가장 빠르게 대학 교육을 확대했다. 여기서 문제는 역사적인 것이다. 이 시기부터 정책적으로 강하게 추진하기 전까지는 노동력 가운데 10% 미만이 전문대학 이상의 교육을 받았다. 현재 18~22세 청년 중 20~30%가 대학교나 전문대학에 다니고 있지만, 인구의 규모와 낮은 출발점 때문에 최근 대학 교육의 증가가 전체 노동력에 미치는 영향이 실제로 나타나려면 앞으로 수십 년이 걸릴 것이다. 따라서 최소한 낮은 대학 교육 비율은 최근의 정책보다, 마오쩌둥 시기와 덩샤오핑 시기에 뿌리를 둔 현상이라고 말하는 것이 안전할 것이다.

2 "Two paths to prosperity", *Economist*, 1990년 7월 14일, 이 주제에 대해 더 알고 싶다면 2장 참조.

3 고등학교 학업 비율은 수십 년 동안 도시와 농촌에서 극명한 차이를 보였다. 현재는 중앙정부의 강력한 정책 추진 덕분에 이런 상황이 마침내 변하기 시작했으며, 농촌의 점점 더 많은 십 대들이 고등학교에 다니고 있다. 그러나 근본적인 불평등은 지속되고 있다. 이 주제에 대해서는 4장에서 더 자세히 다룰 것이다. 인구조사 통계는 후커우가 아닌 현재 거주 상태로 구분된다. 그리고 도시 주민과 농촌 주민을 모두 포괄하고 있다. Hongbin Li 등의

논문 "Huamn Capital and China's Future Growth"를 참조할 것.

4   세계은행 http://data.worldbamk.org/country/China, 2018년 7월 14일 검색.

5   Kenneth Rapoza, "A Look at China's Increasing Importance to the US Economy",
     Forbes, 2017년 9월 7일, www.forbes.com/sites/kentrapoza/2017/09/07/a-look-at-
     chinas-increasing-importance-to-u-s-economy. 2018년 6월 4일 검색.

6   Stephen S. Roach, "Why China is Central to Global Growth", World Economic
     Forum and Project Syndicate, 2016년 9월 2일, http://www.weforum.org/
     agenda/2016/09/why-china-is-central-to-global-growth, accessed June 4, 2018.

7   Howard W. French, *Everything under the Heavens: How the Past Helps Shape
     China's Push for Global Power* (New York: Knoof, 2017).

8   Arvind Subramanian, "The Inevitable Superpower: Why China's Dominance
     Is a Sure Thing", *Foreign Affairs,* 2011년 9/10월, http://www.foreignaffairs.com/
     articles/china/2011-08-19/inevitable-superpower, 2018년 7월 14일 검색.

1장_ 중진국 함정

1   Paul Collier, *The Bottom Billion:Why the Poorest Countries Are Falling and What
     Can be Done about It* (Oxford: Oxford University Press 2007).

2   세계은행, International Comparison Program Database, www.worldbank.org/en/
     programs/icp, 2018년 2월 20일 검색; CIA World Factbook, https://www.cia.gov/
     library/publications/the-world-factbook/rankorder/2004rank.html, 2018년 5월
     1일 검색.

3   전 세계 빈곤국들을 괴롭히는 '미끄럼틀들(chutes)'에 대해서는 Paul Collier의 *The
     Bottom Billion* 참조.

4   1인당 국민소득은 구매력 지수(PPP)를 기준으로 측정함; World Bank, International
     Comparison Program Database, GDP per Capita(PPP) https://data.worldbank.org/
     indicator/NY.GDP.PCAP.PP.CD?end=2016&start=1999, 2019년 3월 6일 검색.

5   Geoffrey Garrett, "Globalization's Missing Middle", *Foreign Affairs,* 2004년
     11/12월, https:www.foreignaffairs.com/article/2014-11-01/globalizations-missing-
     middle, 2017년 11월 20일 검색.

6   이 보고서는 이 분석에서 연구된 국가들을 제한한다. 산유국들은 포함되지 않는다. 제2차
     세계대전 이전에 고임금 국가와 비슷했지만 사회주의 시기 동안 침체를 겪고 망가진 동
     유럽의 구 소련 국가들도 포함하지 않는다. 이제 이들 중 많은 국가가 회복하고 있다. 그

러나 이들 국가는 그 경로가 복잡하기 때문에 이 분석에 포함되지 않는다. World Bank, *China 2030: Building a Modern, Harmonious, and Creative High-Income Society* (Washington, DC: World Bank, 2012).

7   이 주 앞에서 언급한 것처럼 이 나라들은 세계은행의 중진국 함정 분석에 포함되지 않는다([그림 1-1]).

8   오랫동안, 학계에서는 중진국 함정이 어떤 기능을 하는지, 덫에 갇히는 데 어떤 요소가 중요하고 어떤 요소가 중요하지 않은지 논쟁이 있었다. 가장 많은 가설은 산업화와 투자정책, 덜 발달한 은행과 재정 기구, 충분히 엄격하지 않은 정치 기구에 의해 잘못 인식되었다. 그러나 이 게임에서 인력 자본은 중요하고 저평가된 요소다.

9   Yu Bai, Siqi Zhang, Ruirui Dang, Lei Wang, Cody Abbey, and Scott Rozelle, "Past Successes and Future Challenges in Rural China's Human Capital", REAP Working Paper, 2018, presented at 2017–18 CSCC Annual Conference; Hongbin Li, Prashant Loyalka, Scott Rozelle, and Binzhen Wu, "Human Capital and China's Future Growth", *Journal of Economic Perspectives* 31, no. 1 (2017): 25–48.

10   R. Barro and J. Lee, "A New Data Set of Educational Attainment in the World, 1950–2010", *Journal of Development Economics* 104 (2013): 184–98.

2장_ 중국의 임박한 전환

1   Nguyen Dieu Tu Uyen and John Boudreau, "Samsung Turns Farmers into Bigger Earners Than Bankers", *Bloomberg*, October 5, 2016, https://www.bloomberg.com/news/articles/2016-10-05/samsung-turns-vietnam-s-farmers-into-bigger-earners-than-bankers, accessed September 25, 2017; Robb Young, "Made in Ethiopia: Fashion's Next Sourcing Hub", *Business of Fashion*, October 17, 2016, https://www.businessoffashion.com/articles/global-currents/made-in-ethiopia-fashions-next-sourcing-hub, accessed October 10, 2017; Finbarr Bermingham, "China's Manufacturing Exodus Set to Continue in 2020, Despite Prospect of Trade War Deal", *South China Morning Post*, January 9, 2020, https://www.scmp.com/economy/china-economy/article/3045141/chinas-manufacturing-exodus-set-continue-2020-despite, accessed February 17, 2020.

2   Yang Du, Peng Jia, and Albert Park, "Adoption of New Technology in Chinese Firms: Determinants and Impacts", conference presentation, at the Institute of Population and Labor Economics of Chinese Academy of Social Sciences, December 2017; Hong Cheng, Ruixue Jia, Dandan Li, and Hongbin Li, "The Rise of Robots in China", *Journal of Economics Perspectives* 33, no. 2 (Spring 2019): 71–88.

3 "Total Length of Public Roads in China from 2006 to 2016 (in Million Kilometers)", Statista.com, https://www.statista.com/statistics/276051/total-length-of-public-roads-in-china/, accessed February 20, 2018.

4 Girish Shetti, "One of China's Largest Steelmakers Plans to Lay Off 50,000 Workers", *China Topix*, March 11, 2016, http://www.chinatopix.com/articles/79294/20160311/china-s-major-steel-maker-lay-50-000-workers.htm, accessed September 25, 2017.

5 Tom Phillips, "The $900bn Question: What Is the Belt and Road Initiative?", *Guardian*, May 11, 2017, https://www.theguardian.com/world/2017/may/12/the-900bn-question-what-is-the-belt-and-road-initiative, accessed online December 4, 2019; "This Is Where Xi's Belt and Road Initiative Stands After Six Years", *Bloomberg News*, April 24, 2019, https://www.bloomberg.com/news/articles/2019-04-24/belt-and-road-by-the-numbers-where-xi-s-project-stands-now, accessed December 4, 2019.

6 "This Is Where Xi's Belt and Road Initiative Stands After Six Years"; "Xi Jinping's Second Belt and Road Forum: Three Key Takeaways", *Bloomberg News*, April 27, 2019, https://www.bloomberg.com/news/articles/2019-04-28/xi-jinping-s-wins-and-losses-at-his-second-belt-and-road-forum, accessed December 4, 2019.

7 토머스 프리드먼은 세계화가 우리 세계를 '평평하게' 만드는 기능을 하고 있다고 주장한 첫 번째 인물이었다. Thomas L. Friedman, *The World Is Flat: A Brief History of the Twenty-First Century* (New York: Macmillan, 2005).

8 Xiaobing Wang, Jikun Huang, Linxiu Zhang, and Scott Rozelle, "The Rise of Migration and the Fall of Self Employment in Rural China's Labor Market", *China Economic Review* 22, no. 4 (2011): 573–84.

9 Fang Cai, Albert Park, and Yaohui Zhao, "The Chinese Labor Market in the Reform Era", in *China's Great Economic Transformation*, ed. Loren Brandt and Thomas Rawski (Cambridge: Cambridge University Press, 2008).

10 최근 이것은 변하기 시작했다는 것을 주목하자. 농촌 마을에는 건강한 노동자가 점점 늘어났다. 세계화와 자동화로 저임금 일자리가 없어지기 시작하면서 소수의 사람이 농촌 마을에 나타나기 시작했다. 이들은 자신들이 선택할 수 있는 일에 불만을 가지면, 비공식 부문에 남겨지거나 범죄에 의존할 것으로 우리가 걱정하는 사람들이다. Alan deBruaw, and Scott Rozelle, "China's Rural Labor Market Development and Its Gender Implications", *China Economic Review* 15 (2004): 230–47.

11 "Two Paths to Prosperity", *Economist,* July 14, 1990; "Making Computers for Other People May Not Be Glamorous, but It Has Shown Taiwan Its Future", *Economist*, November 7, 1998.

12 Sheryl Wudunh, "Taiwan Trying to Shift to High Tech Niches", *New York Times*, November 6, 1990.

13 Paul Blustein, "Asia's 'Dragons' Accept Trade's Pains and Gains: For Jobs Lost, New Markets Are Created", *Washington Post*, November 7, 1993.

14 1993년 대만에서는 대규모 해외 이전과 제조업에서 서비스 부문으로의 전환 와중에 실업률이 1.4% 수준을 유지했다. Blustein, "Asia's 'Dragons' Accept Trade's Pains and Gains".

15 Kurt Badenhausen, "Ireland Heads Forbes' List of the Best Countries for Business", *Forbes*, December 4, 2013, http://www.forbes.com/sites/kurtbadenhausen/2013/12/04/ireland-heads-forbes-list-of-the-best-countries-for-business/#3a2faa8b2f03, accessed July 22, 2018. 인간개발지수는 각국의 최종 점수를 계산하기 위해 기대 수명, 교육 수준, 1인당 소득 등 세 개의 주요 개발 지표를 사용한다. 여기서 1인당 소득은 구매력평가지수(PPP)를 기준으로 한다. 구매력평가지수(PPP)는 다른 통화를 사용하는 국가들의 수입이나 GDP를 표준화해서 정확히 비교하기 위한 방법이다. 이것은 각 경제의 표준적인 소비재 가격을 비교해 각 화폐의 '구매력'을 비교할 수 있도록 조정해서 계산한다. 이 방법은 여러 국가 사이에서 생활 비용이나 인플레이션의 차이를 설명해준다.

16 흥미롭게도, 한국과 대만이 처음으로 첨단기술 경제에 진입했을 때 이와 매우 비슷한 감정이 표현되었다. 1993년 〈워싱턴 포스트〉의 1993년 기사는 "서울과 타이베이, 그리고 다른 곳에서 많은 분석가가 한국과 대만인들이 산업의 다음 단계로 도약할 수 있을지, 모조품 컴퓨터나 칩, 전자제품 생산에서 벗어날 수 있을지 궁금해한다"고 보도했다. Blustein, "Asia's 'Dragons' Accept Trade's Pains and Gains" 참조.

17 "Three Kingdoms, Two Empires: China's Internet Giants", *Economist*, April 22, 2017; "WeChat's World: China's Mobile Internet", *Economist*, August 6, 2016; "Tech's Top Tier Now Includes 2 from China", *New York Times*, August 3, 2016.

18 Niall McCarthy, "The Countries with the Most STEM Graduates", *Forbes*, February 2, 2017, https://www.forbes.com/sites/niallmccarthy/2017/02/02/the-countries-with-the-most-stem-graduates-infographic/#2e8d5fc2268a, accessed October 10, 2017.

19 See, for instance, David H. Autor, Frank Levy, and Richard J. Murnane, "The Skill Content of Recent Technological Change: An Empirical Exploration", *Quarterly Journal of Economics*, November 2003.

20 "Editorial: 50 Years of Change in Education", in *Education at a Glance 2011: OECD Indicators* (Paris: OECD, 2011), https://www.oecd.org/education/skills-beyond-school/48631582.pdf, accessed February 21, 2018; Marie Clarke, "Educational Reform in the 1960s: The Introduction of Comprehensive Schools in the Republic

of Ireland", *History of Education* 39, no. 3 (2010): 383–99.

21 "Editorial: 50 Years of Change in Education".

3장_ 최악의 시나리오

1 현재 젊은 세대에게 더 많은 고등학교 자리를 제공하기 위한 노력은 진행되고 있지만, 너무 많은 이가 비숙련 상태로 남아 있다. 어떤 변화든 시간이 걸릴 것이다. 2020년 이후 모든 사람이 고등학교에 진학하더라도(이것은 오늘날 중국의 계획이다) 노동력의 절반이 고등학교 졸업자가 되려면 거의 2040년이 되어야 한다. 더 자세한 내용은 4장 참조.

2 World Bank, *World Development Report 2019: The Changing Nature of Work*, World Development Report (Washington, DC: World Bank, 2019), 81–82.

3 Stuart Auerbach, "Mexican Border Towns Boom: $1.30-an-Hour Wages Attract U.S. Companies", *Washington Post (1974–Current file)*, April 20, 1986, accessed via ProQuest Historical Newspapers, October 17, 2017; David Luhnow, "As Jobs Move East, Plants in Mexico Retool to Compete: China Takes Low-Wage Work, So Guadalajara Targets Products Still Made in U.S", *Wall Street Journal*, eastern edition, March 5, 2004, A.1, https://www.wsj.com/articles/SB107844790219747253, accessed February 7, 2020.

4 Les Whittington, "Mexico Hopes to Become Industrial Tiger of 1990", *Vancouver Sun*, December 28, 1990, https://search-proquest-com.stanford.idm.oclc.org/news/docview/243495893/59F66A325FFC45F2PQ/3?accountid=14026, accessed via ProQuest, October 17, 2017.

5 Luhnow, "As Jobs Move East, Plants in Mexico Retool to Compete"; Juan Forero, "As China Gallops, Mexico Sees Factory Jobs Slip Away: China's Surge", *New York Times (1923–Current File)*, September 3, 2003, A3, accessed via ProQuest Historical Newspapers, October 31, 2017.

6 Santiago Levy and Dani Rodrik, "The Mexican Paradox", in *Project Syndicate*, August 10, 2017, https://www.project-syndicate.org/commentary/mexican-paradox-economic-orthodoxy-low-productivity-by-santiago-levy-and-dani-rodrik-2017-08?barrier=accesspaylog, accessed September 12, 2017.

7 Elisabeth Malkin, "Manufacturing Jobs Are Exiting Mexico: Business Leaders Try to Stop the Exodus of Factories to China", *New York Times (1923–Current file)*, November 5, 2002, W1, accessed via ProQuest Historical Newspapers, October 17, 2017.

8   D. Mayer-Foulkes, "Market Failures in Human Development: The Intergenerational Poverty Trap in Mexico", in *Economic Reform in Developing Countries: Reach, Range, Reason*, ed. José María Fanelli and Lyn Squire, GDN Series (Cheltenham, UK: Edward Elgar, 2008), 77–113.

9   Malkin, "Manufacturing Jobs Are Exiting Mexico".

10   "The Two Mexicos", *Economist*, September 19, 2015, https://www.economist. com/leaders/2015/09/19/the-two-mexicos, accessed November 10, 2017; Paul Imison, "How NAFTA Explains the Two Mexicos", *Atlantic*, September 23, 2017, https://www.theatlantic.com/international/archive/2017/09/nafta-mexico-trump-trade/540906/, accessed November 10, 2017.

11   Lucinda Fleeson. "Leaving Laredo", *Mother Jones* 28 (September/October 2003): 24, https://www.motherjones.com/politics/2003/09/leaving-laredo/, accessed October 17, 2017.

12   Santiago Levy and Daniel Rodrik, "The Mexican Paradox", in *Project Syndicate*, August 10, 2017. https://www.project-syndicate.org/commentary/mexican-paradox-economic-orthodoxy-low-productivity-by-santiago-levy-and-dani-rodrik-2017-08?barrier=accesspaylog, accessed September 12, 2017; Paul Imison, "How NAFTA Explains the Two Mexicos", *Atlantic*, September 23, 2017, https:// www.theatlantic.com/international/archive/2017/09/nafta-mexico-trump-trade/540906/, accessed November 10, 2017.

13   Gustavo Robles, Gabriela Calderón, and Beatriz Magaloni, "The Economic Consequences of Drug Trafficking Violence in Mexico", Working Paper, Poverty and Governance Series Working Paper, Stanford University, August 2015; Adam Popescu, "Is Mexico the Next Silicon Valley? Tech Boom Takes Root in Guadalajara", *Washington Post*, May 14, 2016, https://www.washingtonpost. com/business/is-mexico-the-next-silicon-valley-tech-boom-takes-root-in-guadalajara/2016/05/13/61249f36-072e-11e6-bdcb-0133da18418d_story. html?noredirect=on&utm_term=.8c1629827924, accessed February 27, 2018.

14   Lucinda Fleeson, "Leaving Laredo", *Mother Jones* 28 (September/October 2003): 24, https://www.motherjones.com/politics/2003/09/leaving-laredo/, accessed October 17, 2017; T. MacGabhann, "Mexico's 'Lost Generation' of Drug Addicts", *TCA Regional News*, https://search.proquest.com/docview/1772601390?account id=14026, accessed November 9, 2017.

15   Robles, Calderón, and Magaloni, "Economic Consequences of Drug Trafficking Violence in Mexico".

16   Yuyu Chen, Hongbin Li, and Lingsheng Meng, "Prenatal Sex Selection and

Missing Girls in China: Evidence from the Diffusion of Diagnostic Ultrasound",
Journal of Human Resources 48, no. 1 (2013): 36–70.

17 2000년 중국에서 체포된 사람의 90%가 남성이었고, 그중 많은 이는 젊은 남성이었다. 폭
력 범죄나 재산 범죄의 3분의 2가 16~25세 남성에 의해 일어났다. China Law Yearbook
Editorial Office, *Chinese Law Yearbook* (Beijing: Chinese Law Yearbook, 2001); Lianhe
Hu, *Zhuan Xing Yu Fan Zui: Zhong Guo Zhuan Xing Qi Fan Zui Wen Ti De Shi Zheng
Yan Jiu* [Transition and crime: An empirical analysis of crime during China's
economic transition] (Beijing: Central Communist Party School Press, 2006).

18 이 연구는 성-연간 변화를 인용했고, 남성의 성 비율이 1988년부터 2004년까지 범죄
율 증가의 7분의 1을 차지한다고 결론 내린다. Lena Edlund, Hongbin Li, Junjian
Yi, and Junsen Zhang, "Sex Ratios and Crime: Evidence from China", *Review of
Economics and Statistics* 95, no. 5 (2013): 1520–34.

19 이 이야기에 대한 더 자세한 내용은 7장 참조.

20 물론 현재의 스페인은 고등학교와 전문대학에 대규모로 투자하고 있다. 스페인 경제는(세
계의 모든 경제와 마찬가지로) 문제가 있다. 그러나 스페인의 인적 자본 구조, 유럽연합에 가입
한 지 35년이 된 상황은 고소득 국가의 구조다. 따라서 그 위험이 감소하고 있다.

21 Howard W. French, *Everything Under the Heavens: How the Past Helps Shape
China's Push for Global Power* (New York: Knopf, 2017).

4장_ 중국은 어떻게 여기에 이르게 되었나

1 이 통계는 중국의 2015년 소규모 인구조사에 근거한다. 이 조사는 2015년 후반 중국의 국
가통계국이 전체 국가를 대표할 수 있는 1000만 명을 대상으로 실시했다. 대상 인구는 스
무 살에서 예순다섯 살까지 전국 인구다. 중국의 교육정책에 따르면, 9년간 의무교육을 마
친 뒤 고등학교 이전에 떠나는 것은 중국의 교육정책과 완전하게 일치한다. Hongbin Li,
Prashant Loyalka, Scott Rozelle, and Binzhen Wu, "Human Capital and China's
Future Growth", *Journal of Economic Perspectives* 31, no. 1 (2017): 25–48.

2 중국 학생들은 문학, 수학, 과학 세 과목 모두에서 1등을 차지했다. 중국 학생들의 성적은
인상적이지만, 함정이 있다. PISA에서 큰 칭찬을 받는 중국의 성적은 가감해서 봐야 한
다. 중국 참가자들은 중국에서 가장 특권적인 지역(상하이) 학생으로 제한되었고, 다른 국
가들은 훨씬 다양한(전국을 대표할 수 있는) 집단이 참가했다. 2018년 중국의 PISA 성적은
좀 더 많은 네 개 성의 결과에 기반하고 있지만, 전국적인 대표성 문제는 여전히 남아 있
다. "PISA 2012 Results in Focus: What 15-Year-Olds Know and What They Can Do
with What They Know", in *Program for International Student Assessment* (Paris:
OECD, 2012), http://www.oecd.org/pisa/keyfindings/pisa-2012-results-overview.

pdf, accessed May 1, 2018; Joshua Berlinger, "Teens from China's Wealthiest Regions Rank Top of the Class in Global Education Survey", *CNN Online*, December 3, 2019, https://www.cnn.com/2019/12/03/asia/pisa-rankings-2019-intl-hnk/index.html, accessed December 17, 2019.

3   T. E. Woronov, "Learning to Serve: Urban Youth, Vocational Schools and New Class Formations in China", *China Journal*, no. 66 (July 2011): 77–99.

4   Ai Yue, Bin Tang, Yaojiang Shi, Jingjing Tang, Guanminjia Shang, Alexis Medina, and Scott Rozelle, "Rural Education across China's 40 Years of Reform: Past Successes and Future Challenges", *China Agricultural Economic Review* 10, no. 1 (2018): 93–118.

5   내가 말한 것처럼 많은 고등학교가 문화대혁명 기간에 문을 닫았고, 나머지 학교들은 소위 문화대혁명 고등학교로 운영되었다. 이곳 학생들은 학문적 과목을 배우는 것이 아니라, 마오쩌둥 어록을 배우고 공장에서 '인턴'으로 일했다. Niny Khor, Lihua Pang, Chengfang Liu, Fang Chang, Di Mo, Prashant Loyalka, and Scott Rozelle, "China's Looming Human Capital Crisis: Upper Secondary Educational Attainment Rates and the Middle Income Trap", *China Quarterly* 228 (December 2016): 905–26; Yue et al., "Rural Education across China's 40 Years of Reform".

6   Yue et al., "Rural Education across China's 40 Years of Reform".

7   W.-J. J. Yeung, "Higher Education Expansion and Social Stratification in China", *Chinese Sociological Review* 45, no. 4 (2013): 54–80; S. Li, J. Whalley, and C. Xing, "China's Higher Education Expansion and Unemployment of College Graduates", *China Economic Review* 37, suppl. C (2014): 567–82; Niall McCarthy, "The Countries with the Most STEM Graduates", *Forbes*, February 2, 2017, https://www.forbes.com/sites/niallmccarthy/2017/02/02/the-countries-with-the-most-stem-graduates-infographic/#690de3be268a, accessed October 10, 2017.

8   T. F. Bresnahan, E. Brynjolfsson, and L. M. Hitt, "Information Technology, Workplace Organization, and the Demand for Skilled Labor: Firm-Level Evidence", *Quarterly Journal of Economics* 117, no. 1 (2002): 339–76; L. F. Katz and A. B. Krueger, "Computing Inequality: Have Computers Changed the Labor Market?", *Quarterly Journal of Economics* 113, no. 4 (1998): 1169–213; Jakob B. Madsen and Fabrice Murtin, "British Economic Growth since 1270: The Role of Education", *Journal of Economic Growth* 22 (2017): 229–72; R. Barro and J. Lee, "A New Data Set of Educational Attainment in the World, 1950–2010", *Journal of Development Economics* 104 (2013): 184–98.

9   Lei Wang, Mengjie Li, Cody Abbey, and Scott Rozelle, "Human Capital and the Middle Income Trap: How Many of China's Youth Are Going to High School?", *Developing Economies* 56, no. 2 (2018): 82–103.

10   "Population by Age and Sex", in *China Statistical Yearbook* (Beijing: National Bureau of Statistics of China, 2015).

11   후커우 지위는 부모의 후커우 지위에 달려 있다. 도시 출신 부모에게서 태어난 아이는 도시 후커우를, 농촌 부모에게서 태어난 아이는 농촌 후커우를 받는다. 후커우를 변경하는 것은 가능하지만, 매우 어렵고 농촌 사람들 대부분은 접근할 수 없다. 더 자세한 내용은 이 책의 결론 참조.

12   이것은 지역마다 많은 차이가 있는 이슈다. 개별 도시들(그리고 도시 안의 지역들)이 이주 아동에 대한 정책을 자유롭게 정할 수 있기 때문이다. 대부분의 도시 지역에서 일부는 공립 초등학교 교육을 받을 수 있다. 그러나 현재도 중국 곳곳에서 농촌 후커우를 가진 아이들은 도시의 고등학교에 다닐 수 없다. 전국적인 정책으로는 농촌 학생들이 그들의 출신 지역에서만 어떤 종류의 공립 학교에 다니도록 보장받는다. 후커우 제도의 부정적인 영향들은 결론에서 좀 더 자세히 설명할 것이다. 지금 초점은 중국의 도시와 농촌 간 격차는 넓고 서로 융합되지 않으며, 교육의 성과에도 매우 중요한 영향을 미친다는 것이다.

13   이것은 후커우가 아닌 현재 거주지에 따라 정의되기 때문에 도시 주민과 농촌에서 이주해 온 이들을 모두 포함한다. Li et al., "Human Capital and China's Future Growth".

14   Lei Wang, Mengjie Li, Cody Abbey, and Scott Rozelle, "Human Capital and the Middle Income Trap: How Many of China's Youth Are Going to High School?", *Developing Economies* 56, no. 2 (2018): 82–103.

15   Lei, Li, Abbey, and Rozelle, "Human Capital and the Middle Income Trap".

16   Fang Lai, Chengfang Liu, Renfu Luo, Linxiu Zhang, Xiaochen Ma, Yujie Bai, Brian Sharbono, and Scott Rozelle, "The Education of China's Migrant Children: The Missing Link in China's Education System", *International Journal of Educational Development* 37 (2014): 68–77.

17   Jikun Huang, Huayong Zhi, Zhurong Huang, Scott Rozelle, and John Giles, "The Impact of the Global Financial Crisis on Off-Farm Employment and Earning in Rural China", *World Development* 39, no. 5 (2011): 797–807.

18   중국에는 두 종류의 고등학교, 즉 인문계 고등학교와 직업 고등학교가 있다. 내가 인용한 교육 성취율은 이 두 고등학교를 포함한 것이다. 인문계 고등학교는 수학, 문학, 작문, 과학, 영어 등 보편적 학문을 배우는 전통적인 고등학교다. 직업 고등학교는 특정한 직업 기술에 더 많은 시간을 집중한다. 인문계 고등학교는 더 고급 과정이고, 입학도 경쟁을 거쳐야 하며(입학시험 성적에 달려 있다) 학생들이 대학에 진학하도록 준비시킨다. 직업 고등학교는 학비가 낮고 학비 면제를 받을 가능성도 높지만, 5장에서 설명할 것처럼 교육의 질이 바람직하지 않다.

19   Chengfang Liu, Linxiu Zhang, Renfu Luo, Scott Rozelle, Brian Sharbono, and Yaojiang Shi, "Development Challenges, Tuition Barriers, and High School Education in China", *Asia Pacific Journal of Education* 29 (2009): 503–20.

20 F. Lai, C. Liu, R. Luo, L. Zhang, X. Ma, Y. Bai, B. Sharbono, and S. Rozelle, "The Education of China's Migrant Children: The Missing Link in China's Education System", *International Journal of Educational Development* 37 (2014): 68–77.

5장_ 불안한 토대

1 대학 진학률은 신뢰할 만하게 계량화하기가 매우 어렵다. 공식 통계는 30%라고 하지만, 이 통계는 전통적인 대학의 정의에 맞지 않는 많은 종류의 학교를 포함한다. 예를 들면 30%라는 숫자는 비학문적인 직업 전문학교에 등록한 학생과 해외 대학에 등록한 중국 학생 숫자 추정치까지 포함한 것이다. 그래서 나는 20~30%로 추산한다. 고등학교에 대한 공식적인 정책은 중국 어린이의 절반이 인문계 고등학교에 입학하는 것을 목표로 하고 있다. 실제로 인문계 고등학교 입학 목표는 이 비율을 실행하는 수준으로 설정되었다.

2 Zhaohui Fo and Hui Xing, "Survey on the Implementation of the National Stipend Policy in Secondary Vocational Schools", *China Educational Development Yearbook* 3 (2011): 153–68; Małgorzata Kuczera and Simon Field, "Learn-ing for Jobs: OECD Reviews of Vocational Education and Training; Options for China", http://www.oecd.org/china/45486493.pdf, accessed September 24, 2015.

3 중국의 최근 직업교육 추진은 직업 전문대학 확대를 포함한다. 이 장에서는 직업 고등학교에 초점을 맞춘다. 직업 고등학교가 더 많고, 따라서 중국 노동력 전체의 기술을 크게 변화시키는 것이 더 즉각적인 관심 사항이기 때문이다.

4 China National Bureau of Statistics, *China Statistical Yearbook* (Beijing: China Statistics Press, 1991); China National Bureau of Statistics, *China Statistical Yearbook* (Beijing: China Statistics Press, 2012).

5 우리는 다양한 단계의 절차를 활용해 이 테스트를 진행했고, 그것을(학생들이 중국의 직업 고등학교에서 기대되는 유형의 기술을 대표하는지를) 확인했다. 첫째, 우리는 테스트의 내용 부분을 정의하기 위해 전국적, 성급 직업 고등학교 커리큘럼 표준을 이용했다. 그리고 나서 공식 교과서에서 이 내용 영역을 반영하는 광범위한 시험 아이템을 모았다. 현재 커리큘럼에서 다뤄지는 아이템들을 검증하기 위해 많은 직업 고등학교 교사들에게 내용 전문가로서 일해달라고 요청했다. 우리는 이들 내용 전문가들이 시험 테스트를 위해 선택한 아이템들을 이용했다. 마지막으로, 우리의 테스크가 훌륭한 심리평가의 타당성을 가질 수 있도록 1000명 이상의 직업 고등학교 학생으로부터 데이터를 분석했다. 우리는 문제가 있는 아이템을 걸러내고 남은 아이템을 사용해 내용이 균형 잡힌 테스트를 만들었다. 마지막 테스트는 높은 신뢰성을 가지고 있었다(person reliability of 0.7 to 0.8). See Hongmei Yi, Guirong Li, Liyang Li, Prashant Loyalka, James Chu, Natalie Johnson, Elena Kardanova, Linxiu Zhang, and Scott Rozelle, "Are Students Thriving in Vocational

Education and Training in China?" REAP Working Paper, 2015.

6 같은 연구는 89%의 아이가 1년 동안의 직업 기술에서 진보가 없었음을 발견했다.

7 T. E. Woronov, "Learning to Serve: Urban Youth, Vocational Schools and New Class Formations in China", *China Journal* 66 (July 2011): 77–99.

8 이 중퇴 비율은 조심스럽게 측정되었고, 우리 연구팀이 정확성을 체크했다. 한 학년 과정 동안 중퇴 비율을 측정하기 위해 우리는 모든 대상 학생을 학년이 시작될 때 한 번 조사했고, 학년이 끝날 때 학교로 돌아가서 한 번 더 조사했다. 학급마다 우리의 조사 담당자들은 기준 조사를 완성한 각 학생의 개인정보를 포함한 학생들의 상태를 추적하는 서류를 가지고 갔다. 조사 담당자들은 수업 모니터 요원이 제공한 정보에 따라 기초 리스트에 각 학생을 출석, 일시적 결석, 전학, 인턴십 참여, 중퇴 등으로 표시했다. 개별 학생들에 대해 질문이 있는 경우에는 다수의 동급생과 각반 담임에게 정보를 검증했다.

9 실제로 우리 팀의 연구는 이미 적절한 규제 시스템이 학생들의 성적을 향상시킨다는 것을 보여주었다. 2015년 우리는 중국 직업 고등학교의 새로운 책임 시스템에 대한 무작위 대조 시험을 실시했다. 학교의 절반이 새로운 책임 프로그램에 등록했고, 교육의 질에 대한 분명한 표준을 받았다. 그들은 학생들이 수학 능력과 기술 능력에서 측정할 수 있는 진전을 이루어야 하고, 가능한 한 중퇴 비율을 낮추고 국가의 노동법을 준수하는 인턴십에만 참여하도록 해야 한다. 이 기준에서 최선을 다한 학교들은 국가의 자금 지원을 더 받고, 기업과의 협력 기회도 늘어날 것이다. 나머지 학교들은 새로운 인센티브 없이 기존대로 운영될 것이다. 이 학교 학생들은 수학과 직업 기술에서 그해에 중요한 향상을 보였다. 그들은 학습과 중퇴 감소에 대해 더 만족한다고 보고했다.

10 David H. Autor, Frank Levy, and Richard J. Murnane, "The Skill Content of Recent Technological Change: An Empirical Exploration", *Quarterly Journal of Economics*, November 2003.

11 E. A. Hanushek, G. Schwerdt, L. Woessmann, and L. Zhang, "General Education, Vocational Education, and Labor-Market Outcomes over the Life-Cycle", *Journal of Human Resources* 52, no. 1 (2017): 48–87. 하버드와 스탠퍼드에서 온 연구자들은 기본적인 기술(예를 들면 고등학교 수학과 과학)에서 학생들의 능력이 국가의 장기적 성장 궤적을 보여주는 신뢰할 만한 예측 변수임을 확인했다. 정책 결정자들은 위험을 각오하고 이 기술들을 무시하고 있다. See Eric A. Hanushek, Paul E. Peterson, and Ludger Woessmann, *Endangering Prosperity: A Global View of the American School* (Washington, DC: Brookings Institution Press, 2013).

12 Woronov, "Learning to Serve".

1 초기에는 많은 빈곤 지역에서 교사의 임금 체불이 흔했다. 오늘날에는 중앙 정부가 1학년 부터 9학년까지 의무교육을 시행하며 교사들의 월급을 완전히 지급한다.

2 PISA(Programme for International Student Assessment)는 열다섯 살을 대상으로 학생들 의 학습을 평가하는 국제적인 시험이다. 읽기, 과학, 수학 분야를 포함한다. 2012년 상하 이 학생들이 세 과목 모두에서 세계 최고 성적을 냈다. 2018년 중국은 또다시 1위를 했는 데 이번에는 상하이, 베이징, 장쑤, 저장의 학생들이 포함되었다. 더 자세한 내용은 다음 을 참조. Organisation for Economic Co-operation and Development, Programme for International Student Assessment, *PISA 2012 Technical Report* (Paris: OECD, 2013); Joshua Berlinger, "Teens from China's Wealthiest Regions Rank Top of the Class in Global Education Survey", CNN online, December 3, 2019, https://www.cnn.com/2019/12/03/asia/pisa-rankings-2019-intl-hnk/index.html, accessed December 17, 2019.

3 F. Lai, C. Liu, R. Luo, L. Zhang, X. Ma, Y. Bai, B. Sharbono, and S. Rozelle, "The Education of China's Migrant Children: The Missing Link in China's Education System", *International Journal of Educational Development* 37 (2014): 68–77.

4 J. Halterman, J. Kaczorowski, C. Aligne, P. Auinger, and P. Szilagyi, "Iron Deficiency and Cognitive Achievement among School-Aged Children and Adolescents in the United States", *Pediatrics* 107 (2001): 1381–86; R. Stoltzfus, "Defining Iron-Deficiency Anemia in Public Health Terms: A Time for Reflection", *Journal of Nutrition* 131 (2): 565S–567S; R. Stoltzfus, J. Kvalsvig, H. Chwaya, Montresor, M. Albonico, J. Tielsch, L. Savioli, and E. Pollitt, "Effects of Iron Supplementation and Anthelmintic Treatment on Motor and Language Development of Preschool Children in Zanzibar: Double Blind, Placebo Controlled Study", *British Medical Journal* 323, no. 7326 (2001): 1389; G. Bobonis, E. Miguel, and C. Puri-Sharma, "Anemia and School Participation", *Journal of Human Resources* 41, no. 4 (2006): 692–721; R. Luo, Y. Shi, L. Zhang, C. Liu, S. Rozelle, Sharbono, A. Yue, Q. Zhao, and R. Martorell, "Nutrition and Educational Performance in Rural China's Elementary Schools: Results of a Randomized Control Trial in Shaanxi Province", *Economic Development and Cultural Change* 60, no. 4 (2012): 735–72.

5 United Nations Children's Fund, World Health Organization, and United Nations University, *Iron Deficiency Anemia: Assessment, Prevention, and Control: A Guide for Programme Managers* (Geneva: World Health Organization, 2001); Renfu Luo, Xiaobing Wang, Chengfang Liu, Linxiu Zhang, Yaojiang Shi, Grant Miller, Scott Rozelle, Elaine Yu, and Reynaldo Martorell, "Alarmingly High Anemia

Prevalence in Western China", *Southeast Asian Journal of Tropical Medicine and Public Health* 42, no. 5 (2011): 1204–13; Lili Li, Lei Huang, Yaojiang Shi, Renfu Luo, Meredith Yang, and Scott Rozelle, "Anemia and Students' Educational Performance in Rural Central China: Prevalence, Correlates and Impacts", *China Economic Review* 51 (2018): 283–93; Huan Wang, Wilson Liang, Laura Jonsson, Qiran Zhao, Samuel Kennedy, Gloria Breck, Jane Bai, Matthew Boswell, Scott Rozelle, and Alexis Medina, "Is China's 32 Billion Dollar Program to Fight Rural Undernutrition Working? A Mixed Methods Analysis in 100 Rural Schools in Western China", REAP Working Paper, 2017.

6   Chen-Wei Pan, Dharani Ramamurthy, and Seang-Mei Saw, "Worldwide Prevalence and Risk Factors for Myopia", *Ophthalmic and Physiological Optics* 32, no. 1 (2012): 3–16. 시력 문제의 유행은 초등학교 이후 연령에 따라 계속 높아진다. 농촌의 중학교와 고등학교에서 시력 문제가 있는 학생의 비율은 50~75%에 이른다. 안경을 제공하는 비율도 나이에 따라 증가하는데, 교정되지 않은 근시의 가장 높은 비율은 농촌 중학교 학생들 사이에서 발견된다. Yue Ma, Xiaochen Ma, Yaojiang Shi, Nathan Congdon, Hongmei Yi, Sarah Kotb, Alexis Medina, Scott Rozelle, and Mony Iver, "Visual Impairment in Rural China: Prevalence, Severity, and Association with Income across Student Cohorts", REAP Working Paper, 2018.

7   See Elie Dogin, "The Myopia Boom: Short-Sightedness Is Reaching Epidemic Proportions: Some Scientists Think They Have Found a Reason Why", *Nature*, March 18, 2015, https://www.nature.com/news/the-myopia-boom-1.17120, accessed February 9, 2018.

8   Ma et al., "Visual Impairment in Rural China".

9   이 결과는 이상적인 조건에서 시험 성적에 0.74 표준편차가 증가하는 것을 발견했다. 학교를 지원해서 나타나는 이 영향의 규모는 매우 큰데, 학습 수준이 거의 두 배로 증가하는 것이다. Xiaochen Ma, "Improving Learning by Improving Vision: Evidence from Two Randomized Controlled Trials of Providing Vision Care in China" (PhD diss., University of California, Davis, 2015).
중국 학교 시스템의 9000만 명 이상의 학생(초등학교 1학년에서 고등학교 3학년까지)이 시력 문제로 어려움을 겪고 있는데, 근시가 가장 큰 문제다. 이들 가운데 대략 4000만 명은 농촌 지역에서 학교에 다니고 있다. 근시가 교정되지 않은 비율이 약 50%라고 가정할 때(약 80%는 초등학생이고, 20%는 고등학생) 약 2000만 명의 어린이가 칠판 글씨를 보기 위해 필요한 안경을 가지고 있지 않다. 또 다른 5000만 명은 도시의 학교, 농촌의 공립 학교, 교외의 학교(중국 동부 지역의 농촌 학교 포함)에 다니고 있다. 우리는 이들 지역에서는 시력 문제를 가진 모든 학생이 시력 관리를 받을 수 있는 것으로 가정했다. 이것이 사실이 아니라면, 교정되지 않은 근시를 가진 학생에 대해 우리가 추정한 2000만 명은 과소평가된 것이다

10   이 결과는 빈곤한 농촌 지역 초등학생들의 대변 샘플에서 수집한 것이다. 이 인구 가운데

서 발견된 기생충은 회충, 십이지장충, 편충 등이다. Xiaobing Wang, Linxiu Zhang, Renfu Luo, Guofei Wang, Yingdan Chen, Alexis Medina, Karen Eggleston, Scott Rozelle, and D. Scott Smith, "Soil-Transmitted Helminth Infections and Correlated Risk Factors in Preschool and School-Aged Children in Rural Southwest China", *PLoS One* 7, no. 9 (2012): e45939.

11 기생충 감염률은 따뜻하고 습한 기후 지역에서 더 높기 때문에, 이 건강 문제는 대부분 열대성 기후인 중국의 남부 지역에 한정된다. 이와 달리 빈혈과 교정되지 않은 근시는 전국에 광범위하게 퍼져 있다. Longshan Xu, Baojun Pan, Jinxiang Lin, Liping Chen, Senhai Yu, and Jack Jones, "Creating Health-Promoting Schools in Rural China: A Project Started from Deworming", *Health Promotion International* 15, no. 3 (2000): 197–206; Peter Steinmann, Zunwei Du, Libo Wang, Xuezhong Wang, Jinyong Jiang, Lanhua Li, Hanspeter Marti, Xiaonong Zhou, and Jürg Utzinger, "Extensive Multiparasitism in a Village of Yunnan Province, People's Republic of China, Revealed by a Suite of Diagnostic Methods", *American Journal of Tropical Medicine and Hygiene* 78, no. 5 (2008): 760–69; Huan Zhou, Chiho Watanabe, and Ryutaro Ohtsuka, "Impacts of Dietary Intake and Helminth Infection on Diversity in Growth among School Children in Rural South China: A Four-Year Longitudinal Study", *American Journal of Human Biology* 19, no. 1 (2007): 96–106.

12 Chengfang Liu, Louise Lu, Linxiu Zhang, Renfu Luo, Sean Sylvia, Alexis Medina, Scott Rozelle, Darvin Scott Smith, Yingdan Chen, and Tingjun Zhu, "Effect of Deworming on Indices of Health, Cognition, and Education among Schoolchildren in Rural China: A Cluster-Randomized Controlled Trial", *American Journal of Tropical Medicine and Hygiene* 96, no. 6 (2017): 1478–89.

13 M. He, J. Zeng, Y. Liu, J. Xu, G. P. Pokharel, and L. B. Ellwein, "Refractive Error and Visual Impairment in Urban Children in Southern China", *Investigative Ophthalmology and Visual Science* 45, no. 3 (2004): 793–99.

14 Ai Yue, Lauren Marsh, Huan Zhou, Alexis Medina, Renfu Luo, Yaojiang Shi, Linxiu Zhang, Kaleigh Kenny, and Scott Rozelle, "Nutritional Deficiencies, the Absence of Information and Caregiver Shortcomings: A Qualitative Analysis of Infant Feeding Practices in Rural China", *PLoS One* 11, no. 4 (2016): e0153385.

15 Louise Lu, Chengfang Liu, Linxiu Zhang, Alexis Medina, Scott Smith, and Scott Rozelle, "Gut Instincts: Knowledge, Attitudes, and Practices Regarding Soil-Transmitted Helminths in Rural China", *PLoS Neglected Tropical Diseases* 9, no. 3 (2015): e0003643.

16 "What About Eye Exercises?", Freeman Spogli Institute, Stanford University, http://reap.fsi.stanford.edu/research/what-about-eye-exercises.

17 Lu, Liu, Zhang, Medina, Smith, and Rozelle, "Gut Instincts".

18 S. Sylvia, T. Shi, H. Xue, X. Tian, H. Wang, Q. Liu, A. Medina, and S. Rozelle, "Survey Using Incognito Standardized Patients Shows Poor Quality Care in China's Rural Clinics", *Health Policy and Planning* 30, no. 3 (2015): 322-33.

19 Data from United Nations World Food Program. See Scott Rozelle, Jikun Huang, and Xiaobing Wang, "The Food Security Roots of the Middle-Income Trap", in *The Evolving Sphere of Food Security*, ed. Rosamond L. Naylor (New York: Oxford University Press, 2014), 72.

20 Eugenio Maul, Silviana Barroso, Sergio R. Munoz, Robert D. Sperduto, and Leon B. Ellwein, "Refractive Error Study in Children: Results from La Florida, Chile", *American Journal of Ophthalmology* 129, no. 4 (2000): 445-54.

21 사실, 연구 결과를 보면 빈곤국과 중등 소득 국가는 거의 비슷하게 높은 기생충 감염률을 보인다. 1인당 국민소득이 약 2만 달러 아래에서는 감염을 줄이는 데 소득 효과가 뚜렷하지 않다. 빈혈과 시력 문제와 달리 기생충 확산은 기후와 관련이 크다. 기생충은 따뜻하고 습기가 많은 지역에서 생존하고 재생산할 수 있다. 이것은 기생충 감염이 더 가난한 지역에 많은 이유인데, 전 세계적으로 열대기후 지역의 빈곤율이 높기 때문이다. 그렇지만 이 기후 지역에서도 소득이 높은 곳에서는 기생충 감염률이 매우 낮다. Jeffrey Bethony, Simon Brooker, Marco Albonico, Stefan M. Geiger, Alex Loukas, David Diemert, and Peter J. Hotez, "Soil-Transmitted Helminth Infections: Ascariasis, Trichuriasis, and Hookworm", *Lancet* 367, no. 9521 (2006): 1521-32; Rachel L. Pullan and Simon J. Brooker, "The Global Limits and Population at Risk of Soil-Transmitted Helminth Infections in 2010", *Parasites and Vectors* 5, no. 1 (2012): 81; Frédérique Chammartin, Ronaldo G. C. Scholte, Luiz H. Guimarães, Marcel Tanner, Jürg Utzinger, and Penelope Vounatsou, "Soil-Transmitted Helminth Infection in South America: A Systematic Review and Geostatistical Meta-analysis", *Lancet Infectious Diseases* 13, no. 6 (2013): 507-18.

22 많은 중진국(브라질, 중국, 코스타리카, 말레이시아, 러시아, 튀니지 등 다양한 국가 포함)의 지니계수는 40이 넘고 높은 곳은 50 이상이다. 사이먼 쿠즈네츠Simon Kuznets는 1955년에 유명한 논문에서 이 관계를 증명했다. 쿠즈네츠 곡선은 경제성장과 소득 불평등의 관계를 보여주는데, 소득 불평등은 국가가 저소득에서 중등 소득으로 이동할 때 증가하고, 고소득에 도달하면 줄어드는 경향을 보인다. S. Kuznets, "Economic Growth and Income Inequality", *American Economic Review* 45 (1955): 1-28; Scott Rozelle, Jikun Huang, and Xiaobing Wang, "The Food Security Roots of the Middle-Income Trap", in *The Evolving Sphere of Food Security*, ed. Rosamond L. Naylor (New York: Oxford University Press, 2014), 64-86.

23 물론 우리가 이전 장에서 살펴본 것처럼 많은 직업 고등학교에서 이런 건물들은 여전히 부족한 듯 보인다. P. W. Glewwe, E. A. Hanushek, S. D. Humpage et al., *School Resources and Educational Outcomes in Developing Countries: A Review of the*

Literature from 1990 to 2010, NBER Working Papers (Cambridge, MA: National Bureau of Economic Research, 2014).

24 이 효과의 크기는 약 0.2 표준편차였다. R. Luo et al., "Nutrition and Educational Performance in Rural China's Elementary Schools". 예를 들어, 테네시 학생/교사 성취율 프로그램은 학급 규모를 22명에서 15명으로 줄였고, 시험 점수는 0.21 표준편차만큼 향상되었다. See Alan B. Krueger and Diane M. Whitmore, "The Effect of Attending a Small Class in Early Grades on College-Test Taking and Middle School Test Results: Evidence from Project STAR", *Economic Journal* 111 (2001): 1-28.
우리의 연구는 또한 매우 적은 비용으로 빈혈을 없앨 수 있음을 증명했다. 우리가 학생들에게 제공한 종합 비타민은 학생 한 명당 하루에 10센트밖에 들지 않았다. 중국 농촌 지역에서 초등학교 1학년부터 중학교 3학년(2600만 명) 모든 학생에게 1년 동안 매일 비타민을 제공해 빈혈을 없애고 학업 능력을 향상시키는 비용은 겨우 6억 달러다. 이 비용은 중국 교육 예산의 0.05%도 안 된다. 정부가 거대한 교육 투자 가운데 작은 부분을 이 불필요한 질병을 없애는 데 투자한다면 농촌 지역 학생들은 도시 학생들을 따라잡을 것이다. 빈혈에 대한 우리 작업의 전체적인 설명은 온라인에서 볼 수 있다. https://reap.fsi.stanford.edu/publications/reap_brief_118_are_we_there_yet_the_long_road_to_eliminating_undernutrition_in_rural_chinas_schools.

25 Xiaochen Ma, "Improving Learning by Improving Vision: Evidence from Two Randomized Controlled Trials of Providing Vision Care in China" (PhD diss., University of California Davis, 2015).

26 이 작업에 대해 더 알고 싶거나 관여하고 싶다면 사회적 기업인 Smart Focus Vision에 대해 읽어보기 바란다. http://reap.fsi.stanford.edu/docs/learning-focus.

7장_ 인생 가장 초기의 문제

1 Sharon Bradley-Johnson, "Cognitive Assessment for the Youngest Children: A Critical Review of Tests", *Journal of Psychoeducational Assessment* 19 (2001): 19-44.

2 학생들의 빈혈에 대한 연구는 6장 참조.

3 농촌 아기들이 많은 부분에서 발달 지체를 겪고 있다는 기본적 결과를 더욱 확인할 수 있는 결과가 베이징 대학교 연구팀에서 나왔다. 아이를 직접 테스크하는 대신 부모 면접 조사를 이용해, 산시성과 구이저우성에서 생후 1개월에서 35개월 사이 어린이 40%가 발달 지체 조짐을 보인다는 것을 발견했다. 중국은 공식적으로 56개 민족으로 이루어져 있는데, 전체 인구의 90% 이상이 한족이다.

4 중국 영유아 가운데 약 600만 명이 이주 노동자 공동체에서 살고 있는 것으로 추정된다.

이것은 모든 농촌 아기의 약 13%에 해당한다. Wang Lei, Wilson Liang, Sun Yonglei, Li Mengjie, Cody Abbey, and Scott Rozelle, "Are Infant/Toddler Developmental Delays a Problem across Rural China?" *Journal of Comparative Economics*, 2019.

5   영유아 발달의 베일리 척도(BSID)를 이용한 모든 연구에서 도시 영유아는 병원에 기반을 둔 집단 연구의 일부로 테스트했다. 이 연구에서 조사팀은 광저우, 시안, 우한 등 도시의 대형 병원에서 산전 혹은 산후 방문한 도시 거주 응답자들을 모집했다. 1.3 표준편차 이하 점수를 기록한 인구를 조사함으로써, 중국 도시 인구의 ECD 인지 결과를 전 세계 건강한 인구의 특성과 비슷했다. 인지(BSID Mental Development Index—MDI) 점수가 80 미만(또는 ≅ <−1.3 standard deviations—SD)인 (2~36개월) 영유아의 비율은 광저우에서 9.1%(n = 297), 시안에서 7.9%(n = 206), 우한에서 4.9%(n = 122)였다.

See Q. Gu, M. Gao, Y. Li, and X. Wei, "The Survey Search of the Parenting Behavior in Migration Workers", *Journal of Child Health Care* 3 (2009): 365–66; S. Shi, J. Shi, X. Guan, J. Zhang, and M. Hu, "Analysis of Influential Factors of Infant Development", *Maternal and Child Health Care of China* 16 (2001): 635–37; X. Sun, Y. Ren, and Z. Su, "Study on Bayley Scales of Infant Development", *Maternal and Child Health Care of China* 11 (1996): 51–53; S. Xie, X. Wang, and Y. Yao, "The Application of Bayley Scales of Infant Development in Infant Nursing", *Journal of Nursing (China)* 13 (2006): 76–77; S. Xu, H. Huang, J. Zhang,X. Bian, N. Lv, Y. Lv, and Y. Chen, "Research on the Applicability of Bayley Scales of Infant and Toddler Development, Third Edition, to Assess the Development of Infants and Toddlers in Shanghai", *Chinese Journal of Child Health Care* 19 (2011): 30–32.

6   C. Bereiter and S. Engelmann, *Teaching Disadvantaged Children in the Preschoo* (Englewood Cliffs, NJ: Prentice Hall, 1966).

7   "Give Me a Child", *Economist*, October 29, 2016, http://www.economist.com/ news/international/21709292-boosting-health-toddlers-bodies-and-brains-brings-multiple-benefits-too-often.

8   Students were evaluated using the WISC questionnaire as well as the Raven IQ test. For more detail see REAP Working Paper 315.

9   Susan P. Walker, Theodore D. Wachs, Julie Meeks Gardner, Betsy Lozoff, Gail A. Wasserman, Ernesto Pollitt, Julie A. Carter, and International Child Development Steering Group, "Child Development: Risk Factors for Adverse Outcomes in Developing Countries", *Lancet* 369, no. 9556 (2007): 145–57; QianQian Xin, Bo-Wen Chen, De-Lu Yin, Feng Xiao, Rui-Li Li, Tao Yin, Hui-Min Yang, Xiao-Guo Zheng, and Li-Hong Wang, "Prevalence of Anemia and Its Risk Factors among Children under 36 Months Old in China", *Journal of Tropical Pediatrics* 63, no. 1 (2016): 36–42; Renfu Luo, Yaojiang Shi, Huan Zhou, Ai Yue, Linxiu Zhang, Sean Sylvia, Alexis Medina, and Scott Rozelle, "Micronutrient Deficiencies and

Developmental Delays among Infants: Evidence from a Cross-Sectional Survey in Rural China", *BMJ Open* 5, no. 10 (2015): e008400.

10   우리는 신중하게 RCT 연구를 했다. 선택된 아기들을 무작위로 두 그룹으로 나눴다. 한 그 룹은 6개월 동안 매일 종합 비타민을 받았고, 다른 그룹은 이전과 마찬가지로 두었다. 매 일 시리얼에 종합 비타민을 받은 아기들은 인지 수준이 약간 올랐지만, 인구 전체의 보통 수준으로 상승하기에는 충분하지 않았다.

11   연구 결과들은 어린 나이에 철분 부족으로 인한 부정적 영향은 되돌리기 힘들다는 것을 보여준다. 이 연구는 철분 부족으로 인한 느린 발달은 태아기의 철분 수준을 겨냥한 예방 적 노력을 통해서만 교정할 수 있음을 알게 한다. 철분 부족이 아동기 초기까지 계속되면, 인지 손상은 철분 수준을 높여도 되돌릴 수 없다. 어린이들이 임신 전과 임신 동안의 모 성 영양을 향상시키는 프로그램을 통해 도움을 받는 것이 효과적임을 보여준다. 중국 농 촌 인구를 대상으로 착수하기는 더 어려운 정책이다. 그렇지만 (우리가 앞의 장에서 살펴본 것 처럼) 빈혈을 해결하는 것은 학교 어린이들의 학습 결과에 긍정적인 영향을 준다. See B. Lozoff, E. Jiminez, J. Hagen, E. Mollen, and A. W. Wolf, "Poorer Behavioral and Developmental Outcome More Than 10 Years after Treatment for Iron Deficiency in Infancy", *Pediatrics* 105, no. 4 (2000): e51.

12   세계은행의 정책 가이드는 '초기 아동기 자극'을 어린아이들에게 가장 어린 나이부터 주 변 환경을 배우고 양육자와 상호작용할 기회를 주는 것으로 정의한다. 또한 "실제로 자극 은 부모와 다른 가족 구성원, 양육자가 아이의 출생 뒤부터 감정적·육체적 필요에 반응하 면서 그들과 놀고 이야기하는 것이며, (어린이가 말로 반응하기 이전부터) 아이와 매일 일상에 개입하면서 아이를 단어, 숫자, 간단한 개념에 노출시키는 것"이라고도 설명한다. Sophie Naudeau, *Investing in Young Children: An Early Childhood Development Guide for Policy Dialogue and Project Preparation* (Washington, DC: World Bank, 2011), 32.

13   Bruce D. Perry, "Childhood Experience and the Expression of Genetic Potential: What Childhood Neglect Tells Us about Nature and Nurture", *Brain and Mind* 3, no. 1 (2002): 79–100; W. Dennis, *Children of the Creche* (New York: Appleton-Century-Crofts, 1973). 아기들이 필요로 하는 대부분의 것들과 마찬가지로, 정서적 자극은 2~3살이 되기 이전이 가장 중요하다. 레바논의 한 고아원을 연구한 결과, 2살이 되기 전에 제대로 보살피지 않는 고아원을 벗어나지 못한 아이들은 평생 평균보다 훨씬 낮은 IQ와 심각한 행동 문제들을 지닌 채 살아야 했다. 이와 대조적으로 2살이 되기 전에 사랑해주는 가정 에 입양된 아이들은 정상적인 IQ와 사회적 능력을 가진 성인으로 성장했다. M. Winick, K. Meyer, and R. Harris, "Malnutrition and Environmental Enrichment by Early Adoption", *Science* 190 (1975): 1173–76; N. Lien, K. Meyer, and M. Winick, "Early Malnutrition and 'Late' Adoption: A Study of Their Effects on the Development of Korean Orphans Adopted into American Families", *American Journal of Clinical Nutrition* 30 (1977): 1734–39; Michael Rutter, "Developmental Catch-up, and Deficit, Following Adoption After Severe Global Early Privation", *Journal of Child Psychology and Psychiatry* 39, no. 4 (1998): 465–76.

14 Bruce D. Perry, "Childhood Experience and the Expression of Genetic Potential: What Childhood Neglect Tells Us about Nature and Nurture", *Brain and Mind* 3, no. 1 (2002): 79–100.

15 Anne Fernald, Virginia A. Marchman, and Adriana Weisleder, "SES Differences in Language Processing Skill and Vocabulary Are Evident at 18 Months", *Developmental Science* 16, no. 2 (2013): 234–48; B. Hart and T. Risley, *Meaningful Differences in the Everyday Experience of Young American Children* (Baltimore: Brookes, 1995), 후속 연구는 이 결론을 확인시켜 주는데, 부모의 대화 유형과 아이들의 어휘 사이의 직접적인 인과관계까지 보여준다. See, for example, Erika Hoff, "The Specificity of Environmental Influence: Socioeconomic Status Affects Early Vocabulary Development via Maternal Speech", *Child Development* 74, no. 5 (2003): 1368–78; D. Walker,C. Greenwood, B. Hart, and J. Carta, "Prediction of School Outcomes Based on Early Language Production and Socioeconomic Factors", *Child Development* 65 (1994): 606–21.

16 Ai Yue, Yaojiang Shi, Renfu Luo, Jamie Chen, James Garth, Jimmy Zhang, Alexis Medina, Sarah Kotb, and Scott Rozelle, "China's Invisible Crisis: Cognitive Delays among Rural Toddlers and the Absence of Modern Parenting", *China Journal* 78 (2017): 50–81.

17 Renfu Luo, Fang Jia, Ai Yue, Linxiu Zhang, Qijia Lyu, Yaojiang Shi, Meredith Yang, Alexis Medina, Sarah Kotb, and Scott Rozelle, "Passive Parenting and Its Association with Early Childhood Development", *Early Child Development and Care*, DOI: 1080/03004430.2017.1407318.

18 Cai Fang, *China's Economic Growth Prospects: From Demographic Dividend to Reform Dividend* (Cheltenham, UK: Edward Elgar, 2016).

19 Maureen M. Black, Susan P. Walker, Lia C. H. Fernald, Christopher T. Andersen, Ann M. DiGirolamo, Chunling Lu, Dana C. McCoy, Gunther Fink, Yusra R. Shawar, Jeremy Shiffman, Amanda E. Devercelli, Quentin T. Wodon, Emily Vargas-Baron, and Sally Grantham-McGregor, "Early Childhood Development Coming of Age: Science through the Life Course", *Lancet* 389 (2017): 77–90; Susan P. Walker, Theodore D. Wachs, Julie Meeks Gardner, Betsy Lozoff, Gail A. Wasserman, Ernesto Pollitt, Julie A. Carter, and International Child Development Steering Group, "Child Development: Risk Factors for Adverse Outcomes in Developing Countries", *Lancet* 369, no. 9556 (2007): 145–57.

20 콜롬비아의 연구는 (위에서 말한) 부모 훈련과 마이크로 영양 보충의 결과를 테스트하며 별개로 개입했다. 우리 연구팀의 발견과 동일하게, 부모 훈련이 더 효과적으로 보인다. 특히 그들의 연구 결과는 부모 훈련이 아이의 인지에 긍정적인 효과가 있음을 보여준다. 반면 마이크로 영양 보충은 의미 있는 효과가 없었다. Orazio P. Attanasio, Camila Fernández,

Emla O. A. Fitzsimons, Sally M. Grantham-McGregor, Costas Meghir, and Marta Rubio-Codina, "Using the Infrastructure of a Conditional Cash Transfer Program to Deliver a Scalable Integrated Early Child Development Program in Colombia: Cluster Randomized Controlled Trial", *BMJ* 349 (2014): g5785.

21   "Marcela Temer Presents Happy Child Programme to Foreigners", Presidency of the Republic of Brazil website, May 9, 2017, http://www.brazil.gov.br/about-brazil/news/2017/05/marcela-temer-presents-happy-child-programme-to-foreigners, accessed November 24, 2019.

22   Samuel Berlinski and Norbert Schady, *The Early Years: Child Well-Being and the Role of Public Policy* (Washington, DC: Inter-American Development Bank, 2015).

23   커리큘럼은 아동 발달의 네 개 분야, 즉 동작, 언어, 인지, 사회 감정을 목표로 한다. 전체적으로 우리의 6개월 커리큘럼은 18~42개월 아기를 위한 144개 활동으로 되어 있다. REAP 팀은 또한 매주 활동에서 풍선, 병원놀이 장난감, 블록, 모형 농구대 등 장난감과 책들을 활용했다.

24   James J. Heckman, *Giving Kids a Fair Chance* (Cambridge, MA: MIT Press, 2013).

25   Patrice L. Engle, Maureen M. Black, Jere R. Behrman, Meena Cabral De Mello, Paul J. Gertler, Lydia Kapiriri, Reynaldo Martorell, Mary Eming Young, and International Child Development Steering Group, "Strategies to Avoid the Loss of Developmental Potential in More than 200 Million Children in the Developing World", *Lancet* 369, no. 9557 (2007): 229–42.

26   이 결과는 0.5~1 표준편차 범위 안에서 효과를 보여주는데, 이것은 대단히 큰 향상이다. Save the Children, *Early Childhood Care and Development: A Positive Impact* (Myanmar: Save the Children Myanmar Field Office, 2004); C. Kagitcibasi, D. Sunar, and S. Bekman, "Long-Term Effects of Early Intervention: Turkish Low-Income Mothers and Children", *Journal of Applied Developmental Psychology* 22 (2001): 333–61; O. P. Attanasio, C. Fernández, E. O. A. Fitzsimons, S. M. Grantham-McGregor, C. Meghir, and M. Rubio-Codina, "Using the Infrastructure of a Conditional Cash Transfer Program to Deliver a Scalable Integrated Early Child Development Program in Colombia: Cluster Randomized Controlled Trial", *BMJ* 349 (2014): g5785; Susan P. Walker, Theodore D. Wachs, Julie Meeks Gardner, Betsy Lozoff, Gail A. Wasserman, Ernesto Pollitt, Julie A. Carter, and International Child Development Steering Group, "Child Development: Risk Factors for Adverse Outcomes in Developing Countries", *Lancet* 369, no. 9556 (2007): 145–57; S. P. Walker, S. M. Chang, C. A. Powell, and S. Grantham-McGregor, "Effects of Early Childhood Psychosocial Stimulation and Nutritional Supplementation on Cognition and Education in Growth-Stunted Jamaican Children: Prospective Cohort Study", *Lancet* 366 (2005): 1804–7.

27 See, for example, Sophie Naudeau, Naoko Kataoka, Alexandria Valerio, Michelle J. Neuman, and Leslie Kennedy Elder, *Investing in Young Children: An Early Childhood Development Guide for Policy Dialogue and Project Preparation*, Africa Regional Educational Publications, Directions in Development, Human Development (Washington, DC: World Bank, 2011); Sally Grantham-McGregor, Yin Bun Cheung, Santiago Cueto, Paul Glewwe, Linda Richter, Barbara Strupp, and International Child Development Steering Group, "Developmental Potential in the First 5 Years for Children in Developing Countries", *Lancet* 369, no. 9555 (2007): 60–70.

28 Heckman, *Giving Kids a Fair Chance;* J. J. Heckman, "Skill Formation and the Economics of Investing in Disadvantaged Children", *Science* 312 (July 2006): 1900–1902.

29 S. Sylvia, N. Warrinnier, R. Luo, Y. Shi, O. Attanasio, and S. Rozelle, "From Quantity to Quality: Delivering a Home-Based Parenting Intervention through China's Family Planning Workers", REAP Working Paper, 2016.

결론

1 물론 일본의 스태그네이션을 일으키고 소련의 붕괴를 일으킨 요소는 오늘날 중국이 마주한 것과 매우 다르다. 이 사례가 주는 요점은 이들 나라가 무제한의 성장에 대한 기대에 부응하지 않는다는 것이다. 경기침체는 예측하기가 매우 어렵다.

2 일반적으로 후커우는, 대부분의 농촌 주민들에게는 개방되지 않은 경로를 통해서만 전환될 수 있다. 예를 들면 대도시의 대학에 진학하거나 대도시의 기업에 취업하는 것 등이다.

3 이 이슈는 지역적으로 많은 차이가 있다. 개별 도시들(그리고 도시 내 지역들)이 이주민 어린이에 대한 각각의 정책을 설정할 수 있기 때문이다. 대부분의 도시 지역에서 일부는 공립 초등학교 교육을 받을 수 있다. 일부 지역에서는 중학교 교육을 받을 기회도 증가하고 있다. 그러나 오늘날에도 중국 곳곳에서 농촌 후커우를 가진 어린이들은 도시의 고등학교에 진학하지 못한다. 중앙 정부의 정책은 농촌 어린이들은 고향 마을에서만 공립 교육을 받을 수 있도록 보장한다.

4 우리 팀의 연구 결과에 따르면 농촌 지역에서 부모와 함께 사는 아이들이 언론의 주목을 받는 '남겨진 아이들'보다 여러 가지 결과에서 뒤처져 있음을 보여준다. 예를 들면 가난한 농촌 지역에서 부모와 함께 사는 어린이들은 부모 한 명 또는 양친이 모두 도시로 일하러 가고 남겨진 아이들에 비해, 기생충과 교정되지 않은 시력 문제가 더 심각하고 학교 성적도 더 나빴다. Chengchao Zhou, Sean Sylvia, Linxiu Zhang, Renfu Luo, Hongmei Yi, Chengfang Liu, Yaojiang Shi, Prashant Loyalka, James Chu, Alexis Medina,

주석   **347**

and Scott Rozelle, "China's Left-Behind Children: Impact of Parental Migration on Health, Nutrition, and Educational Outcomes", *Health Affairs* 34, no. 11 (2015): 1964–71.

5 최근 중국 여론은 '남겨진 아이들'과 관련된 비극들로 충격을 받았다. 2015년 네 명의 '남겨진 아이들' 가족이 자살했다. 그들은 며칠 뒤 이웃에 의해 발견되었다. 그들의 작은 배 안에는 살충제로 가득했다. 2013년 겨울 다섯 명의 '남겨진 아이들'이 추위를 피하려고 대형 쓰레기통에 들어가 불을 피웠다가 몇 시간 뒤 질식사했다. 이와 같은 사건들은 많은 사람에게 공포를 주었고, 분노한 여론은 이 아이들을 도울 방법을 찾으라고 요구했다. 정부도 이 문제를 주목하기 시작했다. 2015년 자살에 대한 대응으로 리커창 총리는 "이런 비극이 다시 일어나게 해서는 안 된다"며 남겨진 아이들에 대한 정부의 감독을 향상시키라고 말했다. Nicola Davison, "The Story of China's Left Behind Children", *Telegraph*, August 25, 2015, https://www.telegraph.co.uk/news/worldnews/asia/china/11824563/The-story-of-Chinas-left-behind-children.html, accessed July 19, 2018. Statistics from the Sixth Population Census—China National Bureau of Statistics, 2011. Yu Bai, Michael Neubauer, Tong Ru, Yaojiang Shi, Kaleigh Kenny, and Scott Rozelle, "Order Matters: The Effect of Second-Wave Migration on Student Academic Performance in Northwest China", REAP Working Paper, 2016; John Sudworth, "Counting the Cost of China's Left-Behind Children", *BBC News, Beijing*, April 12, 2016, http://www.bbc.com/news/world-asia-china-35994481, accessed November 25, 2016.

6 우리의 가장 혁신적인 연구에서는 이주 노동자 아이들을 위한 사설 학교와 농촌 공립 학교의 질을 비교해 대부분의 농촌 가정들이 선택할 수 있는 두 가지 방안을 평가했다. 이 연구는 매우 엄밀했다. 우리는 같은 고향 출신으로 각각 다른 유형의 학교에 등록한 학생들을 비교했다. 그 결과는 농촌 공립 학교의 학습 결과가 이주 노동자 아이들을 위한 사설 학교보다 훨씬 낮다는 것을 보여준다. Fang Lai, Chengfang Liu, Renfu Luo, Linxiu Zhang, Xiaochen Ma, Yujie Bai, Brian Sharbono, and Scott Rozelle, "The Education of China's Migrant Children: The Missing Link in China's Education System", *International Journal of Educational Development* 37 (2014): 68–77; Xiaobing Wang, Renfu Luo, Linxiu Zhang, and Scott Rozelle, "The Education Gap of China's Migrant Children and Rural Counterparts", *Journal of Development Studies* 53, no. 11 (2017): 1865–81. Josh Chin, "Will School Closures Prompt Migrants to Flee?", *Wall Street Journal*, April 19, 2011, https://blogs.wsj.com/chinarealtime/2011/08/19/will-school-closures-prompt-migrants-to-flee/, accessed May 31, 2018.

7 우리 팀은 여러 성에 살고 있는 25~30세 주민을 조사했다. 그 결과는 인센티브 문제를 명확하게 보여준다. 우리 자료에 따르면, 농촌 현 지역에서 고등학교까지 진학한 농촌 학생 중 소수만이 고향 마을에 남았다. 농촌의 현에서 고등학교 교육을 받은 학생 10명 중 7명 (많은 경우 이보다 비율이 높다)이 대학에 진학하거나 일자리를 찾아 떠났고, 농촌으로 일하거

나 살러 돌아온 이는 매우 적었다.

8   따라서 지방 지도자들이 귀중한 재정 자원을 어디에 쓰겠는가? 빈곤한 농촌 지역 중심지
    에 갈 때마다 지방 정부의 우선 사항을 분명히 알 수 있다. 오늘날 거의 모든 마을은 반짝
    이는 동상이 있는 쇼핑몰, 도시 정원, 넓은 보도를 가지고 있다. 야간 행사나 주말 시작, 축
    제를 위한 새롭고 값비싼 광장이 있다. 가장 가난한 지역에서도 가로등, 강가의 공원, 탑
    들이 곳곳에 있다. 새로 단장한 정부 건물들은 현대적 외관과 풍경을 갖추고 있다. 위에
    서 농촌 지역으로 내려오는 재정 전입금을 분석하면 이 내용을 알 수 있다. 상급 정부에서
    100위안이 내려올 때마다 (상급 정부의 전입금에 지방 재정을 더해) 130위안이 도시 기반 시설
    에 사용되고, 50위안도 안 되는 돈이 교육과 보건에 사용된다. 그 결과 가장 필요한 분야에
    투자가 부족한 현상이 광범위하게 나타난다.

9   "Population by Age and Sex", in *China Statistical Yearbook* (Beijing: National Bureau
    of Statistics of China, 2015).

10 GDP는 구매력평가지수(PPP)를 기준으로 했다.

11 인도는 이 숫자를 공식적으로 밝히지 않는다. 그래서 이것은 2015년 청소년의 40%가
    고등학교에 진학했고 2008년에는 30%가 진학했다는 통계에 기반한 추정치다. 이 수치
    가 1990년대에는 약 20%, 1970년대와 1980년대에는 15%였다면, 이것은 전체 노동력
    의 29%가 될 것이다. Pawan Agarwal, *Higher Education and the Labor Market in
    India*, Indian Council for Research on International Economic Relations (ICRIER)
    (Washington, DC: World Bank, 2006); "Education in India", September 20, 2011, World
    Bank, http://www.worldbank.org/en/news/feature/2011/09/20/education-in-
    india, accessed April 29, 2018.

12 다른 그룹들도 이 문제를 연구하고 있다. Save the Children, China Development
    Research Foundation, and UNICEF, among others. There are many ways to
    address this issue; we need all these efforts and more.

13 이것은 대단한 잠재력을 가진 파트너십이다. NHFPC는 가난하든 멀리 있든 중국의 모
    든 마을에 전직 조사관들을 두고 있다. 그들은 각 마을 모든 아이에 대한 정보와 출생 기록
    을 가지고 있다. 그들은 마을 사람들보다 더 나은 교육을 받았다. 대부분 고등학교나 전문
    대학에서 공부했고, 중국 공공 서비스 조직의 일원이며, 그들 가운데 많은 이가 의사다. 가
    장 중요한 것은 이 정부 기구의 광대한 자원들을 활용함으로써, 단기간에 수백만 가족에 양
    육 프로그램을 보급할 기회를 갖는 것일지도 모른다. 이것을 실행할 정치적 의지도 있다.
    2017/2018년 가을과 겨울에 중앙 정부는 초기 아동기(출생부터 세 살까지)를 지원할 정책과 투
    자의 필요성을 공식적으로 인정했다. 과거에는 중국의 초기 아동기 교육의 책임이 부모와
    가족에게만 있었던 것을 고려하면, 이것은 큰 돌파구다. 분명히 부모(와 조부모)는 해법의 중
    심이다. 그러나 앞의 장에서 살펴본 것처럼 빠른 전환의 이 독특한 시기에는 정부의 역할이
    있다. 가족들이 (지난 5000년 동안 해온 것처럼) 미래의 농부를 양육하는 것에서, 이제는 고등학
    교와 대학에 진학하고 중국의 미래 고숙련 혁신 기반 경제에서 발전할 수 있는 아이를 양육
    하는 것으로 변화하고 있기 때문이다. 경제 전체가 이것을 제대로 해내느냐에 달려 있다.

14 우리 팀은 교사들이 초기에 시력 문제를 찾아내고, 아이들이 적절한 시력 검사를 받도록 지방 병원에 보내 저렴하게 안경을 맞추는 프로그램을 통해 근시 문제에 대한 효과적인 해법을 발견했다. 우리는 농촌 아이들이 양질의 시력 치료를 받고 안경을 맞춰서 쓰면, 학교 성적을 향상시키려는 다른 조치 없이도 자신감과 교육 성과를 매우 극적으로 향상시킬 수 있음을 발견했다.

다행히 정부는 이미 학교의 영양 문제를 우선 과제로 삼으려는 의지를 보이고 있다. 2011년 정부는 '영양 높은 학교 점심 프로그램'을 시작해 전국적으로 농촌 학생들에게 식사를 제공하고 있다. 이것이 좋은 첫걸음이기는 하지만, 조사 결과를 보면 점심의 질이 아직 영양 문제를 해결할 만큼 좋지 않고, 빈혈 비율은 여전히 높다. 가장 심각한 영양 문제가 아이들의 학습을 방해하지 않도록 학생당 더 많은 비용을 투자하고 영양 보충제와 비타민을 제공해 이 프로그램을 개선해야 한다.

사실, 학교 점심 프로그램의 효과가 아직 제한적인 것은 탈중앙집권화된 재정이 농촌 지역의 교육 장벽을 해결할 국가의 능력에 방해가 되고 있음을 보여준다. 처음 이 정책을 설계할 때 중앙 정부는 학생 한 명당 하루 4위안을 제공하려 했고, 지방 정부는 학생 한 명당 하루에 3위안을 매칭 펀드로 내기로 했다. 이 예산은 적절했고, 우리 팀이 계산한 결과 7위안은 농촌 지역에서 국제 기준에 맞는 영양 많은 학교 점심을 제공하기에 최소 비용이었다(8이나 9위안이라면 더 좋을 것이다). WHO는 영양 높은 점심이 매일 학생 영양 수요의 40%를 채워야 한다고 제안한다. 안타깝게도 탈중앙집권화의 잘못된 인센티브는 이 돈이 모두 프로그램에 들어가지 못하게 만들었다.

우리 연구는 중앙 정부에서 온 4위안은 실제로 학교로 들어가 계획대로 사용되었음을 보여준다. 그러나 많은 농촌 학교에서 지방 정부가 내기로 한 돈이 사라졌다. 그 결과 탈중앙집권화는 많은 농촌 학교가 좋은 점심을 제공하는 데 필요한 돈이 부족하게 만들었다. 이로 인해 일부 지역에서는 '영양 많은 학교 점심'이 '영양 없는 무료 점심'으로 바뀌었다. 여기서 교훈은 프로그램이 필요할뿐더러, 가난한 농촌 지역에서도 표면 아래 있는 문제를 해결할 방법으로 실행되어야 한다는 점이다. 이 정책이 계획대로 실행되려면 중앙 정부가 책임지고 이 프로그램에 재정 지원을 하여 지방에서 적절하게 이행되도록 책임져야 한다. Huan Wang, Wilson Liang, Laura Jonsson, Qiran Zhao, Samuel Kennedy, Gloria Breck, Jane Bai, Matthew Boswell, Scott Rozelle, and Alexis Medina, "Is China's 32 Billion Dollar Program to Fight Rural Undernutrition Working? A Mixed Methods Analysis in 100 Rural Schools in Western China", REAP Working Paper, 2017.

15 일부 청소년들이 고등학교에 가지 않게 만드는 많은 압력이 있을 것이다. 열일곱 살 청소년이 고등학교에 가려면, 수업료나 학비가 없더라도 높은 기회비용이 있다는 것을 인식해야 한다. 수업료가 사라졌어도 가난한 가족들은 10대 자녀가 노동시장에서 벌어올 수 있는 임금을 포기하기가 어렵다. 게다가 우리 팀이 발견한 농촌 어린이의 유아와 초기 학령기의 심각한 인지와 학습 장벽은 이들이 학문적으로 엄격하고 매우 경쟁적인 중국의 현재 인문계 고등학교의 모델에서 성공하기 어렵게 만든다. 정책 결정자들은 이 장애물을 어떻게 해결할지 논의해야 한다. 그렇지 않으면 고등학교 진학률을 높이더라도 보편적인 고등학교 교육이 진정으로 실현되기 어려울 것이다.

16 고등학교 무상교육을 실시하면 비용이 많이 드는 것처럼 보이지만, 모든 농촌 어린이에게 고등학교 교육을 제공하는 비용은 매년 72억 달러로 2015년 중국 교육 예산의 2% 미만이다. 비교하자면, 중국은 2014년에만 기반 시설에 1410억 달러를 투자했다. 지금은 중국 정부가 가난한 국가에 필요한 물질적 자본 건설을 덜 강조하고, 중국이 새로운 발전 단계로 이동하면서 더 높은 수익률을 가져다줄 인적 자본에 우선순위를 둬야 하는 중요한 시점이다. 중국의 예산을 조정할 여지가 있는 다른 분야들도 있다. 지난 몇 년 동안 중국은 아프리카에 대한 원조를 극적으로 늘려 주목을 받았다. 이것은 가치 있는 목표이고, 분명 그 돈은 아프리카에서 많은 좋은 일을 할 수 있다. 그러나 중국은 국내 문제들 먼저 해결해야 한다. 중국이 계속해서 매년 11개월분의 원조를 아프리카에 계속하되 1개월분의 원조를 국내에 하면 중국 농촌 지역에서 20만 개의 양육센터를 운영하기에 충분하다. 중국은 최근 시안에서 우루무치까지 연결하는 고속철도 건설 계획을 발표했다. 그것은 현란한 투자지만, 교육에 투자하는 것만큼 효과를 낼 것 같지 않다. 따라서 그 철도 건설 비용 이면(사람들이 시안에서 우루무치까지 비행기를 이용하도록 두자) 5년 동안 농촌 지역 유치원에 자금을 지원할 수 있다. 이것은 잠재적으로 재난이 될 수 있는 위기이고, 반드시 해결해야 한다. 농촌 고등학교 학생의 평균 수업료는 약 300달러이고, 약 2400만 명의 농촌 학생에게 1년 동안 교육비를 제공해야 한다. Hongbin Li, Prashant Loyalka, Scott Rozelle, and Binzhen Wu, "Human Capital and China's Future Growth", *Journal of Economic Perspectives* 31, no. 1 (2017): 25–48.

17 CIA, *World Factbook*, https://www.cia.gov/library/publications/the-world-fact book/rankorder/2004rank.html, accessed May 1, 2018.

찾아보기